닥터, 코드를 만나다

CODING WORKBOOK for Medical Innovators

코드를 직접 작성하며 익힐 수 있는
의료인을 위한 실무형 워크북

저자 유준일 · 박현우 · 김현수

닥터, 코드를 만나다

첫째판 1쇄 인쇄 | 2025년 2월 27일
첫째판 1쇄 발행 | 2025년 3월 17일

지 은 이 유준일, 박현우, 김현수
발 행 인 장주연
출판기획 이성재
출판편집 배진수
표지디자인 김재욱
편집디자인 박찬희
일러스트 유학영
발 행 처 군자출판사(주)
등록 제4-139호(1991. 6. 24)
본사 (10881) 파주출판단지 경기도 파주시 회동길 338(서패동 474-1)
Tel. (031)943-1888 Fax. (031)955-9545
홈페이지 | www.koonja.co.kr

* 파본은 교환하여 드립니다.
* 검인은 저자와의 합의하에 생략합니다.

ISBN 979-11-7068-230-1 (93560)

정가 30,000원

'닥터, 코드를 만나다'
깃허브(GitHub) 사용 안내

닥터, 코드를 만나다: 의료 인공지능 실습 워크북 내용의 구현 코드를 아래의 깃허브 링크 혹은 QR코드를 통해 확인하실 수 있습니다.

전체 코드를 활용하여, 실력 향상에 도움이 되시길 바랍니다.

1. 제공된 QR코드를 스캔하거나 https://github.com/DoctorCode-InhaGaime/DoctorCode-Workbook에 접속합니다.
2. GitHub 계정으로 로그인합니다.
3. 'Code' 탭을 클릭하여 워크북에 사용된 전체 코드를 확인합니다.
4. 필요에 따라 저장소를 로컬에 클론(clone)할 수 있습니다.
5. 코드를 자유롭게 탐색하며 학습해보세요!
6. 모든 코드는 저작권 보호를 받으며, 무단 복제 및 배포 시 법적 제재를 받을 수 있습니다.

들어가며

저는 정형외과 전문의이자 인공지능을 연구하는 교수로서, 의료 현장에서 인공지능의 잠재력과 도전과제를 직접 목격해왔습니다. ChatGPT의 등장으로 인공지능이 우리 사회의 화두로 떠오른 지금, 의료계에서도 인공지능의 역할과 가능성에 대한 논의가 활발히 이루어지고 있습니다.

현장에서 진료와 연구를 병행하며, 저는 인공지능이 의료의 미래를 어떻게 바꿀 것인지, 또 우리 의료진들이 이러한 변화에 어떻게 대응해야 할지에 대해 깊이 고민해왔습니다. 특히 젊은 의료인들이 인공지능에 대한 깊은 관심을 보이면서도, 실제로 이를 학습하고 응용하는 데 어려움을 겪는 모습을 보며 안타까움을 느꼈습니다.

〈닥터, 코드를 만나다〉는 이러한 고민에서 시작되었습니다. 저는 현직 의료 인공지능 개발자들과 협력하여, 의료계 동료들이 쉽게 접근할 수 있는 실용적인 가이드를 만들고자 했습니다. 이 책은 인공지능의 기초 개념부터 실제 의료 현장에서의 적용 사례까지, 의료인의 시각에서 체계적으로 다루고 있습니다.

특히 이 책이 의료 인공지능 실무서에서 초보 의사들도 쉽게 이해할 수 있는 교습서로 거듭나는 데는 박현우 전공의의 헌신적인 노력이 있었습니다. 또한 실제 연구에 적용했던 코드들을 체계적으로 정리하여 실용적인 워크북 형태로 만들어준 김현수 연구원의 공헌도 매우 컸습니다. 더불어 항상 묵묵히 연구를 위해 데이터 수집, 분석, 코딩 작업을 해주신 우리 GAIME 랩 구성원들의 노고가 이 책의 완성도를 한층 높여주었습니다.

이 책은 의과대학 학생, 전공의, 전문의 그리고 의료 연구자들이 인공지능을 이해하고 활용하는 데 실질적인 도움이 될 것입니다. 더 나아가 우리 의료계가 인공지능 시대를 선도적으로 이끌어가는 데 중요한 밑거름이 되기를 희망합니다.

감사의 말

<인공지능: 보건의료전문가를 위한 길라잡이>, <의사를 위한 실전 인공지능> 등 다수의 의료 인공지능 교재를 출판한 경력과 노하우를 바탕으로, <닥터, 코드를 만나다> 교재의 집필과 일러스트 제작에 아낌없는 도움을 주신 군자출판사에 깊은 감사의 말씀을 드립니다.

차례

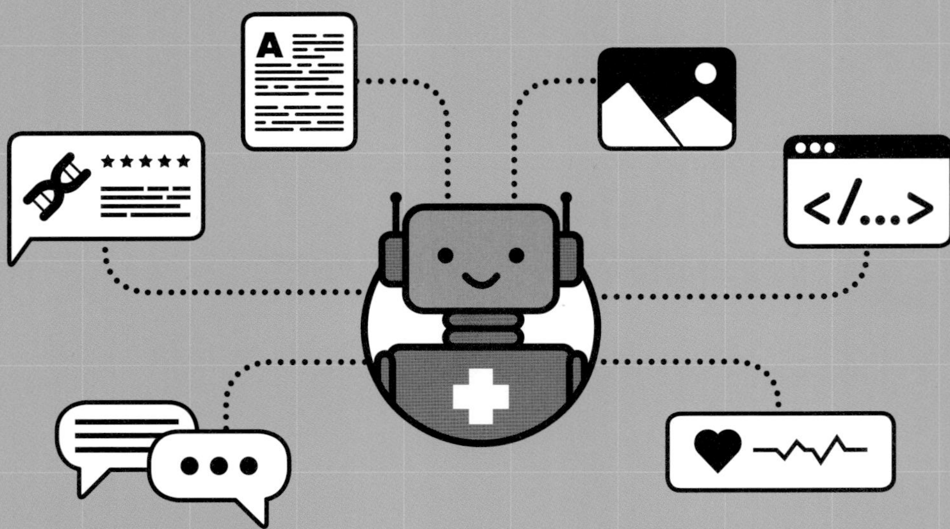

CHAPTER 1

AI와 함께 성장하는 미래의 의사들: 의대생과 전공의를 위한 필수 가이드

I 서론 우리의 미래, 앞으로 어떻게 될까요?

의대 시절 교재와 PPT 자료만 뚫어져라 보며 공부하고 졸업 후 수련을 위해 전공의 생활을 시작했을 때, 밖의 세상이 어떻게 돌아가는지 모른 채 하루하루 사투를 벌이며 병원에서 생활했습니다. 하지만 더 넓은 세상을 보기 시작하면서 호기심과 두려움을 동시에 느끼게 되었습니다. 사회의 모든 분야에서 걷잡을 수 없이 빠른 속도의 변화가 일어나고 있다는 점, 그중 가장 두렵게 다가온 존재는 바로 AI입니다(그림 1-1).

"과연 AI는 의사를 대체할 것인가?"라는 질문은 새로운 AI가 개발되었다는 기사가 나올 때마다 끊임없이 댓글로 다루어지는 주제이자, 여러 의사 커뮤니티에서도 심심치 않게 논의되는 화제입니다. 수술하지 않는 과는 전부 대체될 것이라는 의견부터, 진단서에 도장 찍을 의사가 필요하니 의사는 여전히 필요할 것이라는 의견까지 다양합니다.

이런 상황에서 의료 AI를 공부하기 시작한 이유는 단순합니다. 아무것도 모르면 눈 앞의 현실로 들이닥치기 전까지 그저 막연한 두려움으로만 남겠지만, AI에 대해 알고 있다면 앞으로 닥쳐올 변화 속에서 의사로서 설 자리를 찾을 수 있지 않을까 하는 생각 때문입니다.

일부는 "GPT로도 코딩을 할 수 있는 시대가 왔는데, 조금만 기다리면 의료 AI까지 알아서 개발해주는 AI가 나올 텐데 왜 공부하냐?"고 묻습니다. 하지만 ChatGPT나 Claude 같은 AI를 사용하다 보면 간과하기 쉽지만 중요한 점을 발견하게 됩니다. 그것은 바로 생성형 AI 기술이 hallucination 같은 잘못된 정보를 제공할 수 있다는 것입니다. 여기서 AI를 공부해야 하는 이유를 찾았습니다.

머신 러닝과 딥 러닝은 AI의 핵심 개념으로, 주어진 데이터에서 패턴을 파악하여 새로운 입력 값에 대한 결과나 분류를 예측합니다. 하지만 이 예측은 100% 정확하지 않아 틀릴 가능성이 항상 존재합니다. AI로 의학적 질문을 했을 때, 그 답변의 정확성을 판단하기 위해서는 의대 6년과 수련 4년을 거쳐 습득한 지식이 필요합니다.

이는 의료 AI에도 적용됩니다. 생성형 AI로 코드를 만들었을 때, 그 코드가 원하는 결과를 도출할 수 있는지, 사용된 모델이 목표를 효율적으로 달성하는지를 프로그램이나 AI에 대한 사전지식 없이는 판단하기 어렵습니다. 또한 생성형 AI의 답변을 무조건 신뢰하기도

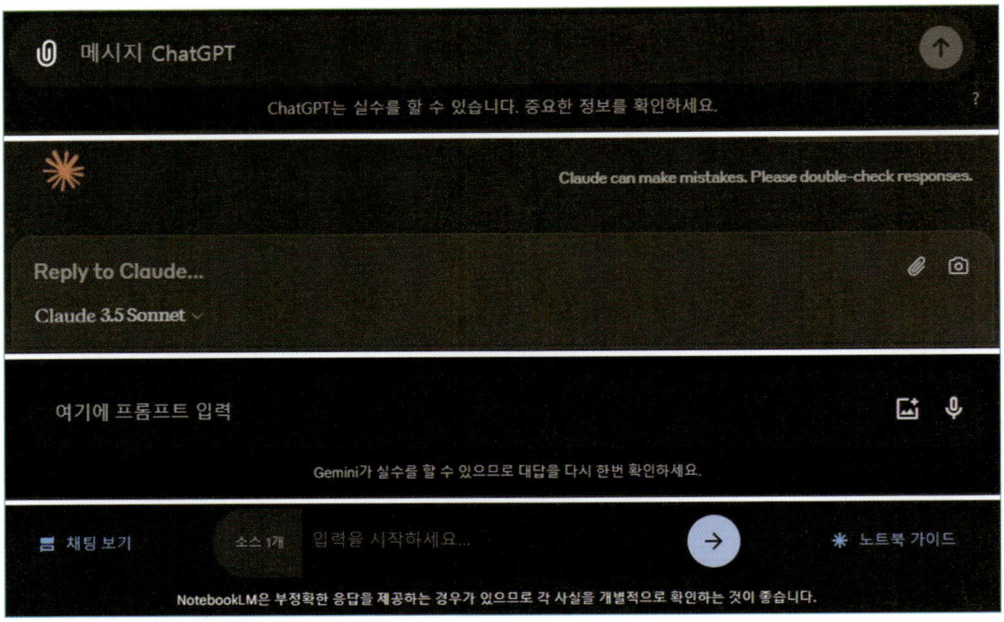

그림 1-1. 생성형 AI 실행 화면

어렵습니다.

의료 AI가 좋은 성능을 보이더라도, 왜 그런 결과가 나왔는지 이해하기 어려운 '블랙박스 현상'이 있습니다. 의사는 근거를 바탕으로 최선의 치료를 판단하지만, 의료 AI는 복잡한 구조 속에서 어떤 정보를 중요시하고 무시했는지 알 수 없습니다.

결국 AI를 공부하는 이유는 이러한 AI의 구조와 한계를 파악하고, 더 나아가 한계를 극복할 AI의 발전 방향을 예측하기 위해서입니다. 이런 안목은 향후 의료 AI에 휘둘리지 않고, 치열한 AI 개발 시장에서 독자적인 AI를 개발할 수 있는 기초가 됩니다.

결국 AI에게 휘둘리면서 일할지, AI를 휘두르면서 일할지는 여러분들의 AI 실력에 따라 달려있습니다.

이제 AI를 공부해야 하는 이유를 알았으니 현재까지 AI가 의료 현장에 얼마나 파고들어 왔는지 확인해봅시다. 아마 대다수는 공부하거나 수련하면서 크게 체감하지 못했을 수 있습니다. 궁금한 점을 물어보거나 발표 프레젠테이션을 만들 때에만 생성형 AI를 사용할 것입니다. 하지만 병원 밖, 더 나아가 전 세계적으로 살펴본다면 의료 AI는 놀랄 정도로 빠르게 성장하고 있습니다. 교과서적인 이야기일 수 있지만 어떻게 이런 발전을 이뤄왔는지 같이 살펴봅시다(그림 1-2).

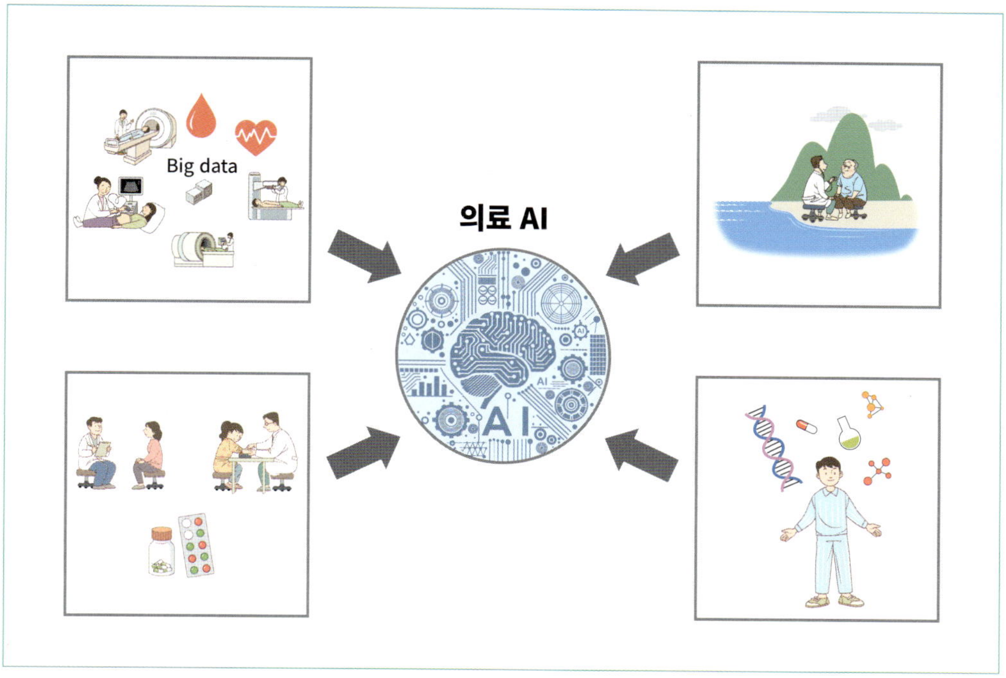

그림 1-2. 의료 AI 발전 배경

첫째, 빅데이터 시대의 도래입니다. 전자의무기록(EMR), 고해상도 의료영상(CT, MRI 등), 오믹스 데이터(유전체, 단백체 등) 같은 방대한 의료 데이터가 기하급수적으로 증가하고 있습니다. 이러한 복잡하고 다차원적인 데이터를 효과적으로 분석하고 임상적 의미를 도출하기 위해서는 AI의 계산 능력과 패턴 인식 능력이 필수적입니다.

둘째, 의료 서비스의 접근성 향상입니다. AI는 전문의 부족 지역에서 일차 진료의의 의사결정을 지원할 수 있습니다. 예를 들어, 피부질환 진단, 안저 검사, 흉부 X-ray 판독 등에서 AI의 보조는 의료 서비스의 품질과 접근성을 동시에 개선시킬 수 있습니다.

셋째, 임상 워크플로우의 최적화입니다. 의무기록 요약, 임상시험 대상자 선별, 의료 업무 자동화 등 시간 소모적인 업무에 AI를 사용하게 되면서 임상의들은 환자 직접 케어, 복잡한 사례 분석, 중요한 임상적 의사결정 등의 고차원적 업무에 더 집중할 수 있게 됩니다. 이는 의료의 질 향상과 의료진의 번아웃 예방에 기여할 수 있습니다.

넷째, 정밀 의료의 실현입니다. AI는 개인의 유전체 정보, 생활습관 데이터, 장기적인 의료 이력 그리고 실시간 생체 신호 등을 통합적으로 분석하여 각 환자에게 최적화된 예방, 진단, 치료 전략을 제시할 수 있습니다. 이는 특히 복잡한 만성질환 관리나 희귀질환 진단에서

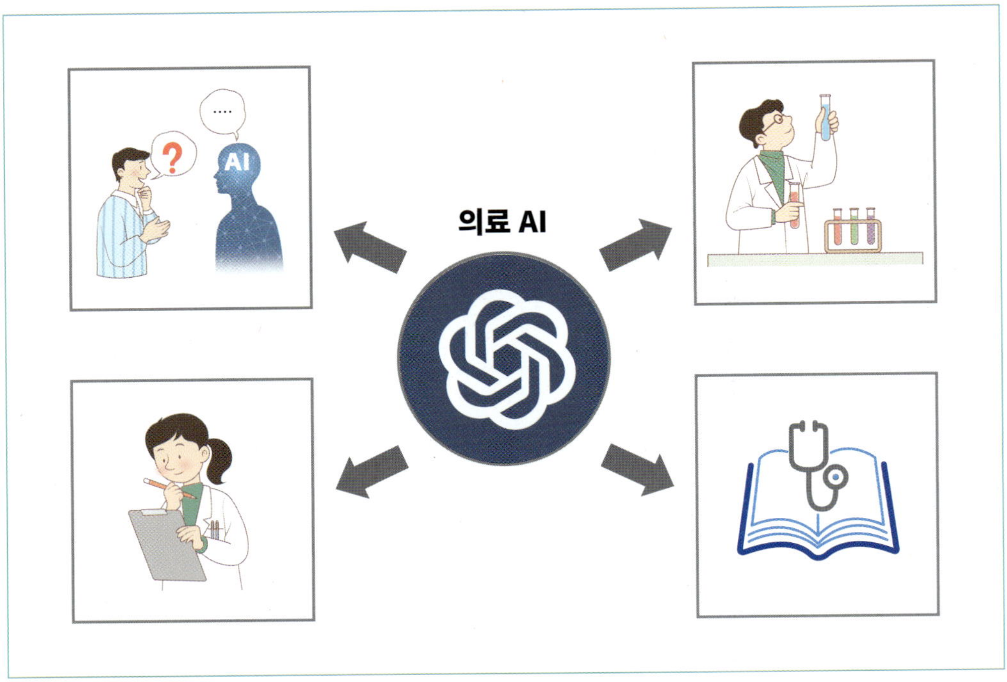

그림 1-3. 의료 AI의 영향

큰 잠재력을 가지고 있습니다.

이러한 발전은 의학의 패러다임을 반응적 치료에서 선제적 예방으로, 평균적 접근에서 개인화된 정밀 의료로 전환시키고 있습니다. 따라서 미래의 의료인들은 AI의 기본 원리를 이해하고, 임상 현장에서 AI 도구를 효과적으로 활용할 수 있는 능력을 갖추는 것이 중요합니다. 동시에 AI의 한계와 잠재적 편향성을 인식하고, 윤리적이고 책임 있는 AI 사용을 위한 가이드라인 수립에도 적극적으로 참여해야 합니다.

앞서 언급한대로 이런 AI의 발전에 큰 파장을 일으킨 사건은 바로 2022년 GPT의 등장입니다. ChatGPT의 등장으로 시작된 생성형 AI의 혁명은 의료 분야에도 큰 파장을 일으키고 있습니다. 생성형 AI가 어떻게 의료 현장을 변화시키고 있는지 살펴보겠습니다(그림 1-3).

첫째, 의료 정보의 접근성이 향상되고 있습니다. 생성형 AI는 복잡한 의학 정보를 환자가 이해하기 쉬운 언어로 설명할 수 있습니다. 이는 환자 교육과 의사-환자 간 커뮤니케이션을 크게 개선할 수 있습니다.

둘째, 의학 연구가 가속화되고 있습니다. 생성형 AI는 방대한 의학 논문을 분석하고 요약하여, 연구자들이 최신 연구 동향을 빠르게 파악하고 새로운 가설을 수립하는 데 도움을 줄 수 있습니다.

셋째, 임상 의사결정 지원이 이뤄지고 있습니다. 생성형 AI는 환자의 증상, 검사 결과, 의료 이력 등을 종합적으로 분석하여 의사의 진단과 치료 결정을 지원할 수 있습니다.

넷째, 의료 교육에 혁신이 일어나고 있습니다. 의대생과 전공의들은 생성형 AI를 통해 다양한 가상 시나리오를 경험하고, 개인화된 학습 자료를 제공받을 수 있습니다.

이러한 변화를 접하니 어떤가요? 의료 AI를 빨리 공부해야 한다는 생각이 드시나요?

빨리 공부하고 싶어졌다면 다행입니다. 현재 의료 AI에 호기심을 가지고 이미 공부를 시작한 의대생, 전공의들이 공통적으로 겪고 있는 고민이 있습니다. 대학 시절에 의료 AI를 다루는 강의가 많이 없어 의료 AI를 접하기 어려울 뿐만 아니라 시중에 있는 많은 코딩, AI에 대한 교재들 중에서 의료에 특화된 교재를 찾기 쉽지 않습니다. 또한 A to Z까지 공부하자니 기존 의학 공부까지 포함하면 제대로 된 실력을 갖추기 위해 너무 많은 시간이 소요되는 것은 사실입니다.

그래서 의료 AI에 호기심을 가지고 처음 AI를 접하는 전공의, 의대생, 의료인들에게 도움이 될 수 있는 방법에 대해 고민하였고, 전공의의 눈에서 바라보는 의료 문제들을 현직 의료 AI 개발자의 코드와 함께 워크북을 작성하기로 하였습니다. AI 업계에서도 의료 AI는 유망한 분야로 많은 개발자들이 관심을 가지고 있는 만큼 의료 AI 세계에 발 디딘 여러분들 또한 그들과 자주 접하게 될 것입니다.

각자의 지식을 최대한으로 발휘하여 이 책을 쓴 만큼 독자 여러분 또한 의료 AI 개발자에 한 걸음 더 가까워지는 계기가 되기를 바랍니다.

II AI 시대의 의료 전문가 되기: 전공의, 의대생, 개발자를 위한 로드맵

이 책은 의료 AI에 관심 있는 다양한 배경의 독자들을 위해 작성되었습니다. 주요 대상 독자는 전공의, 의대생, 의료 AI 개발자입니다. 각 그룹별로 어떻게 활용할 수 있는지 자세히 알아보겠습니다(그림 1-4).

의대생 여러분은 이 책을 통해 AI가 적용된 미래 의료 환경을 이해하고 준비할 수 있습니다. 로봇 수술, AI 진단 시스템, 개인 맞춤형 치료 등 앞으로 마주하게 될 의료 기술들을 미리 접할 수 있습니다. 또한, AI를 학습 보조 도구로 활용하는 방법을 배울 수 있습니다. 예를 들어, 의학 용어 학습이나 해부학 구조 이해를 돕는 AI 애플리케이션 사용법을 익힐 수 있습니다. 더불어 기초 의학 연구에 AI를 적용하는 방법을 배워 연구 역량도 키울 수 있습니다. 유전체 분석이나 신약 개발 과정에서 AI를 활용하는 방법 등을 알아볼 수 있습니다.

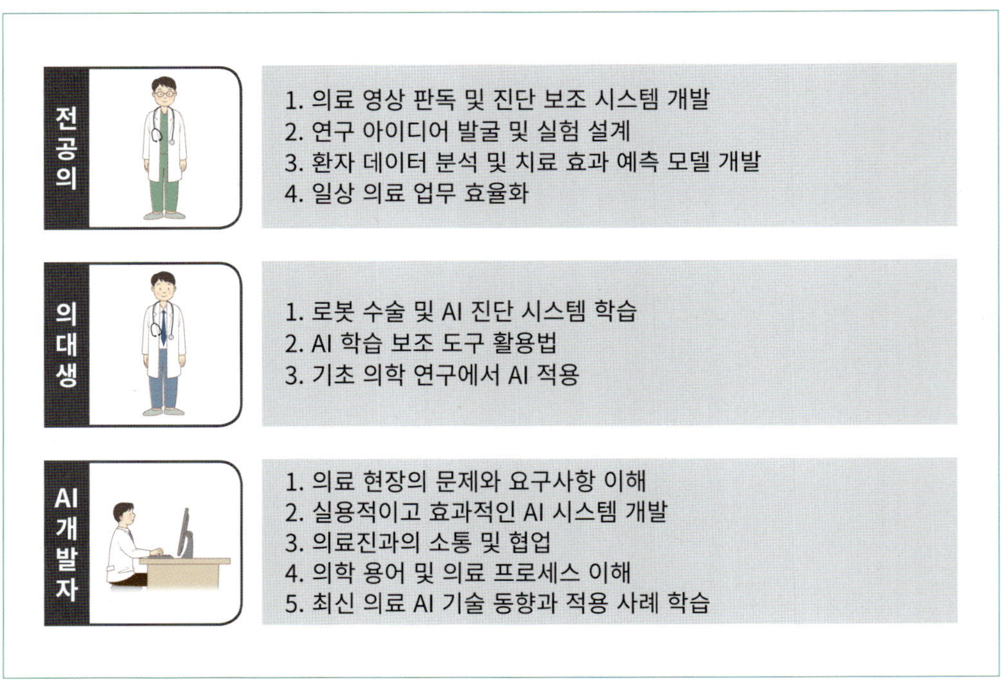

그림 1-4. 독자에 따른 의료 AI 활용 방안

전공의의 경우, AI를 통해 임상 학습을 더욱 효과적으로 수행할 수 있습니다. 다양한 임상 케이스를 AI와 함께 분석하면서 진단 경험을 쌓고, 특히 의료 영상 판독 능력을 향상시킬 수 있습니다. 또한 EMR 작성이나 환자 기록 관리 같은 일상적인 업무도 AI의 도움으로 더욱 효율적으로 처리할 수 있습니다.

전문의들은 AI를 통해 진단의 정확성을 높이고 업무 효율을 극대화할 수 있습니다. 특히 영상의학과나 병리학과에서는 AI가 신속하게 이상 소견을 탐지하여 진단 속도와 정확도를 크게 향상시킬 수 있습니다. 또한 AI를 활용해 환자 개개인의 특성에 맞는 맞춤형 치료 계획을 수립할 수 있으며, 대규모 환자 데이터를 분석하여 새로운 임상 연구를 수행하는 데도 큰 도움을 받을 수 있습니다.

의료 AI 개발자분들은 이 책을 통해 실제 의료 현장의 문제와 요구사항을 더 깊이 이해할 수 있습니다. 의사들이 실제로 겪는 어려움과 필요로 하는 솔루션이 무엇인지 알게 되어 더 실용적이고 효과적인 AI 시스템을 개발할 수 있습니다. 또한, 의료진과 효과적으로 소통하고 협업하는 방법을 배울 수 있습니다. 의학 용어를 이해하고 의료 프로세스를 파악하여 원활한 프로젝트 진행이 가능해질 것입니다. 끝으로, 의료 AI 분야의 최신 기술 동향과 적용 사례를 학습할 수 있습니다. 연합 학습이나 설명 가능한 AI 같은 최신 기술들이 현재 의료 분야에 어떻게 적용되고 있는지 알아볼 수 있습니다.

이와 같이 AI는 모든 의료 관계자들에게 새로운 기회와 도전을 제시하고 있습니다. 이 책은 의대생부터 전문의 그리고 의료 AI 개발자들까지 각자의 위치에서 AI 시대를 준비하고 적응하는 데 필요한 실질적인 지침서가 될 것입니다. 중요한 것은 AI가 의료진을 대체하는 것이 아니라, 의료진의 전문성과 경험을 보완하고 강화하는 도구라는 점입니다.

이제 다음 장에서는 이러한 의료 AI의 실제 구현을 위한 첫걸음을 시작하겠습니다. 이 워크북으로 실습 중심의 학습을 통해 자연스럽게 프로그래밍의 기초를 익히면서, 의료 현장에서 실제로 활용 가능한 AI 도구들을 직접 만들어볼 수 있을 것입니다.

III 의료 AI 입문: 파이썬 설치와 Google Colab 활용 가이드

의대생과 전공의 여러분이 의료 데이터 분석부터 복잡한 AI 모델 개발까지 다양한 의료 AI 응용 프로그램을 만들 수 있게 해주는 강력한 도구로 파이썬(python)이 있습니다. 이 워크북을 읽으면서 실습하고 더 나아가 나만의 의료 AI를 개발하기 위한 첫 단계로 파이썬 설치 가이드를 준비했습니다. 이 가이드를 따라하시면 의대생과 전공의 선생님들도 쉽게 파이썬을 설치하고 코드 실습을 시작할 수 있을 것입니다.

1 | 파이썬(Python)

1 파이썬 다운로드

① 파이썬 공식 웹사이트(https://www.python.org/downloads/)에 접속합니다.

② 최신 버전의 파이썬 인스톨러를 다운로드합니다. (예: Python 3.9 또는 그 이상)

2 파이썬 설치

• Windows:

① 다운로드한 인스톨러를 실행합니다.

② [Add Python to PATH] 옵션을 체크합니다.

③ [Install Now]를 클릭하여 설치를 시작합니다.

• macOS:

① 다운로드한 .pkg 파일을 더블 클릭합니다.

② 설치 마법사의 지시를 따릅니다.

3 설치 확인

설치가 완료되면 명령 프롬프트(Windows) 또는 터미널(macOS/Linux)에서 다음 명령어를 입력하여 파이썬이 정상적으로 설치되었는지 확인합니다:

```
python --version
```

4 pip 설치 확인

pip는 파이썬 패키지 관리자로, 대부분의 경우 파이썬과 함께 자동으로 설치됩니다. 설치 여부를 확인하고 싶다면 다음 명령어를 실행하세요:

```
pip --version
```

만약 pip가 설치되어 있지 않다면, 다음 명령어로 설치할 수 있습니다:

```
python -m ensurepip --default-pip
```

5 패키지 설치

의료 AI 학습에 필요한 주요 패키지들을 설치해 봅시다. 다음 명령어를 사용하여 NumPy, pandas, scikit-learn을 설치할 수 있습니다:

```
pip install numpy pandas scikit-learn
```

특정 버전의 패키지를 설치하고 싶다면 다음과 같이 할 수 있습니다:

```
pip install numpy==1.21.0
```

6 통합 개발 환경(IDE) 설치 (선택사항)

코드 작성을 더 쉽게 하기 위해 IDE를 설치할 수 있습니다. PyCharm Community Edition이나 Visual Studio Code를 추천합니다.

- PyCharm: https://www.jetbrains.com/pycharm/download/
- Visual Studio Code: https://code.visualstudio.com/download

7 첫 번째 파이썬 프로그램 실행

① 텍스트 에디터나 IDE를 열고 새 파일을 만듭니다.

② 다음 코드를 입력합니다:

```
import numpy as np
import pandas as pd
from sklearn.datasets import load_iris

iris = load_iris()
df = pd.DataFrame(iris.data, columns=iris.feature_names)

print("안녕하세요! 의료 AI의 세계에 오신 것을 환영합니다!")
print("아이리스 데이터셋의 처음 5행:")
print(df.head())
```

③ 파일을 'hello_medical_ai.py'로 저장합니다.

④ 명령 프롬프트나 터미널에서 파일이 있는 디렉토리로 이동한 후, 다음 명령어를 실행합니다:

```
python hello_medical_ai.py
```

8 GPU 설정 (선택사항)

(1) NVIDIA 드라이버 설치

먼저 GPU가 올바르게 작동하도록 NVIDIA 드라이버를 설치해야 합니다.

• Windows:

① NVIDIA 공식 웹사이트에서 드라이버 다운로드:

NVIDIA 드라이버 다운로드 페이지(Download The Official NVIDIA Drivers | NVIDIA)에 접속한 후, 본인의 GPU 모델과 운영 체제에 맞는 드라이버를 선택하고 다운로드합니다.

② 다운로드한 파일을 실행하고 드라이버를 설치합니다:

[Express Installation]을 선택하면 기본적으로 필요한 모든 드라이버가 설치됩니다.

(2) CUDA Toolkit 설치

CUDA는 NVIDIA의 GPU에서 병렬 처리를 위한 플랫폼이자 API입니다. GPU를 활용하여 딥 러닝 모델을 학습하려면 CUDA Toolkit을 설치해야 합니다.

① CUDA Toolkit 다운로드:

CUDA Toolkit 다운로드 페이지(CUDA Toolkit 12.6 Update 1 Downloads | NVIDIA Developer)로 이동하여 운영 체제와 버전에 맞는 CUDA Toolkit을 다운로드합니다.

② CUDA 설치(Windows):

- 다운로드한 .exe 파일을 실행하여 설치합니다.
- 설치 중 옵션에서 NVIDIA 드라이버를 포함하여 설치할 수 있습니다.
- 설치가 완료되면 환경 변수를 설정해야 합니다. 설치 프로그램이 자동으로 설정하지 않았다면 수동으로 PATH에 CUDA 경로를 추가해야 합니다.

(3) cuDNN 설치

cuDNN은 딥 러닝 모델에서 사용되는 수치 연산을 가속화하는 라이브러리입니다. CUDA와 함께 설치해야 효율적으로 딥 러닝을 수행할 수 있습니다.

① cuDNN 다운로드:

cuDNN 다운로드 페이지(CUDA Deep Neural Network (cuDNN) | NVIDIA Developer)로 이동하여, NVIDIA 개발자 계정으로 로그인한 뒤, CUDA Toolkit에 맞는 cuDNN 버전을 다운로드한 후, 운영 체제에 맞는 버전을 선택합니다.

② cuDNN 설치(Windows):

압축 파일을 풀고, bin, include, lib 폴더의 파일을 각각 CUDA가 설치된 디렉토리(보통 C:\Program Files\NVIDIA GPU Computing Toolkit\CUDA\vX.X 폴더)에 복사합니다.

(4) 설치 확인

다음 명령어를 실행하여 CUDA와 cuDNN이 제대로 설치되어 작동하고 있는지 확인할 수 있습니다:

- CUDA 확인:

```
nvcc --version
```

CUDA 버전 정보가 나오면 제대로 설치된 것입니다.

- cuDNN 확인 (Python):

```
C:\Program Files\NVIDIA GPU Computing Toolkit\CUDA\v12.6\include
폴더 내의 cudnn_version.h 확인
```

위 명령어를 실행했을 때 GPU가 출력되면 cuDNN과 CUDA가 정상적으로 작동하는 것입니다.

머신 러닝, 특히 딥 러닝을 수행하려면 CPU와 GPU의 성능이 일정 수준 이상 필요합니다. 하지만 여러분의 컴퓨터나 노트북 사양이 낮다고 걱정하지 마십시오. Google Colab을 활용하면 이런 문제를 쉽게 해결할 수 있습니다.

Google Colab은 구글에서 제공하는 무료 클라우드 기반 Jupyter 노트북 환경입니다. 고성능 CPU와 GPU를 무료로 사용할 수 있어, 사양이 낮은 컴퓨터에서도 복잡한 머신 러닝과 딥 러닝 모델을 학습시킬 수 있습니다.

이제 Google Colab 사용법을 간단히 설명해 드리겠습니다.

2 | Google Colab 접속하기

1 Google Colab 접속하기

① 웹 브라우저에서 https://colab.research.google.com/에 접속합니다.

② Google 계정으로 로그인합니다.

2 새 노트북 만들기

① [File] 〉 [New notebook]을 선택합니다.

② 새로운 노트북이 생성되면 [Untitled0.ipynb]라는 이름으로 자동 저장됩니다.

CHAPTER • 1

3 코드 작성 및 실행

① 코드 셀에 파이썬 코드를 입력합니다.

② 셀 왼쪽의 실행 버튼을 클릭하거나 'Shift+Enter'를 눌러 코드를 실행합니다.

4 GPU 사용 설정

① [Runtime] 〉 [Change runtime type]을 선택합니다.

② Hardware accelerator를 [GPU]로 변경하고 [Save]를 클릭합니다.

5 파일 업로드

① 왼쪽 사이드바의 폴더 아이콘을 클릭합니다.

② [Upload] 버튼을 클릭하여 로컬 파일을 업로드합니다.

6 패키지 설치

필요한 패키지는 다음과 같이 설치할 수 있습니다:

!pip install package_name

7 노트북 저장 및 공유

① [File] 〉 [Save a copy in Drive]를 선택하여 Google Drive에 저장합니다.

② [Share] 버튼을 클릭하여 다른 사람과 노트북을 공유할 수 있습니다.

8 주의사항

① 세션은 일정 시간 후 자동으로 종료됩니다. 중요한 데이터는 반드시 저장해주세요.

② 무료 버전에는 사용 시간 제한이 있습니다. 장시간 사용 시 유료 버전인 Colab Pro를 고려해보세요.

IV 의학 연구자를 위한 AI 개발 환경 설정 가이드

유전체 분석, 의료 영상 처리, 전자 의무 기록 분석, 임상 시험 데이터 관리 등 다양한 분야에서 파이썬은 강력하고 유연한 도구로 자리잡았습니다. 하지만 효과적인 연구와 프로젝트 수행을 위해서는 단순히 코드를 작성하는 것을 넘어 안정적이고 일관된 개발 환경을 구축하는 것이 매우 중요합니다.

개발 환경 관리 도구들은 이러한 필요에 부응하여 여러 가지 중요한 이점을 제공합니다. 이 도구들은 연구의 재현성을 보장하고, 팀원 간의 협업을 원활하게 하며, 복잡한 소프트웨어 의존성을 효과적으로 관리할 수 있게 해줍니다. 의학 연구에서는 데이터의 정확성과 결과의 신뢰성이 특히 중요하기 때문에 이런 도구들의 사용 가치가 더욱 높습니다.

또한, 의료 데이터를 다룰 때는 엄격한 규제 및 준수가 요구되는데, 개발 환경 관리 도구들은 소프트웨어 버전과 설정을 체계적으로 문서화하고 추적하는 데 도움을 줍니다. 이는 규제 요구사항을 충족시키는 데 큰 도움이 됩니다.

의료 AI 개발에 뛰어든 초보 개발자에게는 이러한 개발 환경 관리 도구들이 생소하게 다가올 수 있습니다. 대부분의 경우에는 Google Colab과 같은 환경에서 코드를 구현하며 프로그램을 개발하기 때문입니다.

하지만 경험을 쌓아가면서 더 높은 수준의 프로그램을 개발할 때 개발 환경 관리가 필수적이게 됩니다. 처음 의료 AI를 접하는 독자들은 모든 내용을 기억하기보다 개발 환경 관리의 중요성에 대해 파악하면 됩니다. 이제 구체적으로 파이썬 개발 환경 관리 도구들(Pyenv, Pipenv, Conda, Docker)을 소개해 드리겠습니다.

Pyenv는 의사의 다양한 청진기 세트와 같습니다. 심장 소리를 들을 때는 심장 전용 청진기를, 폐 소리를 들을 때는 폐 전용 청진기를 사용하듯이, Pyenv를 사용하면 각 프로젝트(환자)에 맞는 파이썬 버전을 선택할 수 있습니다. 이를 통해 기본 파이썬 시스템 세팅을 건드리지 않고도 여러 버전을 관리할 수 있어, 프로젝트 요구사항에 따라 파이썬 버전을 유연하게 전환할 수 있습니다.

Pipenv는 각 환자마다 독립된 작은 진료실을 제공하는 것과 같습니다. 이 진료실에는 그

환자에게 필요한 의료 기구와 약품만 정확하게 준비되어 있으며, 진료 기록(Pipfile)과 정확한 처방전(Pipfile.lock)도 함께 있어 다른 의사들도 같은 방식으로 진료할 수 있게 해줍니다. Pipenv는 가상 환경과 패키지 관리를 통합하여 프로젝트별로 독립된 환경을 쉽게 만들고 패키지 의존성을 자동으로 관리해줍니다. 이는 프로젝트의 재현성을 높이고 팀 프로젝트에서 모든 개발자가 동일한 환경에서 작업할 수 있도록 보장합니다.

Conda는 모든 진료과가 갖춰진 종합 병원과 같습니다. 내과, 외과, 정형외과 등 모든 과가 한 곳에 있어 복합적인 질병(데이터 과학 프로젝트)을 다룰 때 특히 유용합니다. Conda를 사용하면 파이썬 버전, 가상 환경 그리고 패키지를 모두 한 번에 관리할 수 있으며, 데이터 과학 관련 패키지들을 쉽게 설치하고 관리할 수 있어 데이터 분석이나 머신 러닝 프로젝트를 진행할 때 매우 유용합니다.

Docker는 완전히 갖춰진 이동식 병원입니다. 이 병원을 어디로 옮기든 똑같은 진료를 할 수 있어, 의료진들이 정확히 같은 환경에서 일할 수 있고 실제 병원(프로덕션 환경)과 동일한 환경에서 연습할 수 있습니다. Docker를 사용하면 운영 체제 레벨에서 완전히 격리된 환경을 만들어 개발, 테스트, 배포 환경의 일관성을 보장할 수 있습니다. 특히 팀 프로젝트에서 모든 팀원이 동일한 개발 환경을 쉽게 공유할 수 있고, 프로덕션 환경과 동일한 설정으로 개발할 수 있다는 장점이 있습니다.

이러한 파이썬 개발 환경 도구들은 각각의 장단점이 있으며, 프로젝트의 요구사항과 개발자의 선호도에 따라 선택 및 조합할 수 있습니다.

Pyenv와 Pipenv의 조합은 여러 분야의 환자를 진료하거나 다양한 의료 실험을 동시에 진행하실 때 좋습니다. 예를 들어, 아침에는 소아과 환자를, 오후에는 노인 환자를 보시는 의사에게 적합합니다. 각 환자에게 맞는 도구(Pyenv)를 선택하시고, 개별 진료실(Pipenv)에서 독립적으로 진료하실 수 있어 효율적입니다. 가상 환경 조성 시 둘의 조합을 잘 활용하는 것이 중요합니다.

Conda는 종합병원과 같은데, 복잡한 수술이나 특수 치료도 가능하지만 여러 가지 복잡한 치료를 하시려면 의료 기구들이 서로 충돌하거나 약물 간 상호작용 문제가 생길 수 있습니다. 더불어 유료 프로그램이기 때문에 간단한 실험이나 소규모 연구 프로젝트에 적합합니다.

Docker는 대형 병원을 운영하시거나 의료 서비스를 확장하실 계획이 있을 때 추천됩니다. 처음에는 배우기 어려울 수 있지만, 한 번 익숙해지면 의료 팀 전체의 효율성이 크게 향상됩니다. 새로운 의사가 팀에 합류하셨을 때 정확히 같은 환경에서 바로 일을 시작하실 수 있고, 응급 상황에서도 어디서든 동일한 진료를 하실 수 있습니다. 학습 곡선이 있지만, 익숙해지면 의사로서의 삶의 질이 크게 개선될 수 있습니다(**표 1-1**).

도구	장점	단점	비유
Pyenv	여러 버전의 파이썬을 쉽게 관리 가능, 시스템 파이썬에 영향 없음	가상 환경 생성 및 패키지 관리는 별도의 도구 필요	심장, 폐 등 진료 부위에 맞는 청진기 세트
Pipenv	가상 환경과 패키지 관리를 통합하여 편리함, 의존성 재현성 보장	초기 설정이 다소 복잡할 수 있음, 속도가 느려질 수 있음	환자마다 독립된 진료실과 정확한 처방전
Conda	파이썬 버전, 가상 환경, 패키지 관리를 한 번에 가능함, 데이터 과학에 유용	설정 파일이 복잡해질 수 있음, 상호 의존성 충돌 가능성	모든 진료과가 갖춰진 종합병원
Docker	OS 수준의 격리된 환경 제공, 개발-테스트-배포 환경의 일관성 유지	초기 학습 곡선이 가파름, 설정이 복잡	이동식 병원으로 어디서나 동일한 진료 가능

표 1-1. 개발 환경 관리 도구의 종류 및 장단점

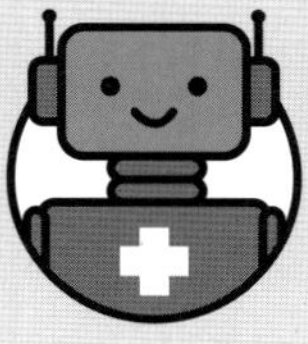

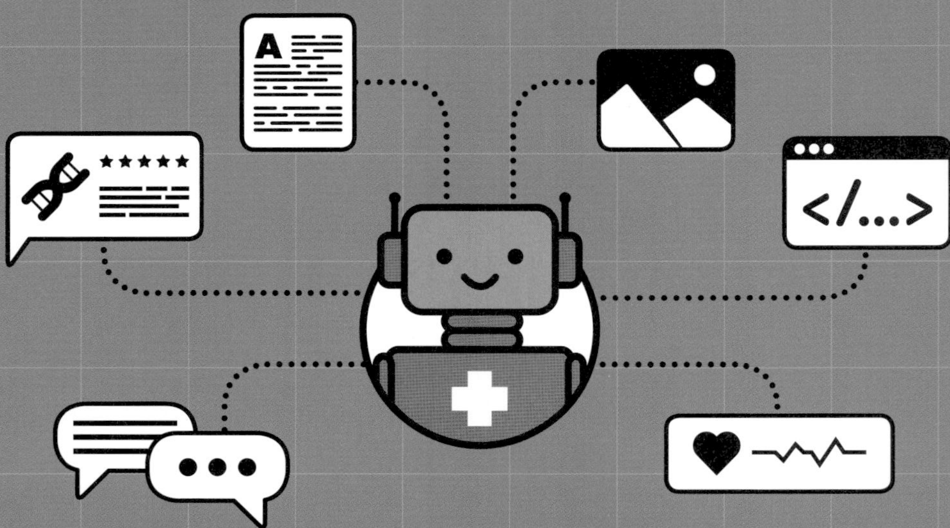

CHAPTER 2

임상 연구와 데이터 분석의 열쇠, 파이썬 알아보기

(의대생 혹은 전공의) 여러분, 이제 파이썬에 대해 알아보겠습니다. 컴퓨터 프로그래밍 세계에는 다양한 프로그래밍 언어들이 존재하며, 그중에서도 파이썬(Python)은 특별한 주목을 받고 있습니다. 파이썬은 C, C++과 같은 전통적인 프로그래밍 언어들과 비교했을 때, 파이썬은 그 직관적인 문법과 풍부한 라이브러리 그리고 뛰어난 확장성으로 현대 프로그래밍 환경에서 독보적인 위치를 차지하고 있습니다. 단순한 계산기 프로그램부터 복잡한 인공지능 알고리즘까지, 파이썬은 그 활용 범위가 무궁무진합니다. 이러한 파이썬의 다재다능함과 접근성은 초보자부터 전문가까지 모두가 선호하는 프로그래밍 언어로 자리매김하게 했습니다. 이제 이 강력하고 유연한 도구인 파이썬에 대해 더 깊이 있게 살펴봅시다.

파이썬의 주요 특징은 '읽기 쉬운 코드'와 '간결함'입니다. 마치 의학 논문을 쓸 때 명확하고 간결하게 표현하는 것처럼, 파이썬도 코드를 쉽게 이해할 수 있도록 작성할 수 있습니다. 특히 들여쓰기를 사용하여 코드의 구조를 나타내는 것이 특징입니다. 이는 마치 의무기록을 체계적으로 작성하는 것과 비슷합니다.

인공지능을 비롯한 의학 연구 및 임상 실무에서 파이썬의 활용도가 높기 때문에, 이 책에서는 파이썬을 활용한 인공지능 적용에 대해 설명합니다. 파이썬은 간단한 문법, 강력한 라이브러리, 실험 친화적인 환경 덕분에 초보 AI 연구자와 의학 연구자 모두에게 적합한 언어입니다. 아이디어를 빠르게 구현하고, 데이터 분석부터 AI 모델 개발까지 전 과정을 지원하므로 연구 초기 단계에서 생산성을 극대화할 수 있습니다.

특징	인터프리터 언어	컴파일러 언어
비유	번역사가 실시간으로 한 문장씩 통역	강연 전체 내용을 미리 번역 후 책자로 배포
코드 실행 방식	줄 단위로 코드 해석 및 실행	전체 코드를 한 번에 번역(컴파일) 후 실행
장점	- 실시간 코드 실행 가능 - 에러 파악 및 수정이 용이	- 빠른 실행 속도
단점	- 실행 속도가 느림 - 매번 코드를 해석하며 실행	- 컴파일 작업에 시간이 걸림 - 컴파일 완료 전까지 실행 불가
예시 언어	Python, Ruby, JavaScript	C, C++, Java

표 2-1. 인터프리터 언어 VS 컴파일러 언어

• 파이썬이 초보 인공지능 연구자에게 효율적인 이유

1 쉬운 문법과 직관적인 코드

파이썬은 간결한 문법 덕분에 초보자도 쉽게 학습할 수 있습니다. 또한, 불필요한 기호와 구조를 최소화하여 코드를 작성하고 읽는 데 부담이 적습니다.

```
'''
✪ 두 숫자를 더하는 간단한 코드
a = 5 b = 10 print(a + b) # 결과: 15
'''
```

2 방대한 라이브러리 생태계와 의학 연구 활용

파이썬은 다양한 라이브러리와 패키지를 통해 복잡한 기능을 간단히 구현할 수 있습니다.

- NumPy: 수학 연산 및 행렬 계산
- Pandas: 데이터 분석 및 처리
- Scikit-learn: 머신러닝 모델 구축
- TensorFlow, PyTorch: 딥러닝 모델 개발

의학 연구와 임상 실무에서도 파이썬은 중요한 도구로 활용됩니다.

- Pandas: 환자 데이터를 정리하고 분석
- Matplotlib: 의료 데이터를 시각화하여 직관적으로 이해
- Scikit-learn: 질병 예측 및 머신러닝 기반 분석

3 대규모 커뮤니티와 풍부한 학습 자료

파이썬은 전 세계적으로 인기 있는 언어로, 활성화된 커뮤니티와 풍부한 학습 자료를 제공합니다.

초보자가 배우기 쉬운 튜토리얼, 예제 코드, 강의 자료가 많습니다. Stack Overflow나 GitHub와 같은 플랫폼에서 문제를 해결하거나 조언을 구하기 쉽습니다.

4 플랫폼 독립성과 높은 접근성

파이썬은 다양한 운영 체제(Windows, macOS, Linux)에서 실행 가능하며, 설치와 설정이 간단합니다. 별도의 환경 설정 없이도 동일한 코드로 여러 플랫폼에서 실험을 진행할 수 있어 접근성이 높습니다.

5 실험 및 프로토타이핑에 최적화

파이썬은 인터프리터 언어로, 코드를 작성하면 바로 실행 결과를 확인할 수 있습니다. 실험과 반복이 중요한 AI 연구 초기 단계에서 빠르게 아이디어를 테스트하고 모델을 개선할 수 있습니다. 연구를 시작하는 초보자에게 즉각적인 피드백을 제공하여 학습과 실험 과정을 단순화합니다.

6 AI 연구에 특화된 데이터 처리와 시각화 도구

데이터 전처리와 시각화는 AI 연구와 의학 연구에서 핵심입니다. 파이썬은 초보자가 데이터를 이해하고 가시적으로 표현할 수 있도록 다양한 도구를 제공합니다.

- Matplotlib, Seaborn: 그래프와 차트를 쉽게 생성
- Jupyter Notebook: 실험 기록과 코드를 통합 관리

의학 연구에서는 MRI, CT, DEXA 등 의료 데이터를 시각화하거나 환자별 데이터를 비교하는 데도 활용됩니다.

7 생산성과 확장성

파이썬은 간단한 코드로 시작해 점점 복잡한 모델로 확장하기 쉬운 언어입니다. AI 연구가 성숙해지면 파이썬으로 개발한 모델을 프로덕션 환경에서 다른 언어(C++ 등)와 통합하여 활용할 수 있습니다.

또한, 병렬 연산 및 GPU 활용이 가능한 라이브러리(PyTorch, TensorFlow)를 통해 대규모 데이터와 복잡한 계산도 처리할 수 있습니다.

쉬운 문법과 이러한 강력한 도구들 덕분에 의료 데이터 분석, 의학 연구, 임상 의사 결정 지원 시스템 개발 등 다양한 분야에서 파이썬이 활용되고 있습니다.

I 의료 정보 처리를 위한 파이썬 기초: 데이터 타입과 구조

그럼 이제 파이썬의 기초 문법에 대해 자세히 알아보겠습니다.

파이썬의 기본 데이터 타입에는 문자열, 숫자(정수와 부동 소수점) 그리고 불리언이 있습니다. 이들은 의료 정보를 다룰 때 다양하게 활용할 수 있습니다.

문자열(String)은 문자들의 나열을 나타내며, 환자의 이름, 병명, 약물 이름 등을 표현하는 데 사용합니다.

```
환자_이름 = "홍길동"
진단명 = "당뇨병"
처방_약물 = '메트포르민'
```

정수(Integer)는 소수점이 없는 숫자로, 환자의 나이, 심박수, 혈압 수치 등을 나타냅니다.

```
나이 = 45
심박수 = 80
수축기_혈압 = 120
```

부동 소수점(Float)은 소수점이 있는 숫자로, 환자의 체온, 혈중 포도당 수치, BMI 등을 표현합니다.

```
체온 = 37.5
혈당 = 5.8
BMI = 24.6
```

불리언(Boolean)은 참(True) 또는 거짓(False)을 나타내며, 특정 증상이나 조건의 유무를 표현할 때 사용합니다.

```
고혈압_여부 = True
흡연자_여부 = False
알레르기_존재 = True
```

이러한 기본 데이터 타입들은 의료 정보를 다루는 데 정말 중요합니다. 하지만 실제 의료 현장에서는 더 복잡하고 다양한 데이터를 다뤄야 합니다. 그래서 파이썬은 이런 기본 타입들을 바탕으로 더 유연하고 강력한 데이터 구조를 제공하고 있습니다.

파이썬의 주요 데이터 구조로는 리스트, 튜플, 딕셔너리, 세트가 있습니다. 각각의 데이터 구조에 대하여 자세히 알아보겠습니다.

리스트는 순서가 있으며 변경 가능한 데이터 모음입니다. 환자의 증상 목록과 같이 순서가 중요하고 수정이 필요한 데이터를 저장하는 데 유용합니다. 파이썬 문법에서 리스트의 기호는 [ ]를 활용합니다.

```
symptoms = ['발열', '기침', '두통']
```

튜플은 리스트와 유사하지만 변경이 불가능합니다. 이러한 특성 때문에 환자의 기본 정보와 같이 변경되지 않아야 하는 데이터를 안전하게 저장하는 데 적합합니다. 파이썬 문법에서는 ( ) 기호를 사용합니다.

```
patient_info = ('홍길동', 45, '남성', 175)
```

딕셔너리는 키-값 쌍으로 데이터를 저장합니다. 이 구조는 환자의 의료 기록처럼 관련 정보를 체계적으로 관리하는 데 유용합니다. 파이썬 기본 문법으로 {'키1':'값1', '키2':'값2'} 구조를 띄고 있습니다.

```
medical_record = {'이름': '홍길동', '나이': 45, '진단': '폐렴'}
```

세트는 중복을 허용하지 않으며 항목을 추가하거나 삭제할 수는 있지만, 특정 항목을 변경할 수는 없는 데이터 모음입니다. 환자의 알레르기 목록과 같이 고유한 항목들을 관리하는 데 적합합니다. 파이썬 문법으로 { } 기호를 사용합니다.

```
allergies = {'페니실린', '아스피린'}
```

이러한 데이터 구조들은 각각의 특성에 따라 의료 정보를 효율적으로 저장, 관리, 분석하는 데 활용될 수 있습니다. 상황에 맞는 적절한 데이터 구조를 선택하여 사용한다면 데이터를 더욱 효과적으로 다룰 수 있습니다.

II 의학 공식의 새로운 접근: 파이썬으로 Anion Gap 이해하기

의학을 공부하는 학생들에게 신장학은 종종 어려운 분야로 여겨집니다. 그 이유 중 하나는 TTKG (transtubular potassium gradient), anion gap 등 여러 복잡한 공식을 암기하고, 이를 바탕으로 진단 알고리즘을 따라 감별진단을 해야 하기 때문입니다.

하지만 프로그래밍 언어인 파이썬을 활용하면 이런 복잡한 공식들을 더 간단하고 이해하기 쉬운 형태로 표현할 수 있습니다.

파이썬에서는 '변수'라는 개념을 사용합니다. 변수는 데이터를 저장하는 공간입니다. 예를 들어, 환자의 나이나 혈압 같은 정보를 변수에 저장할 수 있습니다. 이렇게 변수를 사용하면 데이터를 프로그램에서 쉽게 사용하고 관리할 수 있습니다.

그리고 파이썬에는 다양한 '연산자'가 있습니다. 연산자는 데이터를 처리하는 데 사용되는 기호입니다. 특히 '산술 연산자'는 숫자 데이터를 계산할 때 사용됩니다. 기본적인 산술 연산자들(+, -, *, / 등)을 사용하면 의학적 공식을 단 한 줄의 코드로 정리할 수 있습니다. 이렇게 변수와 연산자를 활용하면 복잡해 보이는 의학적 공식도 파이썬 코드로 간단하게 표현할 수 있습니다.

예를 들어, 임상에서 자주 사용되는 지표인 anion gap을 살펴보겠습니다. Anion gap은 혈청 내 주요 양이온(positive ions)과 음이온(negative ions)의 차이를 나타내며, 산-염기 균형을 평가하는 데 중요한 역할을 합니다. 일반적으로 다음과 같은 공식으로 계산합니다:

$$\text{Anion Gap} = [NA^+] - ([Cl^-] + [HCO_3^-])$$

이 공식을 파이썬의 산술 연산자를 사용하여 표현하면 다음과 같이 간단하게 나타낼 수 있습니다. 직접 수치를 대입해서 적용해 보겠습니다.

✪ Na^+, Cl^-, HCO_3^- 농도를 변수로 정의

```
na = 140  # 나트륨 농도 (mEq/L)
cl = 104  # 염화 이온 농도 (mEq/L)
hco3 = 24  # 중탄산염 농도 (mEq/L)
```

NAnion Gap 계산

```
anion_gap = na - (cl + hco3)
print(f"Anion Gap: {anion_gap} mEq/L")
```

III 파이썬으로 구현하는 고칼륨혈증 감별 진단: TTKG에서 알고리즘까지

앞서 우리는 anion gap을 파이썬으로 표현하는 방법에 대해 알아보았습니다. 이번에는 또 다른 중요한 지표인 TTKG (transtubular potassium gradient)에 대해 살펴보고, 이를 활용하여 고칼륨혈증(hyperkalemia)의 원인을 감별하는 알고리즘을 만들어 보겠습니다.

TTKG는 신장의 칼륨 분비 능력을 평가하는 데 사용되는 지표로, 다음과 같은 공식으로 계산됩니다:

```
TTKG = (Urine K⁺ / Serum K⁺) / (Urine Osmolality / Serum Osmolality)
```

독자 여러분들도 잘 알고 계시듯이 TTKG만으로는 진단 알고리즘의 전체를 파악하기 어렵습니다. 실제 임상 현장에서는 TTKG 값을 바탕으로 다양한 질환들을 체계적으로 감별해 나가야 하는데, 이는 해리슨 교과서에 실린 고칼륨혈증 진단 알고리즘을 보면 잘 알 수 있습니다. 아마도 많은 분들이 한 번쯤은 보셨을, 그 복잡하고 다소 현기증이 날 것 같은 진단 알고리즘 그래프를 함께 살펴보도록 하겠습니다(**그림 2-1**).

진단 알고리즘이 매우 복잡할 뿐만 아니라, 지금까지 우리가 학습한 연산자만으로는 이를 구현하기가 쉽지 않습니다. 이러한 복잡한 알고리즘을 효과적으로 구현하기 위해 몇 가지 중요한 개념들을 설명해 드리고자 하는데, 특히 파이썬의 조건문(if, elif, else)을 활용하면 이와 같은 복잡한 진단 알고리즘도 체계적으로 구현할 수 있습니다.

우선 비교 연산자와 문자열 연산자에 대해 알아보겠습니다. 비교 연산자는 두 값을 비교할 때 사용합니다. 예를 들어, '==' 와 '!=' 는 두 값이 같거나 다른지를, '〉', '〈' 는 두 값이 서로 크거나 작은지 등을 확인할 수 있습니다. 문자열 연산자는 글자들을 다룰 때 쓰이는데, 문자열을 이어 붙이거나 반복하는 데 활용됩니다.

다음으로 조건문에 대해 알아보겠습니다. 조건문은 '만약 ~라면'이라는 생각을 코드로 표현한 것입니다. 'if', 'elif', 'else' 라는 키워드를 사용해서 특정 조건이 맞을 때만 어떤 행동을 하도록 프로그램을 만들 수 있습니다.

마지막으로 함수라는 개념이 있습니다. 함수는 특정 작업을 수행하는 코드 뭉치라고 생

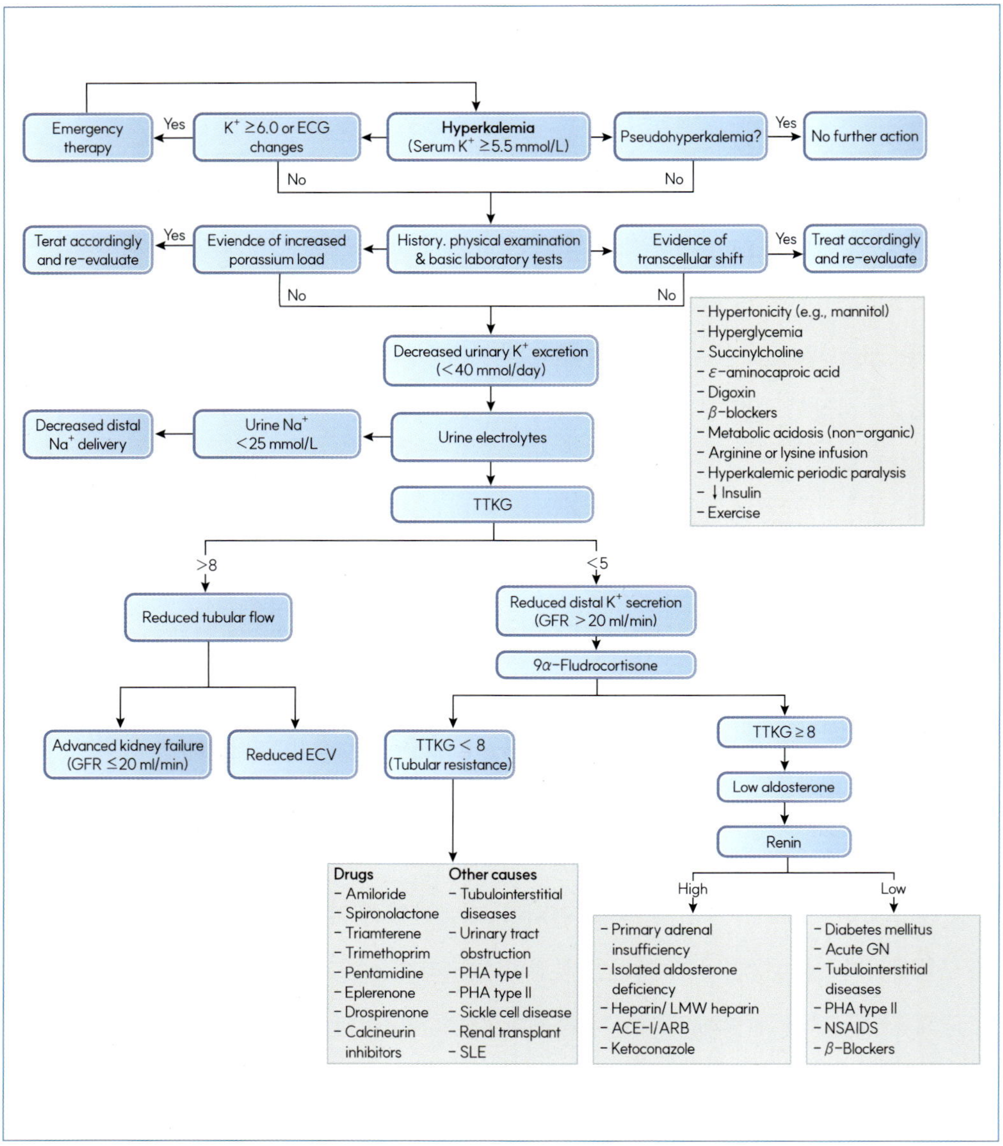

그림 2-1. 고칼륨혈증 진단 알고리즘

각하면 됩니다. 'def' 라는 키워드로 함수를 만들고, 함수 안에서 'return'을 사용해 결과를 내보낼 수 있습니다. 함수는 재사용할 수 있어 코드를 효율적으로 만들 수 있게 해줍니다.

이제 고칼륨혈증의 원인을 감별하는 알고리즘을 파이썬으로 구현해 보겠습니다. 이 알고리즘은 TTKG 값과 함께 다른 임상 지표들도 고려합니다.

```
def calculate_ttkg(urine_k, plasma_k, plasma_osm, urine_osm):
  """TTKG 계산 공식"""
    return (urine_k / plasma_k) * (plasma_osm / urine_osm)
    def hyperkalemia_workup(urinary_k_excretion, urine_na, urine_k, plasma_k,
    plasma_osm, urine_osm, gfr, renin, aldosterone):

    ✪ 1단계: Urinary K+ excretion 확인
    if urinary_k_excretion < 40:

      ✪ 2단계: Urine Na+ 확인
      if urine_na < 25:
        return "Decreased distal Na+ delivery (Urine Na < 25 mmol/L)"
      else:

        ✪ 3단계: TTKG 계산
        ttkg = calculate_ttkg(urine_k, plasma_k, plasma_osm, urine_osm)
        if ttkg < 5:

        ✪ 4단계: GFR 확인
          if gfr > 20:
            return "Reduced distal K+ secretion (GFR > 20 ml/min)"
          else:
            return "Advanced kidney failure (GFR ≤ 20 ml/min)"
          elif ttkg >= 8:
            return "Reduced tubular flow"
          else:
            return "TTKG < 8 (Tubular resistance)"
          else:
            return "No significant urinary K+ excretion problem"

    ✪ 5단계: Renin & Aldosterone 확인
    if aldosterone < 8:
      if renin < 8:
        return "Low aldosterone, Low renin (Possible causes: Diabetes
        mellitus, NSAIDs, etc.)"
    else:
        return "Low aldosterone, High renin (Possible causes: Primary adrenal
        insufficiency, etc.)"
    else:
      if renin < 8:
        return "High aldosterone, Low renin (Possible causes:
        Tubulointerstitial diseases)"
    else:
        return "High aldosterone, High renin (Check other causes)"
```

예시 입력값

```
urinary_k_excretion = 35  # mmol/day
urine_na = 30  # mmol/L
urine_k = 50  # mmol/L
plasma_k = 5.5  # mmol/L
plasma_osm = 280  # mOsm/kg
urine_osm = 600  # mOsm/kg
gfr = 25  # ml/min
renin = 7  # ng/mL/h
aldosterone = 5  # ng/dL
```

Hyperkalemia workup 수행

```
result = hyperkalemia_workup(urinary_k_excretion, urine_na, urine_k, plasma_k, plasma_osm, urine_osm, gfr, renin, aldosterone)
print(result)
```

코드를 직접 보니 어떤가요? 처음에는 40줄의 길고 복잡한 코드로 보일 수 있지만 if, elif, else를 중심으로 살펴보면 결국 진단 알고리즘을 그대로 구현한 것을 알 수 있습니다. 또한 코드가 제대로 작동하는지 확인하기 위해 예시로 든 환자는 아래 그림처럼 알고리즘을 따라 움직였다고 할 수 있습니다. 이제 더 복잡한 진단 알고리즘을 코드로 구현해봅시다(**그림 2-2**).

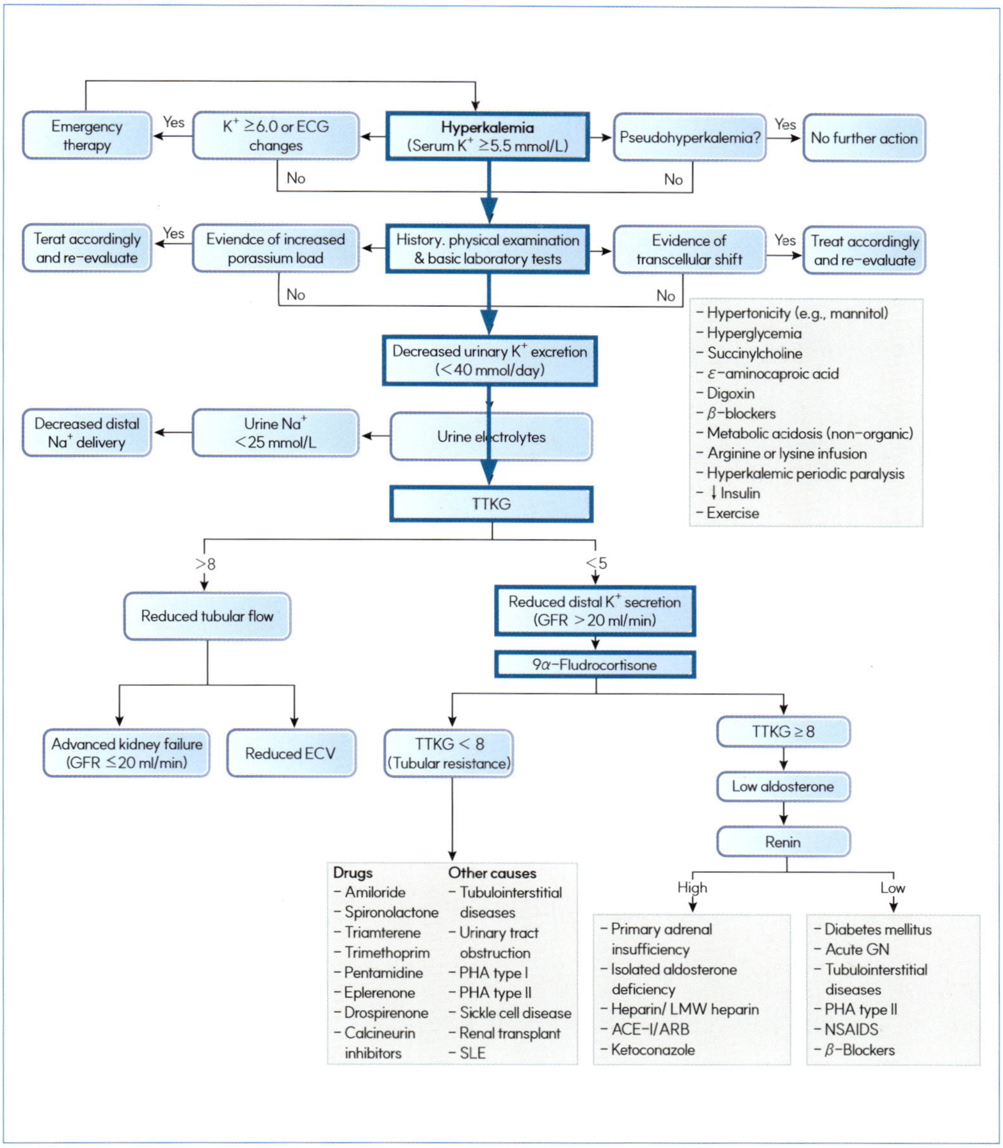

그림 2-2. 고칼륨혈증 진단 알고리즘-예시 데이터 진행 경로

IV 파이썬으로 구현하는 쿠싱증후군 진단 알고리즘: 복잡한 의학 지식을 코드로 정리하기

코드를 살펴보면 처음에는 복잡해 보일 수 있습니다. 하지만 함수를 정의하는 def 문과 그 안의 if, elif, else 문을 중심으로 보면 구조가 꽤 명확합니다. 이런 구조는 의학적 의사결정 과정을 그대로 반영하고 있어, 실제 진단 알고리즘을 이해하는 데 도움이 됩니다.

신장학 케이스를 두 가지나 살펴봤으니, 이제 머리를 식히는 의미에서 다른 분야의 예시를 한번 살펴보겠습니다. 이번에는 논리 연산자까지 추가하여 더욱 복잡한 진단 알고리즘을 파이썬으로 구성해 보겠습니다.

의대 시절을 돌이켜보면, 내분비내과 공부할 때 해리슨 교과서에 나오는 진단 알고리즘 그림들이 참 많았습니다. 그중에서도 쿠싱증후군의 진단 알고리즘은 특히 복잡한 편입니다. overnight dexamethasone test부터 시작해서 ACTH level까지 여러 검사 결과를 종합적으로 파악해야 쿠싱 증후군인지, 더 나아가 ACTH dependent한 상태인지까지도 판단할 수 있기 때문입니다(그림 2-3).

이렇게 복잡한 알고리즘도 파이썬을 이용하면 쉽게 구현할 수 있습니다. 검사 수치만 입력하면 알아서 진단부터 권고되는 치료까지 알려주는 알고리즘을 만들 수 있습니다.

이번 알고리즘에서 중요하게 사용될 연산자는 바로 논리 연산자(and, or, not)입니다. 이 연산자들을 사용하면 여러 개의 조건을 결합해서 복잡한 진단 기준을 표현할 수 있습니다. 예를 들어, "overnight dexamethasone test 결과가 비정상이고(and) ACTH level이 높다"와 같은 조건을 쉽게 표현할 수 있습니다.

이제 구체적으로 알고리즘을 만들어보겠습니다. 먼저 overnight dexamethasone test 결과를 확인하고, 이상이 있다면 추가적인 검사 결과(urinary cortisol, midnight cortisol, ACTH level)를 고려합니다. 이 모든 조건을 논리 연산자로 연결하여 최종 진단과 권고 사항을 도출하는 것입니다.

이렇게 만든 알고리즘은 의료진들이 복잡한 진단 과정을 보다 쉽고 정확하게 수행하는 데 도움을 줄 수 있습니다. 물론 이 알고리즘이 의사의 판단을 완전히 대체할 순 없지만, 진단의 정확성을 높이고 의사결정을 보조하는 데에 유용한 도구가 될 수 있습니다.

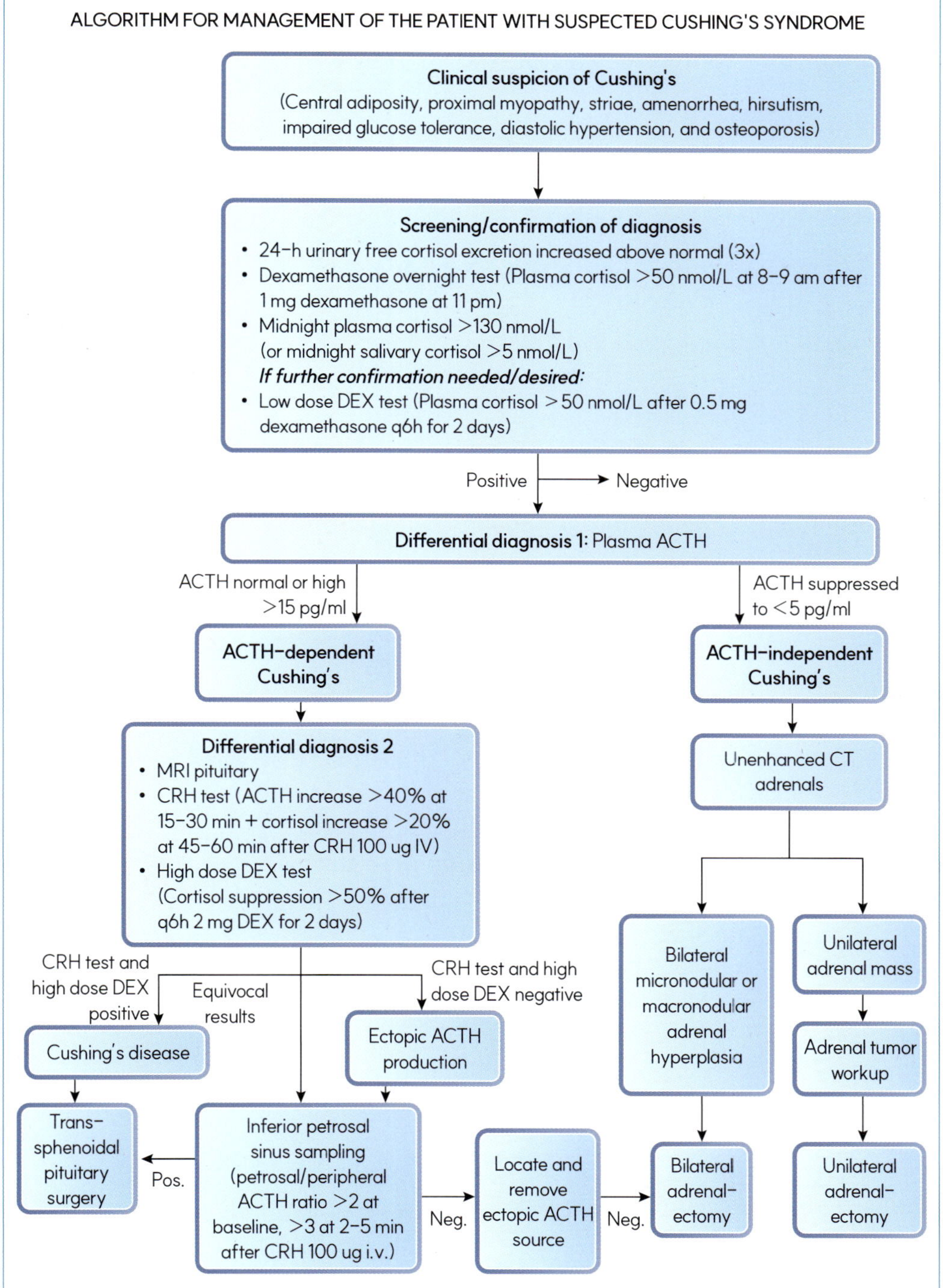

그림 2-3. 쿠싱증후군 진단 알고리즘

파이썬으로 이러한 의학적 알고리즘을 구현해본다면 복잡한 의학 지식을 체계적으로 정리하고 이해할 때도 큰 도움이 될 것입니다. 의대생 혹은 전공의들이 이런 방식으로 공부한다면, 복잡한 진단 기준을 더 쉽게 익히고 기억할 수 있을 것입니다.

```
def cushing_diagnosis(acth_level, mri_result, crh_test_positive, high_dose_
dex_positive, ct_scan_result, adrenal_mass):

  ✪ 1단계: ACTH 수치에 따라 Cushing's 유형을 결정
  if acth_level > 15:
    print("ACTH-dependent Cushing's")

    ✪ 2단계: MRI 결과 확인
    if mri_result == "positive":
      return "Cushing's disease - Proceed to transsphenoidal pituitary
      surgery"
    else:
      ✪ CRH test 및 High dose DEX test 확인
      if crh_test_positive and high_dose_dex_positive:
        return "Cushing's disease - Proceed to transsphenoidal pituitary
        surgery"
      elif crh_test_positive or high_dose_dex_positive:
        return "Equivocal results - Proceed to Inferior Petrosal Sinus
        Sampling"
      else:
        return "Ectopic ACTH production - Locate and remove ectopic ACTH
        source"
      elif acth_level < 5:
      print("ACTH-independent Cushing's")

    ✪ 3단계: CT 스캔 결과에 따라 부신 질환 평가
    if ct_scan_result == "bilateral":
      return "Bilateral adrenal hyperplasia - Proceed to bilateral
      adrenalectomy"
    elif ct_scan_result == "unilateral" and adrenal_mass:
      return "Unilateral adrenal mass - Proceed to unilateral adrenalectomy"
    else:
      return "Adrenal tumor workup needed"
    else:
      return "ACTH level inconclusive, further testing required"
```

예시 입력값

```
acth_level = 20  # pg/mL
mri_result = “negative”
crh_test_positive = True
high_dose_dex_positive = False
ct_scan_result = “unilateral”
adrenal_mass = True
```

Cushing's Syndrome workup 수행

```
result = cushing_diagnosis(acth_level, mri_result, crh_test_positive, high_
dose_dex_positive, ct_scan_result, adrenal_mass)
print(result)
```

앞서 더욱 더 복잡한 알고리즘을 코드로 구현한다고 했으나 실제로 코드상에서는 and, or 이 추가된 것 외에는 큰 틀에서는 차이를 보이지 않습니다. 마찬가지로 예시 데이터로 코드를 실행해보면 아래 그림처럼 알고리즘을 따라 움직이는 것을 확인할 수 있습니다(그림 2-4).

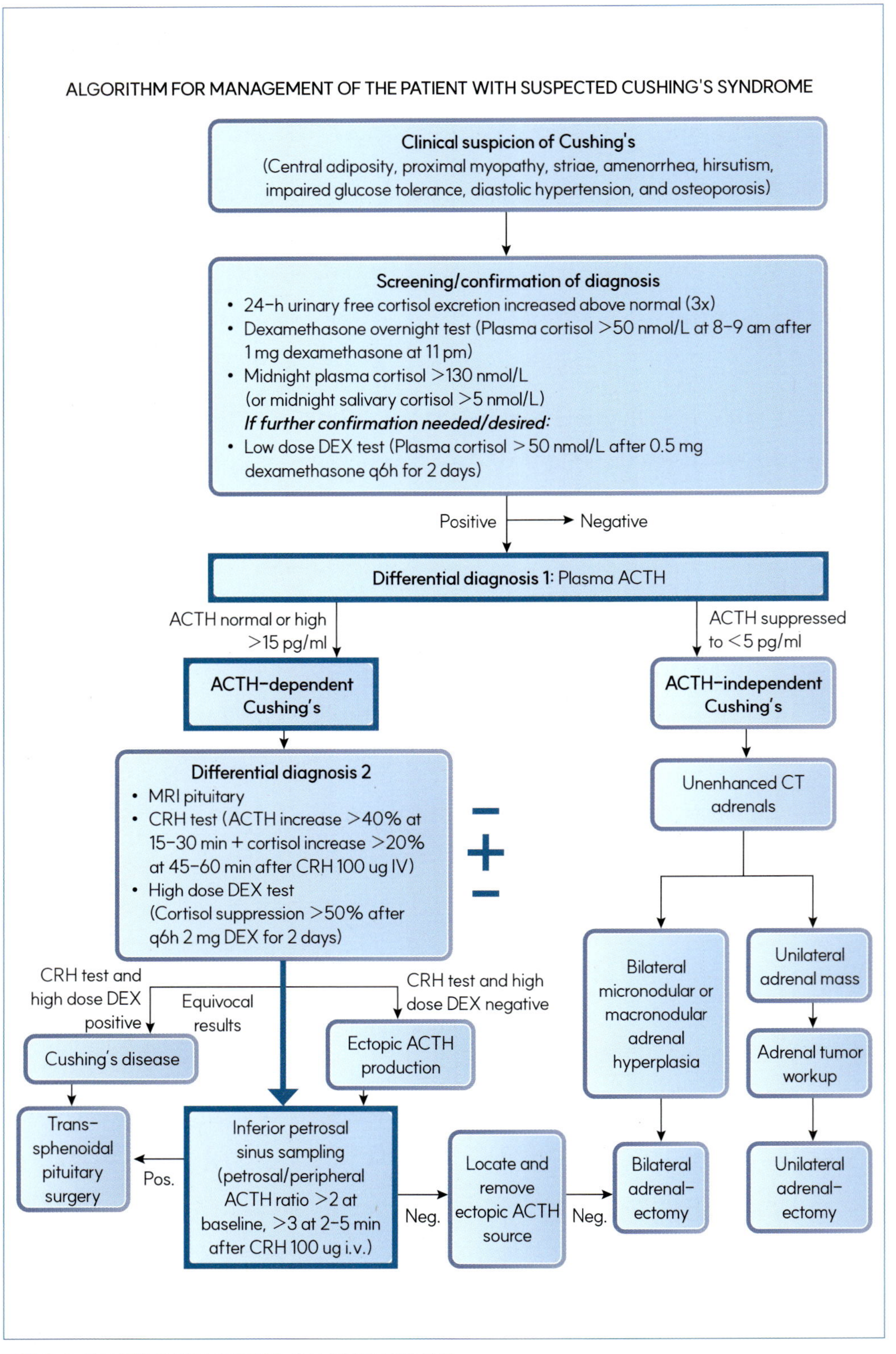

그림 2-4. 쿠싱 증후군 진단 알고리즘-예시 데이터 진행 경로

V 파이썬으로 구현하는 CHA2DS2-VASc 점수 계산기: for문과 while문의 활용

코드가 복잡해 보일 수 있습니다. 하지만 if문과 and, or 논리연산자를 복합적으로 활용하면서 코드가 복잡해졌더라도 구조는 이해하기 어렵지 않습니다.

그런데 앞서 정의된 코드들을 다시 살펴보면 하나 같이 함수의 매개변수가 많다는 사실을 알 수 있습니다. cushing syndrome 함수는 매개변수가 총 6개, hyperkalemia_workup 함수는 9개까지 필요합니다. 물론 진단 알고리즘에 따라 온전히 감별 진단을 하기 위해서는 각 변수들의 값을 모두 아는 것이 좋지만, 그래도 함수의 이름이 너무 길어서 보기 복잡합니다.

이럴 때는 반복문을 이용하는 것이 좋은 방법입니다. 반복문에는 대표적으로 for문과 while문이 있는데, 이 둘을 활용하여 코드를 더 단순화할 수 있습니다. for문은 정해진 횟수만큼 반복할 때 주로 사용하고, while문은 특정 조건이 만족되는 동안 계속 반복할 때 사용합니다. 예를 들어, for문을 사용하면 여러 검사 항목을 순차적으로 확인할 수 있고, while문을 사용하면 사용자가 'q'를 입력할 때까지 계속해서 새로운 환자의 정보를 입력받을 수 있습니다.

여기에다가 input() 함수까지 추가하면 활용성이 높아집니다. input() 함수는 사용자로부터 입력을 받을 때 사용하는 함수입니다. 이를 통해 사용자와 상호작용하면서 필요한 정보를 얻을 수 있습니다. 예를 들어, "나이를 입력하세요:"라고 물어보고 사용자가 입력한 나이를 변수에 저장할 수 있습니다.

진단 알고리즘을 한 번 더 예로 들면 책을 덮을 수도 있으니 좀 더 간단한 예로 넘어가보겠습니다.

심방세동 환자에게 항응고제의 적응증이 되는지 확인하는 지표로 CHA2DS2-VASc score가 있습니다. 시험에 나오는 단골 소재로, 구글에 검색하기만 해도 계산해 주는 사이트가 수없이 많이 있습니다(그림 2-5).

이 지표를 파이썬으로도 구현할 수 있고, input() 함수까지 활용하면 사이트의 계산기처럼 하나씩 값을 입력하면서 점수를 구할 수 있습니다. 예를 들어, "심부전이 있나요? (y/n):"라고 물어보고 사용자가 'y'나 'n'을 입력하도록 할 수 있습니다. 그리고 for문을 사용해 이런

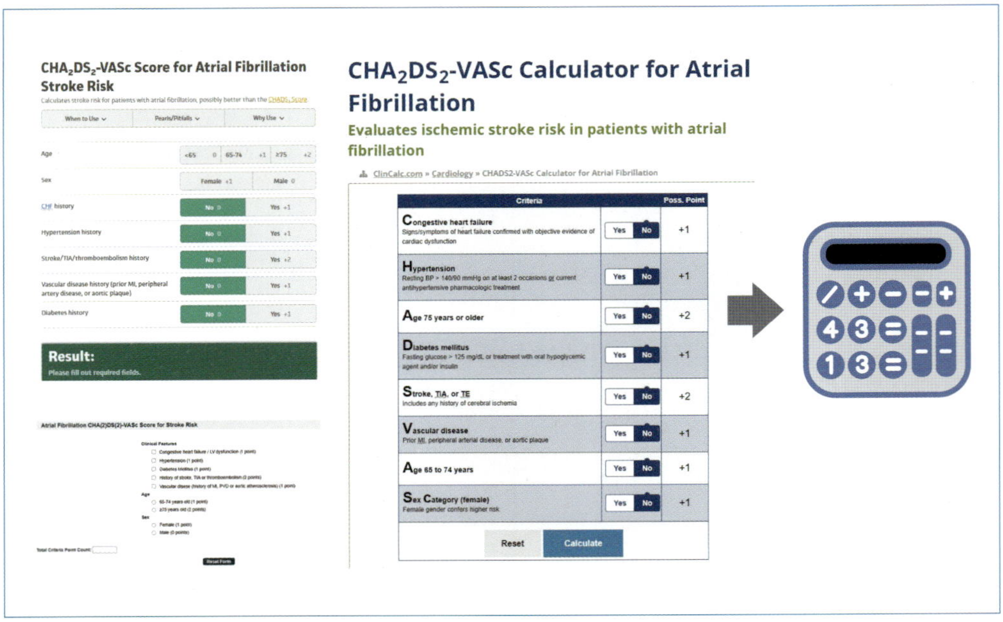

그림 2-5. CHA$_2$DS$_2$-VASc Score 계산 사이트와 나만의 계산기 만들기

질문을 여러 번 반복할 수 있습니다. 이렇게 하면 사용자가 각 위험 요인에 대해 순차적으로 답변하면서 점수를 계산할 수 있습니다. 한번 구현해보겠습니다.

```
✪ CHA2DS2-VASc 점수 항목
chadsvasc_factors = {
    '심부전 여부 (예/아니오)': 1,
    '고혈압 여부 (예/아니오)': 1,
    '나이 (75세 이상은 2점, 65~74세는 1점)': 2,
    '당뇨병 여부 (예/아니오)': 1,
    '뇌졸중/TIA 병력 여부 (예/아니오)': 2,
    '혈관 질환 여부 (예/아니오)': 1,
    '여성 여부 (여성은 예, 남성은 아니오)': 1
```

```
✪ 점수 초기화
total_score = 0
```

각 항목을 입력받아 점수 계산

```
chadsvasc_factors = {
    '나이 (75세 이상은 2점, 65~74세는 1점)': None,
    '고혈압 (예/아니오)': 1,
    '당뇨병 (예/아니오)': 1,
    '심부전 (예/아니오)': 1,
    '뇌졸중/일과성허혈발작 병력 (예/아니오)': 2,
    '혈관질환 (예/아니오)': 1,
    '여성 (예/아니오)': 1,
}

total_score = 0

for factor, score in chadsvasc_factors.items():
    if factor == '나이 (75세 이상은 2점, 65~74세는 1점)':
        for _ in iter(int, 1):  # 무한 반복
            try:
                age = int(input(factor + ': '))
                if age >= 75:
                    total_score += 2
                elif age >= 65:
                    total_score += 1
                break  # 올바른 입력이면 반복 종료
            except ValueError:
                print("잘못된 입력입니다. 숫자로 나이를 입력해 주세요.")
    else:
        for _ in iter(int, 1):  # 무한 반복
            answer = input(factor + ': ').strip()
            if answer == '예':
                total_score += score
                break  # 올바른 입력이면 반복 종료
            elif answer == '아니오':
                break  # 올바른 입력이면 반복 종료
            else:
                print("잘못된 입력입니다. 예 또는 아니오로 입력해 주세요.")
```

```
✪ 결과 출력
print(f'CHA2DS2-VASc 점수: {total_score}')
```

우리가 앞서 본 코드는 for문을 이용했습니다. 하지만 while문으로도 비슷한 기능을 구현할 수 있습니다. while문은 특정 조건이 만족되는 동안 계속해서 코드를 반복 실행하는 데 유용합니다. CHA2DS2-VASc score를 계산하는 코드를 while문을 사용해 다시 작성해보겠습니다.

```
✪ CHA2DS2-VASc 점수 항목
chadsvasc_factors = [
    ('심부전 여부 (예/아니오)', 1),
    ('고혈압 여부 (예/아니오)', 1),
    ('나이 (75세 이상은 2점, 65~74세는 1점)', 2),
    ('당뇨병 여부 (예/아니오)', 1),
    ('뇌졸중/TIA 병력 여부 (예/아니오)', 2),
    ('혈관 질환 여부 (예/아니오)', 1),
    ('여성 여부 (여성은 예, 남성은 아니오)', 1)
]
```

```
✪ 점수 초기화
total_score = 0
index = 0  # 항목 리스트를 탐색할 인덱스
```

```
✪ while문을 이용한 항목 탐색
while index < len(chadsvasc_factors):
    factor, score = chadsvasc_factors[index]
```

나이 항목에 대한 처리

```
if factor == '나이 (75세 이상은 2점, 65~74세는 1점)':
    while True:
        try:
            age = int(input(factor + ': '))
            if age >= 75:
                total_score += 2
            elif age >= 65:
                total_score += 1
            break  # 나이 입력이 정상적으로 되었으면 while문 종료
        except ValueError:
            print("숫자를 입력해 주세요.")
```

나이 외의 항목에 대한 처리

```
else:
    while True:
        answer = input(factor + ': ').strip()
        if answer == '예':
            total_score += score
            break  # 정상 입력 시 while문 종료
        elif answer == '아니오':
            break  # '아니오'일 경우에도 while문 종료
        else:
            print("잘못된 입력입니다. 예 또는 아니오로 입력해 주세요.")
```

다음 항목으로 이동

```
index += 1
```

결과 출력

```
print(f'CHA2DS2-VASc 점수: {total_score}')
```

VI 파이썬 클래스와 모듈로 구현하는 고칼륨혈증 관리 시스템

지금까지 파이썬의 기초 문법에 대해서 많은 내용들을 살펴보았습니다. 다양한 연산자들을 바탕으로 함수들을 정의하고 더 효율적으로 코드를 만들 수 있는 법에 대해 고민했습니다. 이제 마지막으로 클래스와 모듈을 활용하여 지금까지 공부한 내용을 바탕으로 파이썬 코드를 만들어볼 것입니다.

코드를 보기 전에 기초적인 파이썬 개념인 모듈과 클래스에 대해 짚고 넘어가겠습니다. 파이썬에서 모듈(라이브러리)은 함수, 클래스, 변수 등을 포함하는 파일입니다. 이를 활용하려면 import 키워드를 사용합니다. 모듈은 코드의 재사용성을 높이고, 프로그램 구조를 체계적으로 관리하는 데 도움을 줍니다. 모듈은 파이썬에 기본적으로 포함된 표준 라이브러리와, 추가적으로 설치하여 사용하는 서드파티 라이브러리로 나눌 수 있습니다. 클래스는 객체를 생성하기 위한 틀 또는 설계도로, 객체의 속성과 메서드를 정의합니다. 객체는 이 클래스를 기반으로 생성된 실체입니다. 클래스를 사용하면 코드의 재사용성을 높이고, 정보 은닉, 상속, 다형성 등 객체 지향 프로그래밍의 다양한 기능을 활용할 수 있습니다.

데이터 분석에 활용되는 모듈들에는 대표적으로 NumPy, matplotlib, pandas 등이 있습니다. NumPy는 수치 계산을 위한 라이브러리로, 다차원 배열 객체와 관련 도구를 제공합니다. Matplotlib은 데이터 시각화를 위한 라이브러리로, 다양한 그래프와 플롯을 생성할 수 있습니다. Pandas는 데이터 분석을 위한 라이브러리로, 데이터프레임이라는 2차원 데이터 구조를 제공하여 데이터 조작과 분석을 용이하게 합니다.

이제 개념 정리는 끝내고 본격적으로 예시를 보겠습니다. 앞에서 예로 든 hyperkalemia를 더 응용해 볼 것입니다. 앞에서는 그냥 hyperkalemia의 진단 알고리즘을 코드로 정리해보았지만 이 코드만으로 병원 환경에서 응용하기 쉽지 않습니다. 공부하기에는 좋을 수 있지만 hyperkalemia도 수치가 6점대 이상이거나 EKG 변화가 동반되어 있다면 당장 처치를 해야 합니다. 그래서 자세한 진단 알고리즘보다 환자의 인적 사항과 칼륨 수치를 입력해서 중증도와 처치 필요의 유무만 간단하게 알려주는 프로그램 구현을 생각해 볼 수 있습니다.

코드를 작성하기 전에 먼저 전체적인 구조에 대하여 고민해 봅시다. 병원의 EMR에서 환

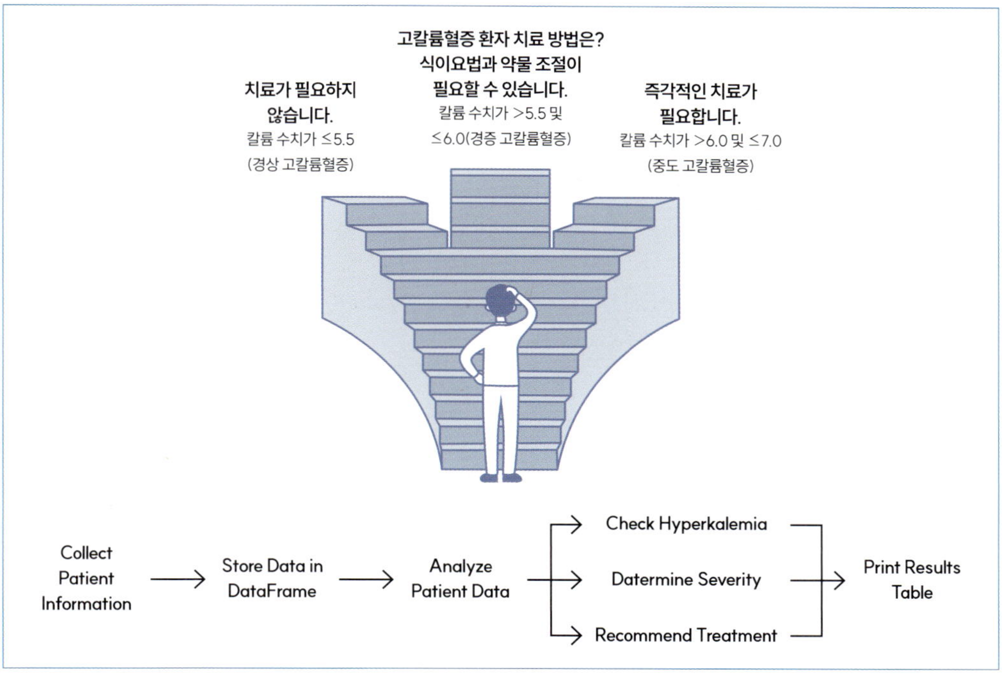

그림 2-6. 고칼륨혈증 진단 프로세스

자의 이름, 나이, 칼륨 수치 데이터를 수집하여 환자별로 고칼륨혈증 여부 및 중증도 그리고 권장 치료까지 3가지 항목을 테이블로 깔끔하게 정리하는 것이 편리하지 않을까요? 그렇게 해야 어떤 환자가 빠른 처치가 필요할지 구분해낼 수 있기 때문입니다. 그렇다면 이러한 프로세스를 그림으로 그려봅시다(그림 2-6).

현재 프로세스는 단순해 보일 수 있지만, 앞으로 딥러닝 학습까지 적용하게 되면 코드의 양이 급격히 증가하게 됩니다. 따라서 무작정 코드부터 작성하기보다는, 먼저 개발하고자 하는 프로젝트의 전체 프로세스를 구상한 후 코딩을 시작하는 것이 더욱 효율적인 개발 방법일 것입니다. 아래는 앞서 설명한 프로세스를 구현한 코드입니다.

```
import numpy as np
import pandas as pd
import matplotlib.pyplot as plt

class Patient:
    def __init__(self, name, age, potassium_level):
```

```
        self.name = name
        self.age = age
        self.potassium_level = potassium_level
    def check_hyperkalemia(self):
        return self.potassium_level > 5.5

    def get_severity(self):
        if self.potassium_level <= 5.5:
            return "정상"
        elif 5.5 < self.potassium_level <= 6.0:
            return "경증"
        elif 6.0 < self.potassium_level <= 7.0:
            return "중등도"
        else:
            return "중증"

    def recommend_treatment(self):
        severity = self.get_severity()
        if severity == "정상":
            return "치료가 필요하지 않습니다."
        elif severity == "경증":
            return "식이요법과 약물 조절이 필요할 수 있습니다."
        elif severity == "중등도":
            return "즉각적인 치료가 필요합니다. 인슐린과 포도당 투여를 고려하
세요."
        else:
            return "응급 투석이 필요할 수 있습니다. 즉시 병원에 내원하세요."

def analyze_patients(patient_data):
    patients = []
    for _, row in patient_data.iterrows():
        patient = Patient(row['Name'], row['Age'], row['Potassium Level'])
        patients.append(patient)
return patients

def main():
```

```
    num_patients = int(input("입력할 환자의 수를 입력하세요: "))

    data = {"Name": [], "Age": [], "Potassium Level": []}
    for i in range(num_patients):
        name = input(f"환자 {i+1}의 이름을 입력하세요: ")
        age = int(input(f"환자 {i+1}의 나이를 입력하세요: "))
        potassium_level = float(input(f"환자 {i+1}의 협중 칼륨 농도를 입력하세
요 (mEq/L): "))

        data["Name"].append(name)
        data["Age"].append(age)
        data["Potassium Level"].append(potassium_level)

    patient_data = pd.DataFrame(data)
```

```
✪ 환자 데이터 분석
patients = analyze_patients(patient_data)
```

```
✪ 환자 데이터 표 제출
patient_data['Hyperkalemia'] = [patient.check_hyperkalemia() for patient in
patients]
patient_data['Severity'] = [patient.get_severity() for patient in patients]
patient_data['Recommended Treatment'] = [patient.recommend_treatment() for
patient in patients]
```

```
✪ 표 제출
    print("\n결과 표:\n")
    print(patient_data)

if __name__ == "__main__":
    main()
```

Example Patient Data			
	Name	Age	Potassium Level
1	환자 1	65	5.2
2	환자 2	70	5.8
3	환자 3	45	6.2
4	환자 4	80	7.1
5	환자 5	50	4.8

Example Patient Data						
	Name	Age	Potassium Level	Hyperkalemia	Severity	Recommended Treatment
1	환자 1	65	5.2	FALSE	경상	치료가 필요하지 않습니다.
2	환자 2	70	5.8	TRUE	경중	식이요법과 약물 조절이 필요할 수 있습니다.
3	환자 3	45	6.2	TRUE	중도	즉각적인 치료가 필요합니다. 인슐린과 포도당 투여를 고려하세요.
4	환자 4	80	7.1	TRUE	중증	응급 토석이 필요할 수 있습니다. 즉시 방문하세요
5	환자 5	50	4.8	FALSE	경상	치료가 필요하지 않습니다.

그림 2-7. 고칼륨혈증 진단 프로그램으로 출력한 결과

의도한 알고리즘에 따라 코드를 구성하였으니 이제 예시 환자 데이터를 입력하여 실제로 결과가 어떻게 나오는지 직접 확인하겠습니다. 위 그림처럼 5명의 환자 데이터(이름, 나이, 칼륨 수치)를 코드에 입력하면 환자별로 고칼륨혈증 여부, 중등도, 권장 치료가 테이블로 출력되는 것이 확인됩니다(**그림 2-7**).

VII 의사의 새로운 파트너, AI: 파이썬으로 시작하는 의료 혁신의 여정

코드 내용만 놓고 보면 너무 간단해 보입니다. 사실 이 정도라면 EMR에 들어가서 검사 결과를 직접 보고 판단하는 것이 더 빠를 수도 있습니다. 하지만 이 코드를 응용하면 훨씬 더 강력한 알고리즘을 만들 수 있습니다.

병원의 EMR 시스템과 병원 내 SNS 소프트웨어를 코드로 연동한다면 어떨까요? 검사 결과가 나올 때마다 EMR에 들어가서 확인하거나 누군가에게 결과를 알려달라고 부탁할 필요 없이 자동으로 알림을 받을 수 있습니다. 또한 이 코드는 칼륨을 예로 들었지만, 다양한 검사 지표들에 대해 똑같이 적용할 수 있어서 진료과별로 적절한 알림 시스템을 만들 수 있습니다.

여기서 더 나아갈 수도 있습니다. 뒤에서 다룰 딥 러닝을 활용하면 시계열 분석을 통해 입원 후 현재 시점까지의 검사 결과 변화를 분석하고, 앞으로 어떻게 변할지 예측해 줄 수도 있습니다.

극단적으로는 AI를 활용해서 입원부터 현재까지의 모든 검사 결과의 변화 추이를 분석하고, X-ray, CT, MRI 판독을 요약하고, 간호기록지와 당직 의사 기록지까지 모두 정리해서 휴대폰으로 매일 아침 출근 전에 읽기 쉽게 알림을 받을 수 있습니다.

손을 쓰는 것조차 귀찮다면, 라디오처럼 출근하면서 듣거나 아침에 모닝 알람과 함께 브리핑을 받을 수도 있습니다. 이렇게 하면 피곤하게 일찍 일어나 회진 전에 EMR에 접속하여 일일이 검사 결과를 확인하며 회진 준비를 할 필요가 없어집니다.

만약 휴대폰으로 처방까지 할 수 있도록 제도적 지원이 가능하다면, 당일 검사 결과를 AI가 분석해 회진 전에 적절한 처방 및 협진을 추천받고, 교수님과 회진하면서 바로 처방을 내릴 수 있습니다. 이러면 회진 후 교수님 말씀을 힘들게 복기하며 처방을 넣을 필요가 없어지겠지요.

데이터베이스에 기존 처방 자료가 많이 누적된다면, 당직 때 어떤 처방을 넣을지 고민될 때 유사한 환자에게 어떻게 처치하는지 AI로부터 근거 기반 추천을 받을 수도 있게 됩니다. 이렇게 하면 의료 현장에서 더욱 효율적이고 정확한 의사결정을 내릴 수 있게 될 것입니다.

이제 파이썬의 기본 문법들을 익혔으니 다음 단계로 나아갈 준비가 되었습니다. 우리의 여정은 이제 AI의 세계로 향할 것입니다. AI에 대해 자세히 살펴보고, 그 개념과 원리를 이해하는 시간을 가질 것입니다.

AI의 기본 개념부터 시작해서 머신 러닝, 딥 러닝 등 다양한 분야에 대해 알아볼 것입니다. 각 기술의 특징과 장단점 그리고 어떤 상황에서 어떤 기술이 적합한지도 함께 살펴볼 것입니다. 또한 AI 모델을 훈련시키고 평가하는 방법 그리고 실제 문제에 적용하는 과정도 배워볼 것입니다.

이렇게 AI에 대한 기본적인 이해를 쌓은 후에는 본격적으로 의료 현장에서 AI를 어떻게 적용할 수 있을지 다양한 사례들을 살펴볼 것입니다. 의료 영상 분석, 질병 예측, 개인 맞춤형 치료 계획 수립 등 다양한 분야에서 AI가 어떻게 활용되고 있는지 그리고 앞으로 어떤 가능성이 있는지 탐구해 볼 것입니다.

이 과정을 통해 우리는 파이썬과 AI 그리고 의료 분야를 연결하는 큰 그림을 그릴 수 있을 것입니다. 의료 AI의 현재와 미래를 함께 살펴보면서 어떻게 하면 이 기술을 더 효과적이고 윤리적으로 활용할 수 있을지 고민해 볼 수 있는 기회가 될 것입니다.

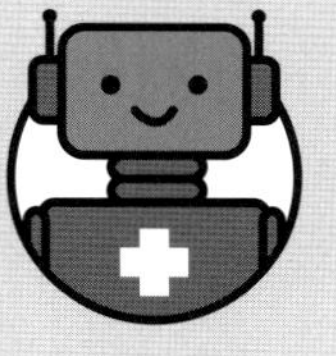

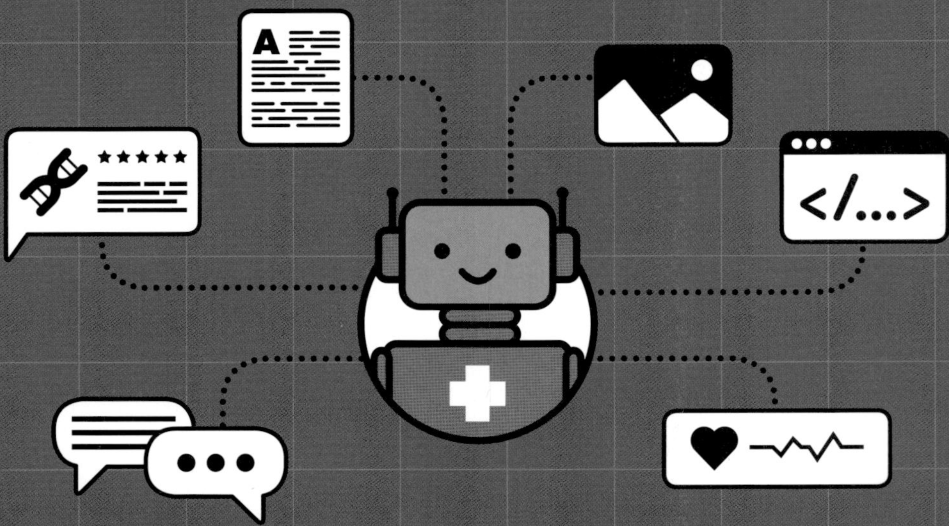

CHAPTER 3

의료 AI의 모든 것: 기초 개념부터 최신 기술까지

I 의료 AI 개발의 7단계 파이프라인: 데이터 마이닝부터 모델 배포까지

이번 단원에서는 의료 AI를 이해 및 개발하기 위해 필수적으로 이해해야 하는 기초 개념들과 현재의 최신 기술들에 대하여 소개할 예정입니다.

의료 AI도 결국 AI의 한 종류이기 때문에, 분석하고자 하는 데이터에 따라 활용할 수 있는 세부적인 아키텍처의 차이는 있을 수 있으나, 데이터 수집부터 전처리, 모델 학습, 테스트를 거쳐 성능 좋은 모델을 개발하는 전체적인 프로세스는 동일합니다**(그림 3-1)**.

앞서 2단원에서 언급했듯이, 코드를 무작정 짜기보다는 전체 과정을 먼저 구상하고 이를 구현하는 것이 효율적입니다. 이러한 체계적인 접근 방식이 좋은 성능의 AI를 개발하는 핵심 요소가 됩니다.

이제 의료 AI 개발자로서 여정을 시작하시는 만큼, 전문 용어로 AI 개발의 파이프라인에 대하여 자세히 알아보도록 하겠습니다.

의료 AI 개발의 파이프라인은 크게 7단계로 구성됩니다.

첫째, 데이터 마이닝은 필요한 의료 정보를 모으고 찾아내는 단계입니다. 병원의 전자의무기록(EMR), 의료영상(PACS), 유전자 검사 결과 등 다양한 의료 데이터를 수집합니다. 이때 환자의 개인정보 보호 규정을 반드시 지켜야 하며, 의사와 간호사 등 의료 전문가들의 조

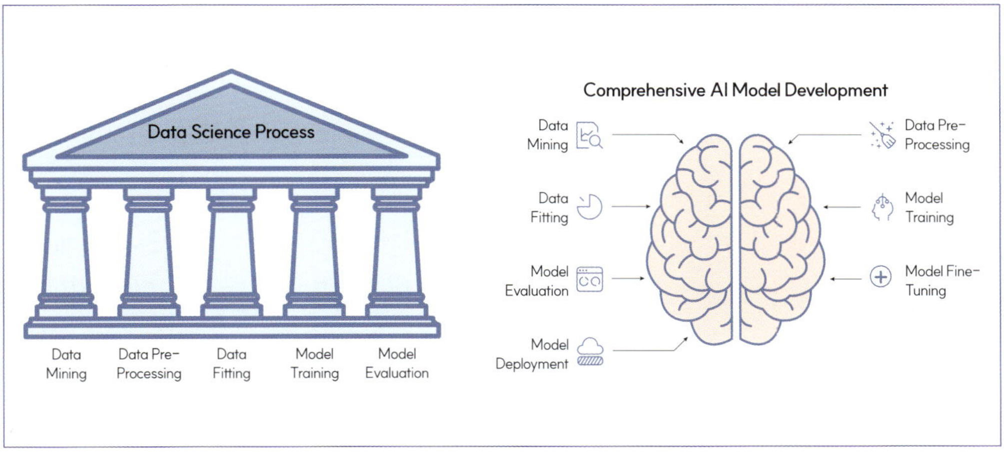

그림 3-1. AI 개발 프로세스

언을 받아 어떤 데이터가 중요한지 파악합니다.

둘째, 데이터 전처리는 수집한 데이터를 깨끗하고 사용하기 좋게 만드는 단계입니다. 의료 영상에서 잡음을 제거하고, 누락된 검사 결과를 적절히 처리합니다. 질병 코드나 약물 코드 등 의료 특성을 고려한 데이터 정리 작업을 수행하며, 희귀질환처럼 데이터가 적은 경우에 대한 보완 작업도 진행합니다.

셋째, 데이터 피팅은 AI 모델이 의료 데이터를 효과적으로 학습하고 예측할 수 있도록 적합하게 만드는 단계입니다. 예를 들어, X-ray나 MRI와 같은 의료 영상을 처리할 때는 주로 컨볼루션 신경망(convolutional neural network, CNN) 알고리즘을 사용하며, 심전도와 같이 시간에 따라 변화하는 데이터를 다룰 때는 순환 신경망(recurrent neural network, RNN)이나 장기 메모리 네트워크(long short-term memory, LSTM)를 적용합니다. 이 과정에서는 의료진의 검토를 통해 AI가 데이터를 올바르게 해석하고 있는지 확인하여 모델의 신뢰성과 정확성을 높입니다.

넷째, 모델 학습은 AI가 의료 데이터의 패턴을 배우는 단계입니다. 이 과정에서는 의료 데이터를 AI 모델에 입력해 규칙과 관계를 학습하도록 합니다. 의료 데이터를 다룰 때는 학습 데이터와 검증 데이터를 나누어 모델의 성능을 평가하며, 데이터를 과도하게 외우지 않고 새로운 데이터에서도 잘 작동하도록 일반화 능력을 키우는 것이 중요합니다. 이 과정에서 고성능 GPU를 사용하여 대량의 데이터를 효율적으로 처리하고 학습 속도를 높입니다.

다섯째, 모델 평가는 AI의 성능을 테스트하는 단계입니다. 단순히 정확도뿐만 아니라, 실제 임상에서 중요한 기준들을 사용해 평가합니다. 여러 병원의 다양한 환자 데이터로 테스트하여 AI가 실제 의료 현장에서도 잘 작동하는지 확인합니다.

여섯째, 모델 미세 조정(hyper parameter tunning)은 이미 학습된 AI를 더 발전시키는 단계입니다. 기존의 우수한 AI 모델을 바탕으로, 새로운 의료 상황에 맞게 조정합니다. 여러 모델을 함께 사용하여 성능을 높이고, 다양한 병원 환경에서도 잘 작동하도록 만듭니다.

마지막으로, 모델 배포는 개발된 AI를 실제 의료 현장에서 사용할 수 있게 하는 단계입니다. 환자 정보 보호 규정을 준수하면서 클라우드나 API를 통해 서비스를 제공합니다. 의료기기 규제를 지키고, 지속적으로 성능을 모니터링하며, 의료진의 피드백을 반영하여 개선합니다.

이러한 단계들은 순차적으로 진행되지만, 필요에 따라 이전 단계로 돌아가 반복적으로

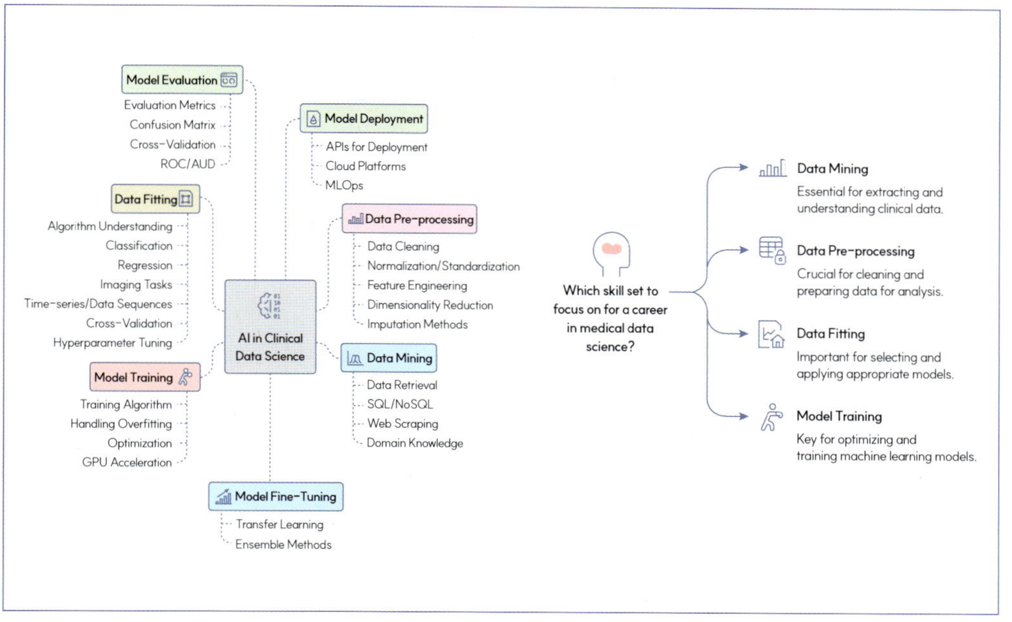

그림 3-2. 의료 AI 개발 프로세스와 요구되는 역량

수행될 수 있으며, 각 단계는 프로젝트의 특성과 요구사항에 따라 유연하게 조정될 수 있습니다.

CNN, RNN, LSTM 등 아직 생소한 개념들이 사이사이에 있지만 나중에 전부 다루게 될 테니 걱정하지 마시고 현재는 7단계와 각 단계에서 요구되는 역량들에 대하여 기억하시면 됩니다(**그림 3-2**).

II 의료 AI의 기초: 머신 러닝과 딥 러닝의 핵심 개념 이해하기

인공지능에서 중요하게 다뤄지는 2가지 분야, 머신 러닝과 딥러닝의 정의부터 살펴본 후, 의료 영역에서 둘 사이의 차이에 대하여 살펴보겠습니다.

머신 러닝(Machine Learning)은 의료 데이터로부터 패턴을 학습하여 예측 모델을 만드는 AI의 한 분야입니다. 상대적으로 작은 데이터셋으로도 학습이 가능하며, 의료진이 중요한 특징을 선별해야 하는 경우가 많습니다. 해석이 용이한 모델이 많아 의사결정 과정을 이해하기 쉽고, 학습 시간이 짧아 빠른 적용이 가능합니다. 주요 응용 사례로는 환자의 재입원 위험 예측, 약물 상호작용 분석, 의료 영상에서의 이상 징후 감지 등이 있습니다.

딥 러닝(Deep Learning)은 다층 신경망을 이용해 복잡한 의료 데이터의 패턴을 자동으로 학습합니다. 대량의 의료 데이터와 고성능 컴퓨팅 자원이 필요하며, 특징 추출을 자동으로 수행합니다. 복잡한 의료 영상 분석, 유전체 데이터 해석, 자연어로 된 의무기록 분석 등에서 뛰어난 성능을 보입니다. 그러나 모델의 복잡성으로 인해 의사결정 과정을 해석하기 어려운 경우가 많습니다. 주요 응용 사례로는 MRI나 CT 영상에서의 종양 검출, 병리 슬라이드 분석, 심전도 해석 등이 있습니다.

두 방식의 주요 차이점은 데이터 요구사항, 특징 선택 방식, 계산 자원 요구사항, 학습 시간, 복잡한 의료 문제 해결 능력, 결과 해석의 용이성 등입니다. 머신 러닝은 더 넓은 개념이고, 딥 러닝은 그중 특별한 형태라고 볼 수 있습니다.

의료 현장에서는 문제의 복잡도, 가용 의료 데이터의 양, 요구되는 정확도 수준, 해석 가능성의 중요도 등을 고려하여 적절한 AI 접근 방식을 선택합니다. 예를 들어, 희귀질환 진단과 같이 데이터가 제한적인 경우에는 머신 러닝 기법이 유용할 수 있고, 대량의 의료영상 데이터를 분석해야 하는 경우에는 딥 러닝이 더 적합할 수 있습니다(그림 3-3).

한편 데이터 라벨링의 정도에 따라 인공 지능 학습을 지도 학습, 비지도 학습 그리고 준지도 학습으로 나눌 수 있습니다. 각각의 정의와 특징 그리고 활용되는 예시들에 대하여 살펴보겠습니다.

지도학습(supervised learning)은 입력 데이터와 그에 대응하는 정답이 함께 제공되어 모델이

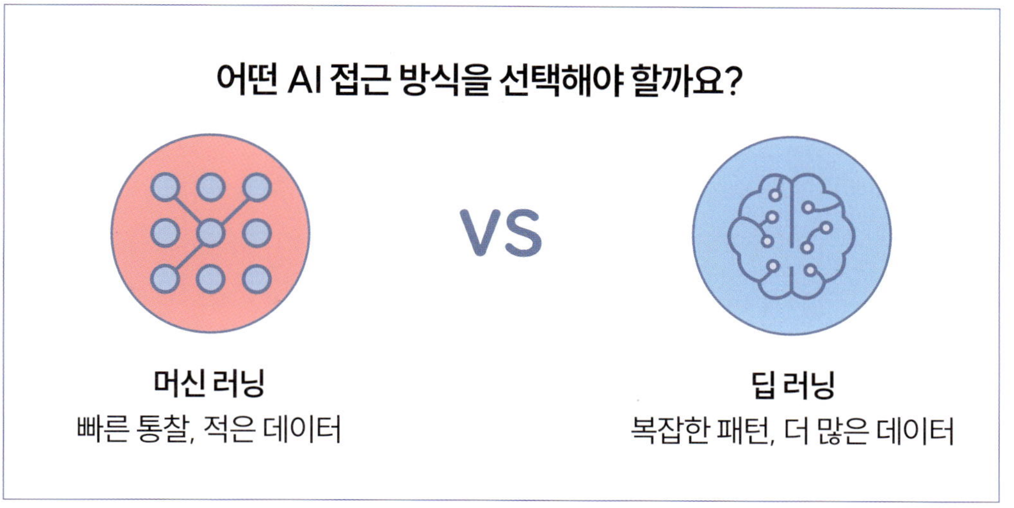

그림 3-3. 머신 러닝과 딥 러닝의 차이

둘 사이의 관계를 학습하는 방식입니다. 명확한 목표와 평가 기준이 존재하며, 높은 예측 정확도를 보이는 반면 대량의 라벨링된 데이터가 필요하다는 특징이 있습니다. 의료 분야에서는 의료 영상에서의 종양 탐지, 심전도 데이터를 통한 부정맥 진단, 혈액 검사 결과를 통한 질병 예측, 피부 병변 이미지를 통한 피부암 진단 등에 활발히 활용되고 있습니다.

비지도학습(unsupervised learning)은 라벨 없이 데이터 자체의 특성과 패턴을 발견하는 학습 방식입니다. 데이터의 숨겨진 구조를 발견할 수 있고 라벨링 비용이 들지 않는다는 장점이 있으며, 예상치 못한 패턴을 발견할 수 있지만 결과 해석에 전문가의 판단이 필요하다는 특징이 있습니다. 의료 분야에서는 환자 그룹의 새로운 질병 아형 발견, 유전자 발현 패턴 분석을 통한 질병 메커니즘 연구, 병원 내 감염병 확산 패턴 분석, 의료 기록에서의 이상 징후 감지 등에 활용됩니다.

준지도학습(semi-supervised learning)은 소량의 라벨링된 데이터와 대량의 라벨링되지 않은 데이터를 함께 활용하는 학습 방식입니다. 적은 양의 라벨링된 데이터로도 효과적인 학습이 가능하며, 비용 효율적인 모델 개발이 가능하다는 특징이 있습니다. 또한 지도학습과 비지도학습의 장점을 결합하여 점진적인 모델 성능 향상이 가능합니다. 의료 분야에서는 희귀질환 진단 모델 개발, 의료 영상 데이터의 효율적 활용, 신약 개발 과정에서의 약물 반응 예측, 맞춤형 치료법 개발을 위한 환자 데이터 분석 등에 활용되고 있습니다**(그림 3-4)**.

이러한 세 가지 학습 방식은 의료 AI 분야에서 상호 보완적으로 활용되고 있습니다. 특히

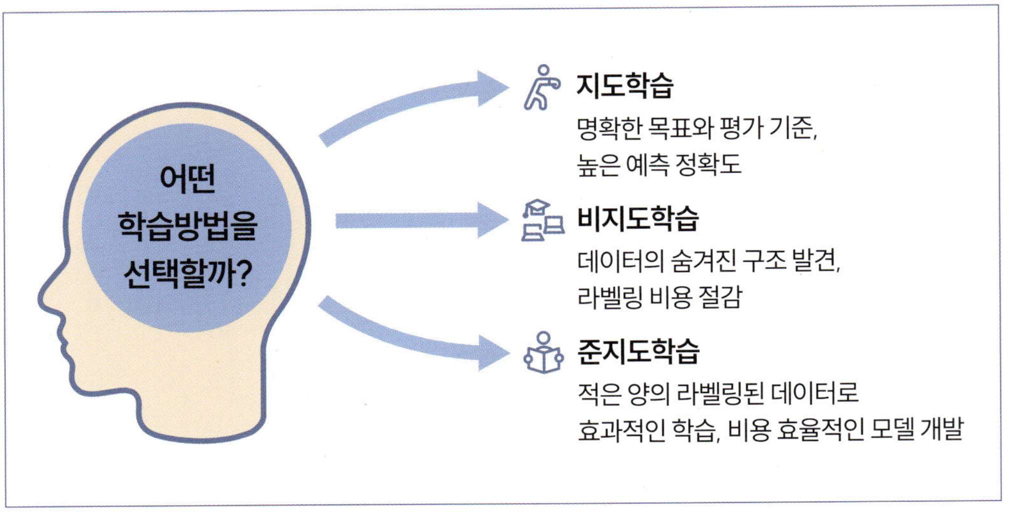

그림 3-4. 지도학습, 비지도학습, 준지도학습 비교

의료 데이터가 가진 희소성, 불균형성, 고비용 등의 특성을 고려할 때, 상황에 따라 적절한 방식을 선택하거나 결합하여 사용하는 것이 중요합니다.

이제 머신 러닝과 딥 러닝의 기초 개념들을 살펴보겠습니다. 먼저, 의료 데이터와 특징을 살펴봅시다. 의료 데이터는 입력값(특징 또는 피처)과 출력값(진단 또는 예후)으로 구성되며, 특징은 환자의 나이, 성별, 혈액검사 결과, 의료 영상 등 모델이 학습하고 예측하는 데 사용하는 임상 정보입니다. 의료 AI 모델은 이러한 입력 데이터를 받아 진단이나 예후 예측 등의 출력을 생성하는 함수로 머신 러닝에서는 로지스틱 회귀, 랜덤 포레스트 등이, 딥 러닝에서는 합성곱 신경망(CNN)이나 순환 신경망(RNN) 등이 많이 사용됩니다.

다음 설명할 개념들을 더욱 쉽게 이해하기 위해 인공지능 모델을 전공의 교육으로 예를 들어봅시다. 손실 함수는 진단 평가표와 같은데, 전공의의 진단과 실제 정답 사이의 차이를 점수로 매기는 것입니다. 의료 분야에서는 이 평가가 매우 중요한데, 마치 최고의 의료진이 진단의 정확성을 엄격하게 평가하는 것과 비슷합니다.

의료 문제의 유형에 따라 평가 방식이 달라집니다. 이진 교차 엔트로피(binary cross entropy)는 '질병이 있다/없다'와 같은 간단한 진단 문제에 사용됩니다. 예를 들어, 유방암 진단에서 종양의 악성 여부를 판단할 때 쓰입니다. 범주형 교차 엔트로피는 여러 가지 질병을 동시에 진단해야 할 때 사용합니다. 예를 들어, 흉부 X-ray 영상에서 폐렴, 폐결핵, 폐암 등 여러 질병의 존재 여부를 한 번에 판단할 때 씁니다. 평균 제곱 오차나 평균 절대 오차는 환자의 생

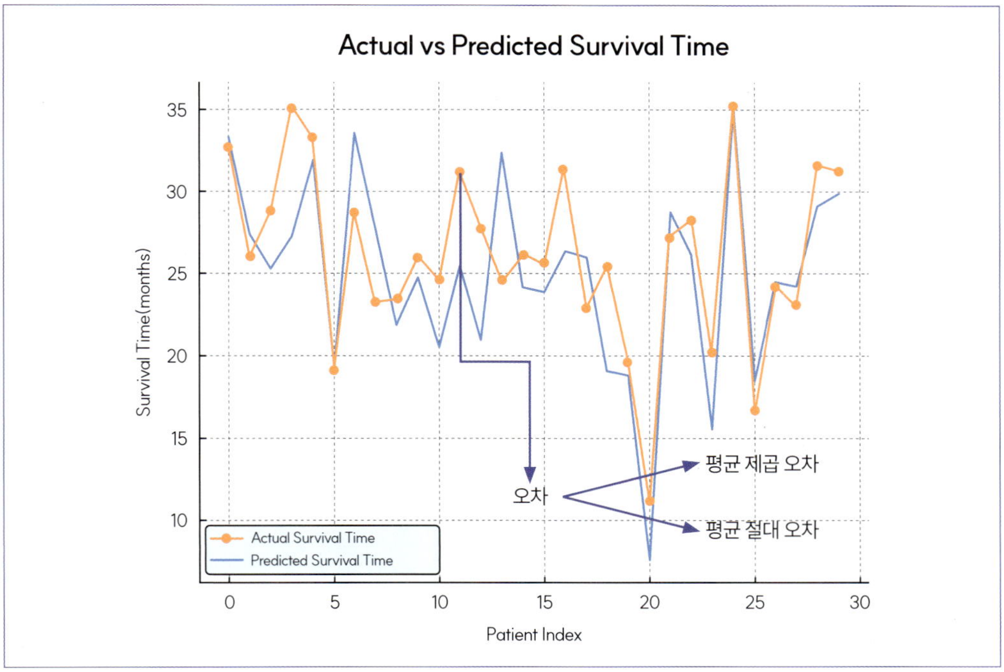

그림 3-5. 평균 제곱 오차, 평균 절대 오차 계산을 위한 오차 구하기

존 기간이나 특정 수치를 예측할 때 사용합니다. 예를 들어, 암 환자의 예상 생존 기간이나 혈당 수치를 예측하는 경우에 적용됩니다(**그림 3-5**).

최적화(optimizing)는 전공의가 진단 능력을 향상시키는 과정입니다. 평가 결과를 바탕으로 다음 진단 시 어떻게 접근할지 조절하는 것이죠. 이를 위한 여러 방법이 있습니다. 확률적 경사 하강법(stochastic gradient descent, SGD)은 다양한 환자 케이스를 빠르게 학습하며 진단 능력을 키우는 방법입니다. 모멘텀은 이전에 배운 진단 패턴을 기억하며 학습하는 방법으로, 일관성 있는 진단을 하는 데 도움이 됩니다. 적응적 모멘트 추정(adaptive moment estimation, Adam)은 각 증상의 중요도를 자동으로 조절하고, 이전의 학습 경험을 효과적으로 활용하는 방법으로, 복잡한 질병을 진단할 때 특히 유용합니다.

과적합(over fitting)은 AI 모델이 훈련에 사용된 특정 환자 데이터에 너무 잘 맞춰져 새로운 환자 데이터에 대해 성능이 떨어지는 현상입니다. 이는 마치 전공의가 특정 병원의 환자들만 보고 학습해서 다른 병원이나 새로운 환자를 만났을 때 제대로 진단하지 못하는 상황과 비슷합니다(**그림 3-6**).

일반화는 모델이 다양한 임상 상황과 새로운 환자 데이터에도 잘 적용될 수 있는 능력을

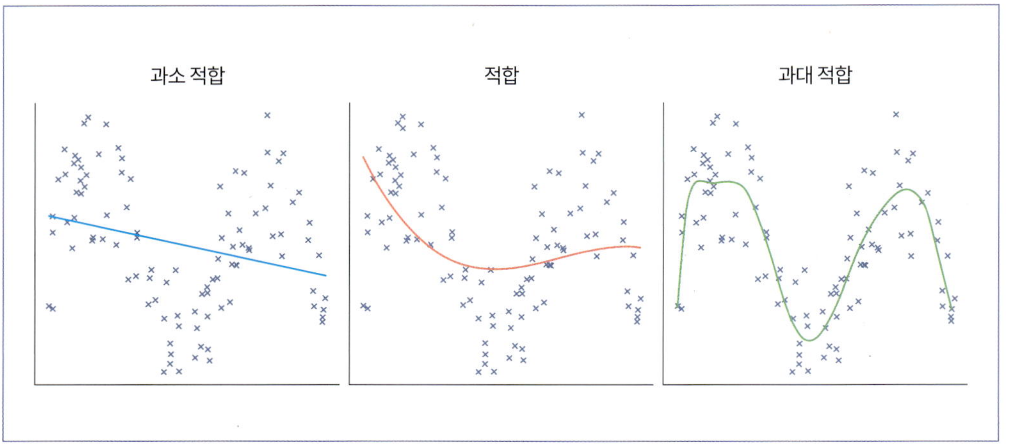

그림 3-6. 과소 적합, 적합, 과대 적합 비교

말합니다. 이는 전공의가 다양한 병원과 환자군에서 경험을 쌓아 어떤 상황에서도 정확한 진단을 내릴 수 있는 능력과 유사합니다.

의료 AI 모델의 성능을 평가하는 데 사용되는 여러 지표들이 있습니다. 정확도는 전체 예측 중 정확하게 맞춘 비율을 나타냅니다. 예를 들어, 100명의 환자 중 AI가 90명의 진단을 올바르게 예측했다면 정확도는 90%입니다. 하지만 희귀 질병의 경우, 단순히 모든 환자를 건강하다고 예측해도 높은 정확도를 보일 수 있어 주의가 필요합니다.

민감도(재현율)는 실제 양성 중 AI가 올바르게 양성으로 예측한 비율입니다. 예를 들어, 암 진단 AI에서 100명의 암 환자 중 95명을 정확히 식별했다면 민감도는 95%입니다. 특이도는 실제 음성 중 AI가 올바르게 음성으로 예측한 비율로, 1000명의 건강한 사람 중 980명을 정확히 건강하다고 판단했다면 특이도는 98%입니다.

정밀도는 AI가 양성으로 예측한 것 중 실제 양성인 비율을 나타냅니다. 예를 들어, AI가 100명을 암이 있다고 예측했는데 그중 80명이 실제로 암 환자라면 정밀도는 80%입니다. F1 스코어는 정밀도와 재현율의 조화 평균으로, 두 지표를 모두 고려한 종합적인 성능을 나타냅니다. 여러분 중에는 이러한 지표들이 이미 익숙하신 분들도 계실 것입니다. 의학 통계 수업에서 자주 다루는 핵심적인 개념들인데, 이번 기회에 몇 가지 개념을 더 추가해서 함께 복습해보도록 하겠습니다(**그림 3-7**).

AUC-ROC (area under the receiver operating characteristic curve)은 다양한 진단 기준값에서의 모델 성능을 종합적으로 평가합니다. 예를 들어, 0.9의 AU-PRC (area under the precision-recall

	실제 음성 (Negative)	실제 양성 (Positive)
예측 음성	TN (True Negative)	FN (False Negative)
예측 양성	FP (False Positive)	TP (True Positive)

$$\text{Accuracy} = \frac{TP + TN}{TP + TN + FP + FN} \qquad \text{Precision} = \frac{TP}{TP + FP}$$

$$\text{Sensitivity} = \frac{TP}{TP + FN} \qquad \text{Specificity} = \frac{TN}{TN + FP} \qquad \text{F1 Score} = 2 \times \frac{\text{Precision} \times \text{Sensitivity}}{\text{Precision} + \text{Sensitivity}}$$

그림 3-7. 혼동 행렬을 통해 파악하는 여러 지표

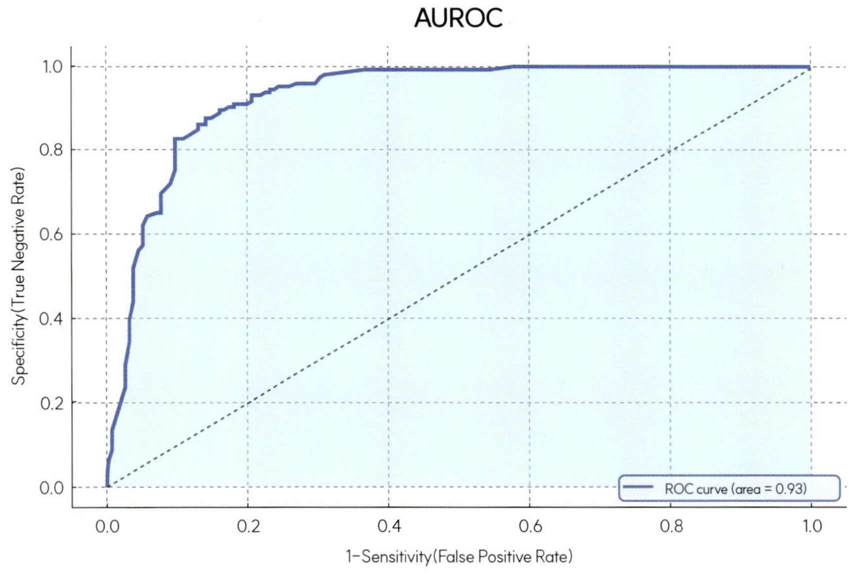

그림 3-8. AUROC 그래프

curve)는 무작위로 선택된 양성 샘플이 무작위로 선택된 음성 샘플보다 90% 확률로 더 높은 양성 점수를 받는다는 것을 의미합니다. AU-PRC는 특히 양성 사례가 드문 경우에 유용합니다. 예를 들어, 희귀 질병 진단에서 높은 AU-PRC 값은 AI가 적은 수의 양성 사례를 효과적으로 식별할 수 있음을 나타냅니다**(그림 3-8)**.

의료 AI에서는 이러한 머신 러닝 개념들이 임상적 맥락에서 특별한 중요성을 지닙니다. 특징 선택 과정에서는 임상적으로 의미 있는 바이오 마커를 식별하는 것이 핵심입니다. 이

는 모델의 예측력을 높이는 동시에 의학적으로 해석 가능한 결과를 제공합니다. 과적합 방지는 의료 AI에서 특히 중요한데, 이는 모델이 다양한 인구 집단과 임상 환경에서도 일관되고 신뢰할 수 있는 성능을 보여야 하기 때문입니다.

또한, AI 모델의 예측 결과에 대한 설명 가능성은 의료 현장에서 필수적입니다. 의사들이 AI의 판단 근거를 이해하고 이를 임상적 경험과 결합하여 최종 의사결정을 내릴 수 있도록 돕는 것이 중요합니다. 이러한 요소들을 고려했을 때, 의료 AI는 단순한 예측 도구를 넘어 의료진의 판단을 보조하는 신뢰할 수 있는 파트너로 발전할 수 있습니다.

III 의료 AI 개발의 필수 도구: 주요 프레임워크 총정리

의료 영상 분석에서 AI의 역할이 나날이 중요해지고 있습니다. AI 모델을 통해 MRI, CT 스캔 등의 의료 영상 데이터를 정확하고 신속하게 분석할 수 있어, 진단의 정확도를 높이고 치료 계획 수립에 큰 도움을 줄 수 있습니다. 이런 AI 기술을 의료 현장에 적용하려면 PyTorch, TensorFlow 같은 딥 러닝 프레임워크와 MONAI, Nibabel, Pydicom, NLTK, Scikit-learn 등의 의료 현장에 특화된 도구들을 이해하고 활용하는 게 중요합니다(**표 3-1**).

PyTorch와 TensorFlow는 의료 AI 개발에 가장 널리 사용되는 딥 러닝 프레임워크입니다. PyTorch는 직관적이고 유연한 코드 작성 환경을 제공하여 연구자들이 실험적인 모델을 빠르게 구현하고 테스트하기에 적합합니다. 반면 TensorFlow는 대규모 데이터 처리와 배포에 강점을 가지며, 의료 데이터를 활용한 상용화 단계에서도 널리 사용됩니다. 두 프레임워크

카테고리	프레임워크/라이브러리	설명
딥러닝 프레임워크	PyTorch	직관적이고 유연한 코드 작성, 연구 및 실험에 적합하며 동적 계산 그래프 제공, GPU 가속 지원
	TensorFlow	대규모 데이터 처리 및 배포에 강점, 상용화에 적합하며 정적 계산 그래프, 모델 서빙 기능 제공
의료 영상 데이터 처리 라이브러리	MONAI	의료 영상 데이터의 전처리, 증강, 모델 구축 지원 (PyTorch 기반), 의료 연구 및 임상 적용 최적화
	Nibabel	신경과학 및 뇌 영상 파일 처리 (NIfTI 등 지원), 뇌 구조 및 기능 분석에 필수적인 도구
	Pydicom	DICOM 표준을 기반으로 의료 영상 저장 및 전송, PACS 시스템 연동 및 영상 메타데이터 활용
자연어 및 머신러닝 라이브러리	NLTK	임상 문서 분석 및 자연어 처리, 전자의무기록(EMR) 데이터 분석 및 의료 텍스트 마이닝 지원
	Scikit-learn	머신러닝 모델 개발 및 성능 평가, 의료 데이터 분류, 회귀 분석, 클러스터링 및 피처 엔지니어링 지원

표 3-1. 주요 프레임워크

모두 의료 영상 데이터에서 특징을 추출하고 학습하는 딥 러닝 모델을 구축하는 데 필수적인 도구입니다.

MONAI (medical open network for AI)는 의료 이미지 분석을 위해 특별히 개발된 PyTorch 기반 라이브러리입니다. MONAI를 사용하면 의료 영상 데이터의 전처리, 증강, 모델 구축 등을 효율적으로 수행할 수 있습니다. 예를 들어, MRI나 CT 스캔 데이터를 쉽게 로드하고 전처리해서 딥 러닝 모델에 투입될 수 있게 해줍니다. 이는 임상 연구나 진단 보조 시스템 개발에 매우 유용합니다.

Nibabel은 신경과학과 뇌 영상 연구에 특화된 파이썬 라이브러리입니다. NIfTI와 같은 뇌 영상 파일 형식을 쉽게 다룰 수 있게 해주어, fMRI (functional MRI) 연구나 뇌 구조 분석에 필수적인 도구입니다. 3D/4D 의료 이미지 데이터를 효율적으로 처리할 수 있어 뇌 질환 연구나 신경계 질환의 진단에 큰 도움이 됩니다.

Pydicom은 DICOM (digital imaging and communications in medicine) 파일을 다루는 Python 라이브러리입니다. DICOM은 의료 영상 정보의 저장, 전송, 출력을 위한 국제 표준 프로토콜로, CT, MRI, 초음파 등 다양한 의료 영상 장비에서 생성된 이미지와 관련 정보를 포함합니다. 의료 AI 개발에서 Pydicom은 대규모 의료 영상 데이터셋 구축, 영상 특성 추출, 실시간 의료 영상 처리 등에 활용됩니다.

NLTK (Natural Language Toolkit)는 자연어 처리를 위한 Python 라이브러리입니다. 의료 AI 개발에서 NLTK는 임상 문서 분석, 의학 용어 처리, 증상-질병 매핑, 환자-의사 대화 분석 등에 사용됩니다. 이를 통해 전자의무기록에서 중요 정보를 추출하고, 의학 용어를 처리하며, 환자의 증상을 질병과 연결하는 등 다양한 자연어 처리 작업을 수행할 수 있습니다.

Scikit-learn은 머신 러닝을 위한 Python 라이브러리로, 다양한 알고리즘과 도구 그리고 평가 지표를 제공합니다. 의료 AI 개발에서 Scikit-learn은 질병 예측 모델, 의료 영상 분류, 약물 반응 예측, 의료 리소스 최적화, 생존 분석 등에 활용됩니다. 또한, Scikit-learn은 다양한 평가 지표를 제공하여 의료 AI 모델의 성능을 정확하게 평가할 수 있도록 해줍니다. 정확도, 정밀도, 재현율, F1 점수, ROC 곡선과 AUC, 혼동 행렬, 교차 검증 등의 지표를 통해 모델의 성능을 다각도로 평가할 수 있습니다.

이런 도구들을 통합적으로 활용하면 강력한 의료 영상 분석 시스템을 구축할 수 있습니다. 예를 들어, Pydicom을 사용하여 DICOM 파일로 저장된 CT 스캔 데이터를 불러오고,

PyTorch와 MONAI를 사용해 전처리하고 분석하는 AI 모델을 개발할 수 있습니다. 이 과정에서 Scikit-learn의 전처리 도구와 평가 지표를 활용하여 모델의 성능을 최적화하고 평가할 수 있습니다. 또는 Nibabel을 사용해 fMRI 데이터를 처리하고, 이를 TensorFlow로 구현한 신경망 모델에 입력해 뇌 활동 패턴을 분석할 수 있습니다. 이때 NLTK (Natural Language Toolkit)를 활용하여 관련 의료 보고서나 환자의 증상 설명을 분석하고, 이 정보를 영상 데이터와 결합하여 더 정확한 진단을 내리는 통합 시스템을 구축할 수 있습니다.

IV 의료 현장의 머신 러닝: 주요 기법과 임상 응용

의료 분야에서 머신 러닝은 다양한 기법으로 활용되며, 각각의 특성에 따라 다양한 임상 문제 해결에 적용됩니다. K-means 군집화(clustering)는 비지도 학습 알고리즘으로, 환자 그룹화나 질병 하위유형 분류에 사용됩니다. 예를 들어, 유방암 환자의 유전자 발현 데이터를 분석하여 새로운 암 아형을 발견하는 데 활용될 수 있습니다(그림 3-9).

SVM (support vector machine)은 고차원 데이터에서 효과적으로 작동하는 지도학습 기법으로, 비교적 작은 데이터셋에서도 안정적인 성능을 보여줍니다. 의료 현장에서 SVM은 예를 들어 유전자 데이터 기반 질병 예측이나 임상 검사 데이터 분류 같은 상황에서 유용하게 사용될 수 있습니다. 복잡한 패턴 인식보다는 구조적이고 비교적 단순한 문제를 해결하는 데 적합하며, 심전도 데이터에서 특정 패턴을 분류하거나 혈액 검사 데이터를 기반으로 질환을 예측하는 데 활용됩니다(그림 3-10).

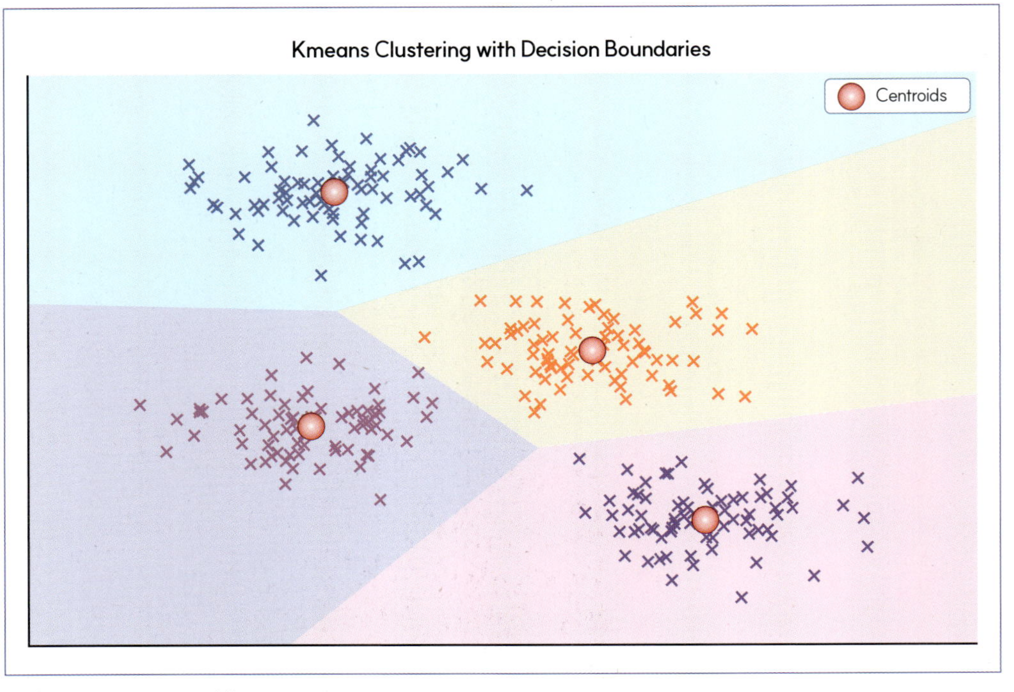

그림 3-9. K means 군집화

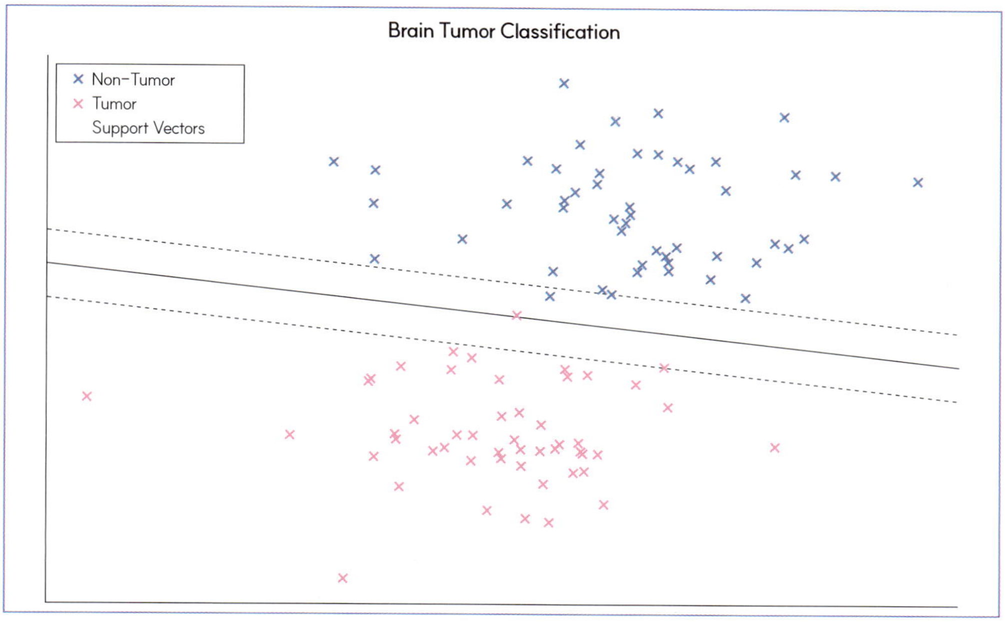

그림 3-10. SVM을 활용한 뇌종양 분류

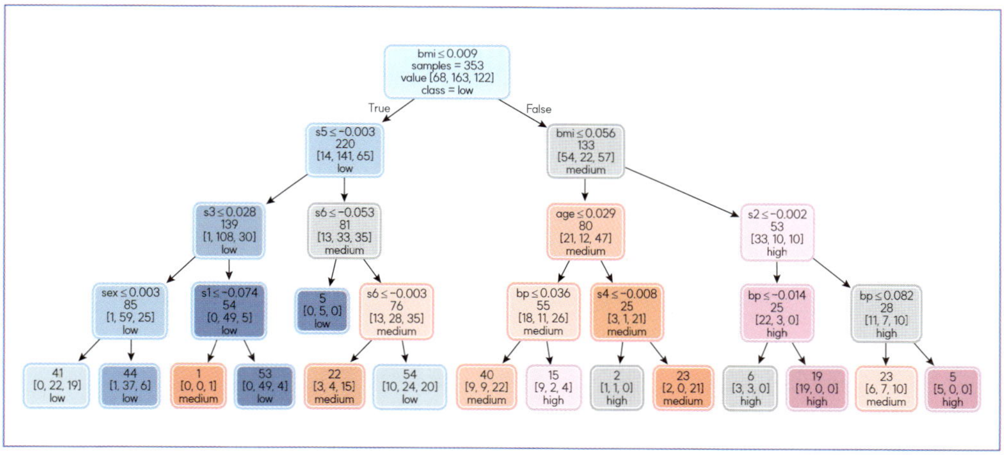

그림 3-11. 의사결정나무를 활용한 당뇨병 환자 분류

MRI와 같은 고해상도 영상 데이터 분석에서는 딥러닝 기술이 일반적으로 더 우수하지만, SVM은 데이터가 부족하거나 초기 단계의 분석에서 효율적인 도구로 사용될 수 있습니다.

의사 결정 트리(decision tree)는 질문을 기반으로 데이터를 분류하는 직관적인 모델로, 나

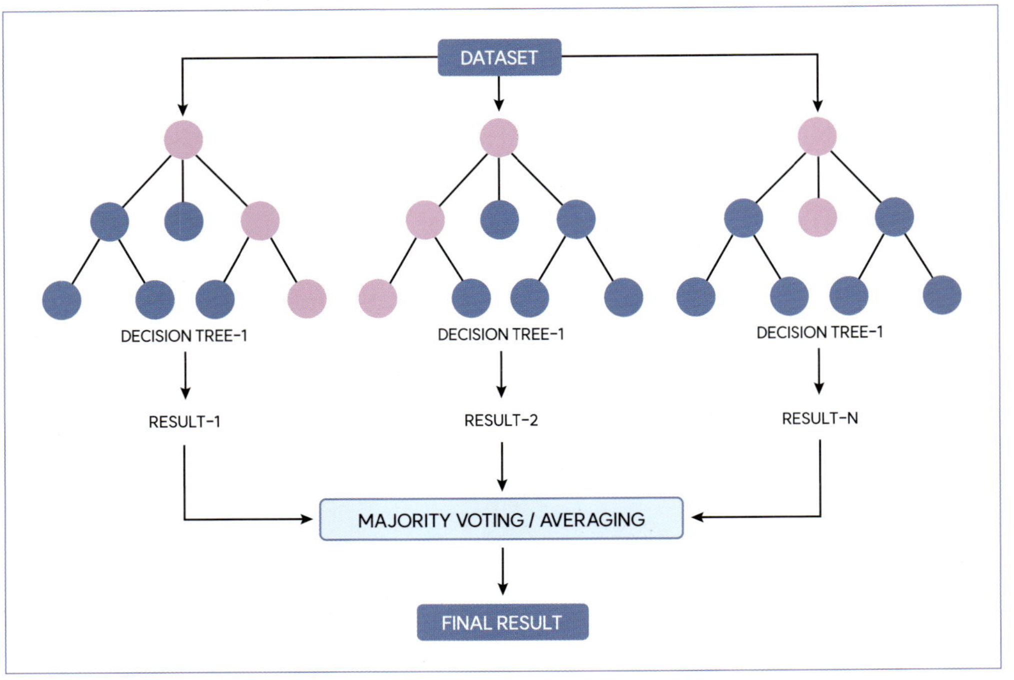

그림 3-12. 랜덤 포레스트 모델의 구조

무가지가 뻗어 나가는 형태와 유사한 구조를 가집니다. 루트 노드에서 시작하여 각 내부 노드에서 환자의 연령, 혈압, 심전도 결과 등의 특정 조건에 따라 가지를 나누고, 최종적으로 리프 노드에서 진단이나 치료 방침을 결정합니다. 이는 임상 의사결정 지원 시스템에 자주 활용되며, 의사들이 이해하기 쉬운 형태로 진단 과정을 모델링할 수 있어 흉통 환자의 심장마비 위험 평가나 소아 환자의 항생제 처방 결정 등을 지원하는 데 효과적입니다. 각 의사결정 단계가 명확하고 논리적이어서 의료진이 결과를 신뢰하고 실제 진료에 활용하기 용이하며, 새로운 의료진의 교육 도구로도 활용될 수 있습니다(**그림 3-11**).

앙상블 분석은 여러 개의 예측 모델을 결합하여 단일 모델보다 더 높은 성능을 얻는 기법으로, 의료 분야에서 진단의 정확성을 높이고 환자의 예후를 더 정확하게 예측하는데 크게 기여합니다. 다양한 모델의 장점을 활용하여 개별 모델의 한계를 보완하고, 특히 복잡한 의료 데이터 분석에서 더 안정적이고 신뢰할 수 있는 결과를 제공합니다. 예를 들어, 여러 의료 영상 판독 모델의 결과를 종합하여 종양이나 병변을 더 정확하게 감지하거나, 다양한 생체 지표를 기반으로 한 여러 예측 모델의 결과를 통합하여 질병 발병 위험도를 더 정확하게 평가할 수 있습니다.

이러한 앙상블 분석 중에서도 랜덤 포레스트(random forest)는 여러 개의 의사결정 트리를 독립적으로 학습시켜 그 결과를 종합하는 대표적인 기법입니다. 의료 분야에서 랜덤 포레스트는 마치 여러 전문의의 의견을 종합하는 것과 같은 효과를 내며, 각각의 의사결정 트리가 서로 다른 관점에서 환자의 상태를 분석하여 더 정확한 진단과 예측을 가능하게 합니다. 특히 과적합을 줄이고 예측의 안정성을 높여주는 특징 때문에, 환자별 맞춤형 진단과 치료 계획 수립에 매우 유용하게 활용되고 있으며, 현대 정밀 의료와 개인화 의료의 발전에 중요한 역할을 하고 있습니다**(그림 3-12)**.

이외에도 의료 분야에서는 다양한 머신 러닝 기법들이 활용되고 있습니다. 예를 들어, 나이브 베이즈 분류기(Naive Bayes classifier)는 간단하지만 효과적으로 의료 진단을 수행할 수 있으며, 가우시안 프로세스(Gaussian process)는 불확실성을 고려한 예측이 필요한 경우에 사용됩니다.

V 의료 혁신을 이끄는 딥 러닝: 주요 기법과 임상 응용

딥러닝은 의료 분야에서 혁신적인 발전을 이끌고 있으며, 특히 의료 영상 분석, 시계열 의료 데이터 분석 그리고 의무 기록 분석에서 큰 성과를 보이고 있습니다. 구체적인 딥러닝 기법들을 살펴보기 전에 기본적인 개념들부터 짚고 넘어갑시다.

딥러닝을 이해하기 위해서는 반드시 인공신경망에 대해 이해하고 있어야 합니다. 인공신경망(Artificial Neural Network, ANN)은 인간의 뇌가 정보를 처리하는 방식을 모방하여 만든 컴퓨팅 모델입니다. ANN은 뉴런으로 불리는 노드(node)들이 여러 층(layer)으로 구성되어 있으며, 각 뉴런이 입력 값을 받아 특정한 연산을 수행하고, 그 결과를 다음 층으로 전달하는 방식으로 작동합니다. 의료 분야에서는 환자의 다양한 건강 데이터를 처리하여 질병을 진단하거나 예후를 예측하는 데 활용됩니다**(그림 3-13)**.

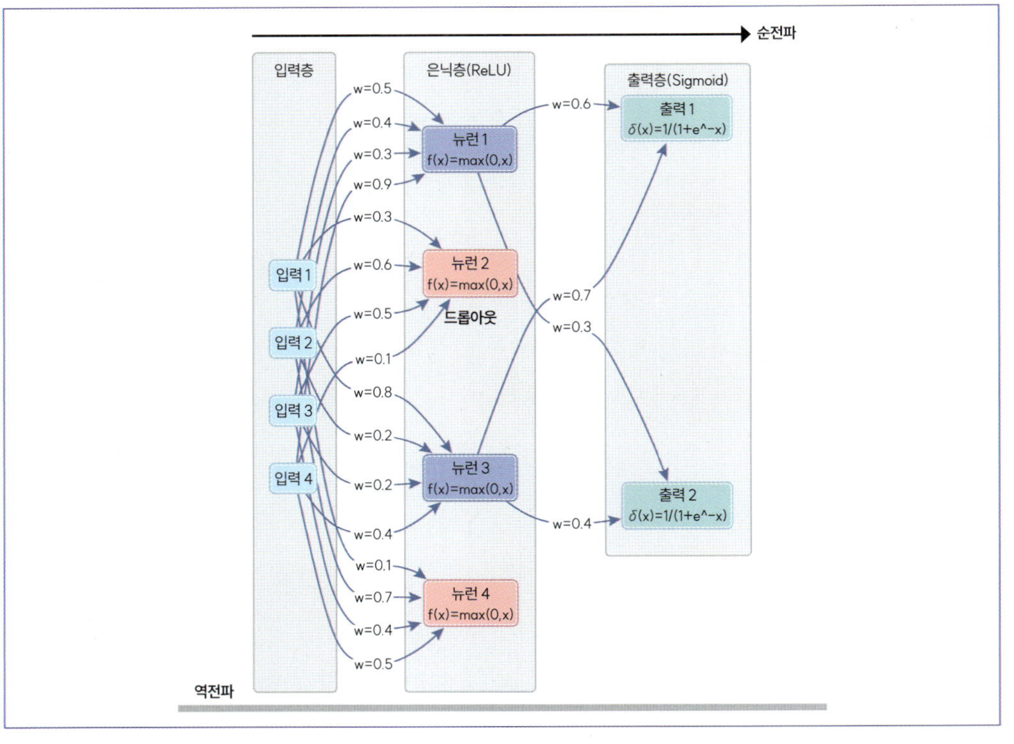

그림 3-13. 인공신경망의 기본 구조

활성화 함수	출력 범위	주요 특징	단점
Sigmoid	(0, 1)	이진 분류 문제에 적합	기울기 소실 문제 발생
Tanh	(-1, 1)	Sigmoid보다 대칭적이며 중심이 0임	기울기 소실 문제 발생
ReLU	[0, ∞)	기울기 소실 문제 해결에 도움	죽은 ReLU 문제 발생 가능
Leaky ReLU	(-∞, ∞)	ReLU의 변형으로 죽은 ReLU 문제 완화	적절한 계수 값을 찾는 것이 필요함
Softmax	(0, 1)	출력값을 확률로 해석할 수 있음	다중 클래스 분류에서만 사용 가능

표 3-2. 대표적인 활성화 함수

인공신경망은 크게 세 가지 주요 층으로 구성됩니다. 먼저 입력층(input layer)은 데이터를 처음으로 받아들이는 층입니다. 의료 진단 시스템에서는 혈액 검사 결과, 심전도 데이터, 영상 검사 결과 등 다양한 의료 데이터가 입력층으로 들어갑니다. 다음으로 은닉층(hidden layer)은 입력층과 출력층 사이에 있는 층으로, 여러 개가 존재할 수 있습니다. 은닉층의 뉴런은 입력을 가공하여 유용한 패턴을 학습하게 되며, 이 과정에서 가중치(weight)와 활성화 함수(activation function)를 적용하여 입력 값을 변환합니다. 예를 들어, X-ray 영상에서 폐암의 특징적인 패턴을 찾아내는 과정이 은닉층에서 이루어집니다. 은닉층이 많을수록 신경망이 복잡해지고, 더 복잡한 문제를 학습할 수 있는 능력이 생깁니다. 마지막으로 출력층(output layer)은 최종 예측 결과나 분류 결과가 나오는 층입니다. 의료 진단 시스템에서는 특정 질병의 발병 확률이나 질병의 중증도를 출력층에서 제시합니다.

인공신경망의 작동 방식에는 네 가지 핵심 요소가 있습니다.

첫째, 가중치(weight)는 각 연결선에 부여되며 연결의 강도를 나타냅니다. 예를 들어 당뇨병 진단 시 혈당 수치에는 높은 가중치가, 체온에는 상대적으로 낮은 가중치가 부여될 수 있습니다. 둘째, 활성화 함수(activation function)는 뉴런의 출력을 결정하며, 모델에 비선형성을 추가하여 복잡한 패턴을 학습할 수 있도록 합니다. 의료 영상 분석에서 ReLU (rectified linear unit)나 Sigmoid와 같은 활성화 함수는 모델이 의료 영상 내의 특징을 효과적으로 학습하도록 돕습니다. 이를 통해 종양의 경계를 구분하는 데 필요한 세밀한 패턴을 모델이 학습할 수 있습니다. 그러나 종양 경계를 구분하는 정확도는 활성화 함수뿐만 아니라 모델 전체의 구조, 학습 데이터 품질, 전처리 과정 등 다양한 요소에 의해 결정됩니다. 셋째, 학습(training) 과정에서는 인공신경망이 데이터를 학습하면서 가중치를 조정하여 최적의 성능을 얻고자 합니다. 이 과정에서 경사 하강법(gradient descent)과 같은 최적화 알고리즘을 사용하여 오차를 최소화하는 방향으로 가중치를 업데이트합니다. 넷째, 드롭아웃(dropout)은 과적합을 방지하는 핵심적인 정규화 기법입니다. 학습 과정에서 일부 뉴런을 무작위로 비활성화하여 네트워크가 특정 뉴런에 과도하게 의존하는 것을 막습니다. 예를 들어 의료 진단 모델에서 20~50%의 뉴런을 무작위로 비활성화하여 더 강건한 예측 성능을 얻을 수 있습니다. 이는 마치 여러 전문의의 의견을 종합하는 것과 같은 앙상블 효과를 만들어냅니다(**표 3-2**).

인공신경망의 학습은 순전파(forward propagation)와 역전파(backward propagation)라는 두 가지 핵심 과정을 통해 이루어집니다. 순전파는 입력층에서 출력층 방향으로 데이터가 전달되는 과정입니다. 예를 들어, 폐 X-ray 영상이 입력되면 각 층의 뉴런들은 가중치와 활성화 함수를 적용하여 데이터를 변환하고, 최종적으로 폐암 진단 결과를 출력합니다. 역전파는 순전파의 결과로 나온 예측값과 실제값의 차이(오차)를 계산하고, 이 오차를 출력층에서 입력층 방향으로 전파하면서 각 뉴런의 가중치를 조정하는 과정입니다. 예를 들어, 폐암 진단이 잘못되었다면 역전파를 통해 어떤 특징들을 더 주의 깊게 봐야 하는지를 학습하게 됩니다.

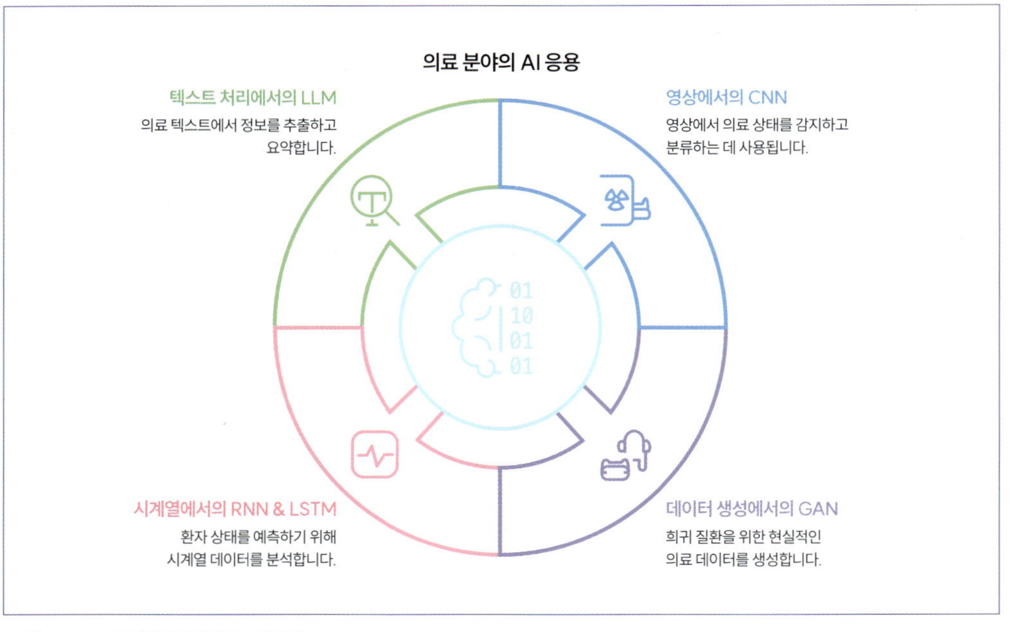

그림 3-14. 대표적인 딥러닝 기법들

이제 준비가 끝났으니 대표적인 딥러닝 기법들의 의료 분야 응용에 대해 살펴보겠습니다(그림 3-14).

CNN (convolutional neural network)은 의료 영상 분석에 널리 사용됩니다. X-ray, CT, MRI 등의 의료 영상에서 종양, 골절, 폐렴 등을 자동으로 감지하고 분류합니다. 예를 들어, 유방암 검진을 위한 유방촬영술 분석, 망막 질환 진단을 위한 안저 사진 분석 등에 활용되어 의료진의 진단을 보조합니다.

GAN (generative adversarial network)은 의료 데이터 생성과 증강에 사용됩니다. 희귀 질환의 의료 영상을 생성하여 진단 모델 학습에 활용하거나, 환자 프라이버시를 보호하면서 현실적인 가상 의료 데이터를 생성하는 데 사용됩니다. 또한, 저선량 CT 영상의 화질을 개선하는 등 의료 영상 품질 향상에도 적용됩니다.

RNN (recurrent neural network)과 LSTM (Long short-term memory)은 시계열 의료 데이터 분석에 주로 사용됩니다. 이들은 ICU 모니터링 데이터, 연속 혈당 측정 데이터, 심전도 데이터 등을 분석하여 환자의 상태 변화를 예측하거나 이상 징후를 감지합니다. 예를 들어, LSTM은 중환자실 환자의 생체 신호를 분석하여 패혈증을 조기에 예측하는 데 사용될 수 있습니다.

LLM (large language models)은 의료 텍스트 데이터 처리에 혁명을 가져오고 있습니다. 이 모델들은 전자건강기록(electronic health record, EHR)에서 중요 정보를 추출하거나, 의학 문헌을 요약하고, 임상 질의에 답변하는 데 활용됩니다. 예를 들어, GPT (generative pre-trained transformer) 계열의 모델은 의료 보고서 작성을 자동화하거나, 복잡한 의학 용어를 환자가 이해하기 쉬운 언어로 설명하는 데 사용될 수 있습니다.

이러한 딥 러닝 기법들은 의료 AI 시스템의 핵심을 이루며, 진단 정확도 향상, 개인화 의료, 의료 연구 가속화 등 다양한 영역에서 활용되고 있습니다. 예를 들어, CNN과 RNN을 결합한 모델은 의료 영상과 환자의 임상 데이터를 동시에 분석하여 더 정확한 예후를 예측할 수 있습니다.

모두 처음 접하는 용어들이기에 이해하기 어려울 수 있습니다. 하지만 뒤에서 케이스들에 적용해보면서 자세히 공부할 것입니다. 그러니 이번 챕터에서는 이러한 개념이 있다 정도로만 알고 넘어가도록 하겠습니다.

VI 의료 AI의 최신 트렌드: 첨단 기술과 도구들

의료 분야는 지속적인 혁신을 통해 발전해 왔지만, 최근 인공지능(AI) 기술의 도입으로 그 변화의 속도가 더욱 가속화되고 있습니다. AI는 의료 시스템의 효율성을 높이고, 진단의 정확도를 개선하며, 개인 맞춤형 치료를 가능하게 하는 등 의료 서비스의 질을 획기적으로 향상시키고 있습니다. 특히, 빅데이터 분석과 기계학습 기술의 발전으로 AI는 의료진의 능력을 보완하고 확장하는 강력한 도구로 자리잡아가고 있습니다. 이러한 AI 기술의 발전은 의료 시스템 효율화, 신약 개발 가속화, 개인 맞춤형 의료 서비스 등 다양한 영역에서 혁신을 이끌고 있으며, 앞으로의 의료 환경을 크게 변화시킬 것으로 예상됩니다. 이제 AI가 가져올 의료 분야의 구체적인 변화들을 살펴보도록 하겠습니다.

먼저, 의료 시스템 효율화 측면에서 AI는 영상 진단 자동화, 전자의무기록(EMR) 분석 그리고 병원 운영 관리에 활용되고 있습니다. Aidoc이나 Zebra Medical Vision 같은 기업들이 개발 중인 AI 기반 영상 진단 시스템은 폐렴, 뇌출혈, 골절 등 긴급 질환을 신속히 감지하여 의료진에게 경고를 보내는 기능을 갖추고 있습니다. 이러한 시스템들은 FDA 승인을 받아 실제 임상에서 사용되기 시작했고, 앞으로 더 많은 질환에 대한 진단 기능이 추가될 예정입니다.

EMR 분야에서는 DeepMind Health가 개발 중인 분석 시스템이 주목받고 있습니다. 이 시스템은 환자의 데이터를 분석하여 예후를 예측하고 적절한 치료 경로를 제안하는 기능을 갖추고 있어 의사의 의사결정을 지원합니다. 병원 운영 측면에서는 Qventus와 같은 스타트업이 AI를 활용해 환자 흐름을 최적화하고 대기 시간을 줄이는 솔루션을 제공하고 있습니다.

신약 개발 분야에서 AI의 역할은 점점 더 중요해지고 있습니다. Exscientia나 Insilico Medicine 같은 기업들은 AI를 활용해 신약 후보 물질 탐색 시간을 대폭 단축시키고 있으며, AI가 설계한 약물이 이미 임상시험 단계에 진입했습니다. 앞으로 더 많은 AI 기반 신약이 개발될 것으로 기대됩니다.

특히, Alphafold는 신약 개발에서 혁신적인 도구로 주목받고 있습니다. DeepMind가 개발한 Alphafold는 단백질 구조 예측 문제를 획기적으로 해결하며, 생명과학 연구의 패러다임을 바꾸었습니다. 최근 Alphafold 3가 오픈소스로 공개되면서, 연구자와 기업들은 이를 활

AI 활용 분야	예시 기업/기관	설명
영상 진단 자동화	Aidoc, Zebra Medical Vision	폐렴, 뇌출혈, 골절 등 긴급 질환을 신속히 감지하여 의료진에게 경고. FDA 승인 후 임상에서 사용.
EMR 분석	DeepMind Health	환자의 데이터를 분석하여 예후 예측 및 적절한 치료 경로 제안.
병원 운영 관리	Qventus	환자 흐름 최적화 및 대기 시간 감소 솔루션 제공.
신약 개발	Alphafold, Exscientia, Insilico	단백질의 3차원 구조 예측, 신약 후보 물질 탐색 시간 단축, 임상시험 단계 진입한 약물 존재.
개인 맞춤형 의료	Tempus	유전자 데이터를 기반으로 맞춤형 치료법 제안. 특히 암 치료 분야에서 활용.
스마트 병원 시스템	Cleveland Clinic	환자 데이터 실시간 분석 및 맞춤형 치료 제공을 목표로 AI 통합 시스템 구축.

표 3-3. 의료 AI의 최신 트렌드

용해 단백질 구조 예측을 넘어 더 복잡한 생물학적 문제를 해결하는 데 나서고 있습니다. Alphafold의 기여는 단백질-리간드 상호작용 예측, 신약 후보 물질 디자인, 약물 재창출 등 다양한 분야에서 사용되고 있습니다.

마지막으로, AI는 개인 맞춤형 의료 서비스 구현에도 큰 역할을 하고 있습니다. Tempus와 같은 기업은 AI와 유전자 데이터를 결합해 환자 개개인의 유전자 프로필에 맞는 맞춤형 치료법을 제안하는 시스템을 개발 중입니다. 이러한 기술은 특히 암 치료 분야에서 큰 잠재력을 보이고 있습니다.

더 나아가, Cleveland Clinic과 같은 대형 의료 기관들은 이러한 AI 기술들을 통합한 '스마트 병원' 시스템을 구축하고 있습니다. 이 시스템은 환자의 데이터를 실시간으로 분석하고 맞춤형 치료를 제공하는 등, 진단부터 치료, 병원 관리까지 의료 서비스의 전 과정을 AI로 최적화하는 것을 목표로 합니다(**표 3-3**).

이러한 AI 기술들은 의료의 정확성과 효율성을 크게 향상시킬 것으로 기대됩니다. 하지만 동시에 의료 윤리, 데이터 보안, AI의 신뢰성 등 새로운 과제들도 제기되고 있습니다. 따라서 앞으로 의료인들은 이러한 AI 기술을 이해하고 적절히 활용할 수 있어야 하며, 그에 따른 윤리적, 법적 문제들에 대해서 깊이 고민해야 할 것입니다.

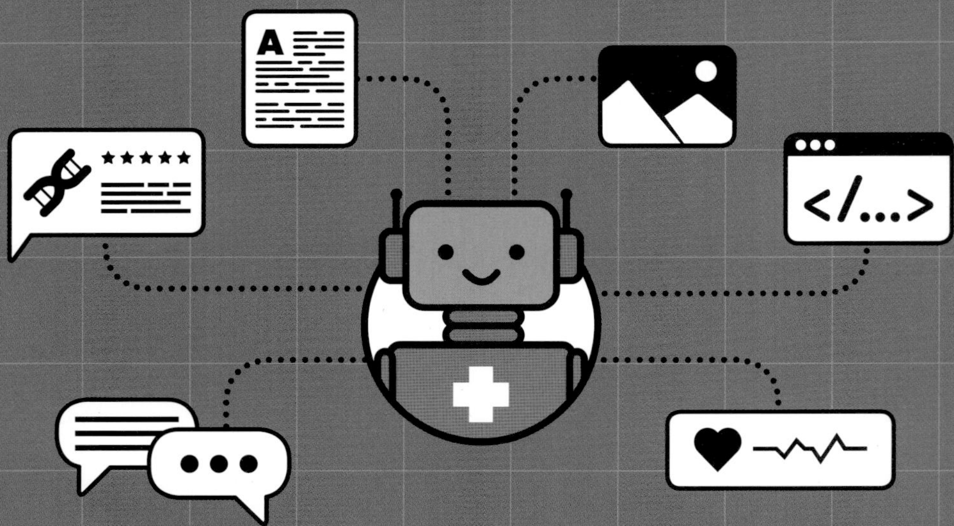
A
</...>

CHAPTER 4

의료 인공지능 개발의 출발선: 환경 구축부터 리소스 탐색까지

I 의대생과 전공의를 위한 의료 AI 코드 탐험: Github, Hugging Face, Papers with Code 활용법

본격적으로 코드를 공부하기 전에, 최신 의료 AI 트렌드를 확인하고 다양한 딥 러닝 코드를 찾아볼 수 있는 유용한 사이트들을 소개해 드리겠습니다. 이 워크북에서 다룰 여러 코드들도 이 사이트들을 참고해서 만들었습니다(그림 4-1).

먼저 Github는 단순한 코드 저장소를 넘어서 의료 AI 연구자들에게 다양한 기능을 제공합니다. 'medical imaging'이나 'healthcare AI' 같은 키워드로 관련 프로젝트를 쉽게 찾을 수 있고, 이슈 트래커를 통해 연구 과정의 문제나 아이디어를 팀원들과 공유할 수 있습니다. Pull Request 기능으로 코드 리뷰를 진행해 연구의 질을 높일 수 있고, GitHub Actions를 이용해 데이터 전처리나 모델 훈련 과정을 자동화할 수 있습니다. 또한 GitHub Pages를 통해 연구 결과를 웹사이트 형태로 쉽게 공유할 수 있어 연구 결과의 가시성을 높일 수 있습니다.

Hugging Face는 AI 모델과 데이터셋을 공유하고 활용할 수 있는 커뮤니티 플랫폼으로, NLP (natural language processing) 모델에서 출발했지만 현재는 컴퓨터 비전, 음성 인식, 다중 모달 AI 모델 등으로 확장되고 있습니다.

플랫폼		설명
GitHub		코드 저장소를 넘어 다양한 연구 기능 제공
Hugging Face		NLP 모델 중심의 AI 커뮤니티 플랫폼
Papers with Code		AI 연구 논문과 구현 코드를 연결하는 플랫폼

그림 4-1. 다양한 코딩 커뮤니티

- Model Hub: 다양한 언어 모델 및 AI 모델을 쉽게 검색하고 사용할 수 있습니다.
- Datasets: 데이터셋을 검색하고 다운로드할 수 있어 데이터 준비 과정을 단축할 수 있습니다.
- Spaces: AI 모델의 데모를 제작하고 공유할 수 있는 인터랙티브 환경을 제공합니다.
- AutoNLP: 최소한의 코드로 텍스트 분류나 분석 모델을 구축할 수 있어 초보자도 쉽게 시작할 수 있습니다.

Hugging Face는 NLP 애플리케이션뿐만 아니라, 컴퓨터 비전을 통한 의료 영상 분석, 음성 인식을 활용한 의료 상담 지원 등 다양한 방식으로 AI 개발을 지원하는 다목적 플랫폼으로 자리 잡고 있습니다.

Papers with Code는 AI 연구 논문과 그 구현 코드를 연결해주는 플랫폼으로, 의료 AI 연구자들에게 매우 유용합니다. 의료 영상, 임상 자연어 처리 등 세부 분야별로 최신 연구를 볼 수 있고, 다양한 의료 AI 태스크에 대한 최신 성능 지표도 확인할 수 있습니다. 의료 AI 연구에 사용되는 공개 데이터셋 목록도 제공하고 있어 연구 시작 단계에서 많은 도움이 됩니다. 뉴스레터를 구독하면 최신 의료 AI 연구 동향을 정기적으로 받아볼 수 있으며, 논문의 핵심 아이디어가 실제로 어떻게 구현되었는지 코드로 직접 확인할 수 있다는 점이 가장 큰 장점입니다. 이를 통해 논문의 이해도를 높이고 자신의 연구에 바로 적용할 수 있습니다.

Kaggle은 데이터 과학과 AI를 학습하고 실습할 수 있는 플랫폼으로, 초보자부터 전문가까지 다양한 수준의 사용자를 위한 환경을 제공합니다. Kaggle에서는 의료 데이터를 활용한 경진대회나 튜토리얼을 통해 AI 기술을 실제 문제에 적용하는 방법을 배울 수 있습니다. 공개된 데이터셋과 커뮤니티가 제공하는 코드 공유는 의료 AI 연구와 학습을 시작하는 데 큰 도움이 됩니다.

이런 플랫폼들을 잘 활용하면, 최신 AI 기술을 의학 연구와 학습에 효과적으로 적용할 수 있을 것입니다. 어렵게만 느껴졌던 AI 기술이 실제 의료 현장에서 어떻게 사용되는지 이해하는 데 큰 도움이 될 것입니다.

II 의대생과 전공의를 위한 의료 AI 데이터셋 가이드

의료 AI의 성능과 신뢰성은 학습에 사용된 데이터셋의 품질에 크게 좌우됩니다. 데이터셋의 품질이 좋다는 말은 어떤 의미일까요?

좋은 데이터셋의 주요 기준으로는 먼저 충분한 크기와 다양성을 들 수 있습니다. 특히 딥러닝 모델은 방대한 데이터를 요구하며, 다양한 환자 집단과 질병 상태, 인구통계학적 특성을 포함해야 합니다.

예를 들어, 폐암 진단 AI를 개발한다고 가정해볼까요? 이 경우 다양한 연령대, 성별, 인종의 환자들의 CT 스캔 이미지가 필요하고, 초기 단계부터 말기 단계까지 다양한 폐암 사례를 포함해야 합니다. 또한 여러 의료 기관의 데이터를 포함한다면 더욱 좋습니다. 이는 기관별로 사용하는 장비나 프로토콜의 차이를 AI가 학습할 수 있게 해주기 때문입니다.

데이터의 품질과 정확성 또한 매우 중요합니다. 예를 들어, 피부암 진단 AI를 개발한다면 피부 병변 이미지의 종양 경계가 정확히 표시되어야 하고, 데이터는 일관된 형식과 단위로 저장되어야 합니다. 만약 어떤 기관에서는 병변의 크기를 센티미터로, 다른 기관에서는 인치로 기록했다면 이는 AI 학습에 혼란을 줄 수 있습니다.

정확성은 데이터가 실제 사실을 얼마나 잘 반영하는지를 나타냅니다. 예를 들어, 환자의 진단 정보가 부정확하거나 잘못된 라벨링이 포함된 데이터는 AI 모델의 학습과 결과에 큰 오류를 초래할 수 있습니다. 피부암 데이터셋의 경우, 병변이 악성인지 양성인지의 라벨이 잘못되었다면, 모델은 신뢰할 수 없는 진단 결과를 제공할 가능성이 높아집니다. 따라서 데이터의 정확성을 보장하기 위해 전문가의 검증이나 반복적인 크로스 체크가 필요합니다.

데이터의 균형성도 고려해야 합니다. 실제 임상에서는 드문 질병으로 인해 데이터가 불균형해질 수 있습니다. 대표적인 예로, 유방암 진단 AI를 개발할 때 양성 사례가 악성 사례보다 훨씬 많을 수 있습니다. 이런 경우 데이터 증강 기술을 사용하여 악성 사례의 수를 인위적으로 늘리는 방법을 고려할 수 있습니다. 이는 AI가 균형 잡힌 학습을 할 수 있게 도와줍니다.

프라이버시와 보안 측면에서는 HIPAA (Health Insurance Portability and Accountability Act) 같

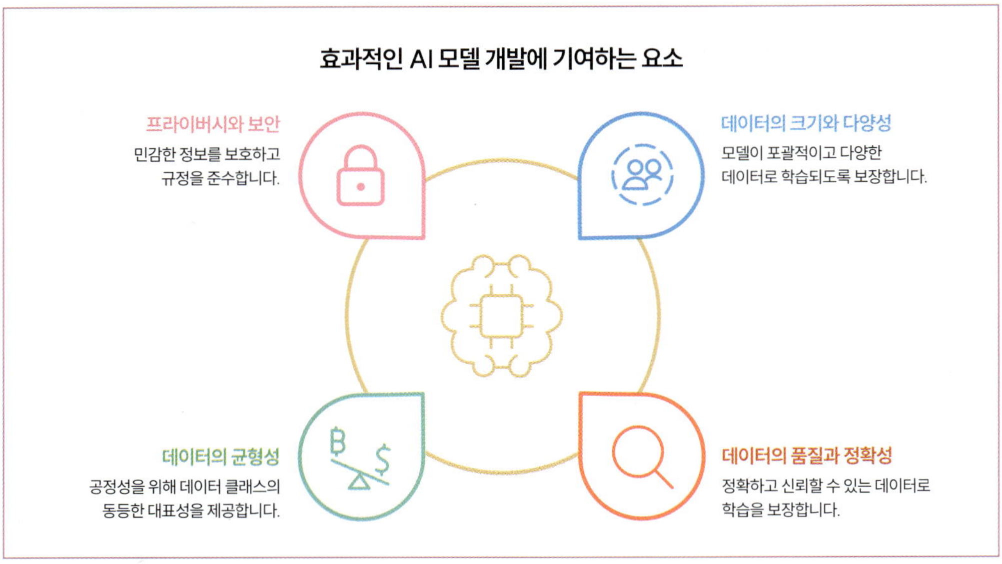

그림 4-2. 효과적인 AI 모델 개발에 기여하는 요소

은 규정을 숙지하고 환자 정보 보호에 만전을 기해야 합니다. 데이터 수집 시 윤리적 가이드라인을 따르는 것도 중요합니다. 예를 들어, 당뇨병 예측 AI를 개발할 때 환자의 혈당 수치, 체중, 식습관 등의 정보가 필요할 수 있습니다. 이때 환자의 이름, 주소, 전화번호 등 개인 식별 정보는 반드시 제거하고, 데이터 사용에 대한 환자의 동의를 얻어야 합니다(**그림 4-2**).

이렇듯 위의 기준들을 충족하는 양질의 데이터셋을 확보하는 일이 중요합니다. 하지만 의대생이나 전공의가 실제 병원 데이터를 수집하는 것은 여러 법적, 윤리적 문제로 인해 쉽지 않은 일입니다. 이러한 현실적인 어려움을 극복하기 위해 무료로 다운로드 받을 수 있는 공공 데이터셋의 활용이 중요해지고 있습니다.

다양한 플랫폼에서 의료 AI 연구에 활용할 수 있는 공공 데이터셋을 제공하고 있습니다. Kaggle은 데이터 과학자들의 커뮤니티로, 다양한 형태의 의료 데이터를 쉽게 찾을 수 있습니다. 여기서는 흉부 X-ray 이미지나 당뇨병 진단을 위한 임상 데이터 등을 제공합니다. Google Dataset Search는 전 세계의 다양한 공공 데이터셋을 검색할 수 있는 도구로, 병원 품질 측정 데이터나 정부 제공 건강 데이터 등을 찾을 수 있습니다.

생체 신호 데이터에 관심이 있다면 PhysioNet이 좋은 선택이 될 수 있습니다. 이 플랫폼은 심전도, 혈압, 호흡 등의 생체 데이터를 제공하며, 특히 중환자실의 전자 건강 기록을 포함한 대규모 임상 데이터인 MIMIC-III가 유명합니다. 뇌 연구에 관심이 있는 경우,

플랫폼	설명
Kaggle	다양한 형태의 의료 데이터를 제공하는 데이터 과학자 커뮤니티(흉부 X-ray 이미지, 당뇨병 진단 임상 데이터 등)
Google Dataset Search	전 세계의 다양한 공공 데이터셋 검색 도구(병원 품질 측정 데이터, 정부 제공 건강 데이터 등)
PhysioNet	생체 신호 데이터를 제공하는 플랫폼(심전도, 혈압, 호흡, MIMIC-III 포함)
OpenNeuro	뇌 연구를 위한 데이터 제공 플랫폼(MRI, fMRI, EEG 등)
UCI Machine Learning Repository	의학 관련 다양한 데이터를 제공(심장 질환, 유방암 진단 데이터 등)
Cancer Imaging Archive (TCIA)	암 연구에 특화된 방사선학적 영상 데이터 제공(CT, MRI, PET 등)
Data.gov	미국 정부 제공의 다양한 주제 데이터(건강, 인구 통계, 환경 등)
ICPSR	건강 조사 데이터 및 기타 사회과학 데이터를 제공(CDC WONDER, NHANES 등)

그림 4-3. 공공 데이터셋 사이트 모음

OpenNeuro에서 MRI, fMRI, EEG 등의 뇌 영상 및 신경과학 데이터를 찾을 수 있습니다.

UCI Machine Learning Repository는 심장 질환이나 유방암 진단을 위한 데이터셋 등 다양한 의학 관련 데이터를 제공합니다. 암 연구에 특화된 데이터가 필요하다면 Cancer Imaging Archive (TCIA)를 추천합니다. 여기서는 CT, MRI, PET 등의 방사선학적 영상 데이터를 무료로 제공합니다.

미국 정부에서 운영하는 Data.gov나 ICPSR에서는 건강, 인구 통계, 환경 등 다양한 주제의 데이터를 찾을 수 있습니다. 특히 CDC WONDER나 NHANES 같은 대규모 건강 조사 데이터는 의료 정책 연구에 유용합니다(그림 4-3).

이러한 공공 데이터셋들은 Github, Hugging Face, Papers with Code 등의 플랫폼에서 많은 모델 개발에 활용되고 있습니다. 의대생과 전공의들은 이러한 접근성 좋은 공공 데이터셋을 활용하여 의료 데이터 분석이나 인공지능 연구를 시작할 수 있습니다. 각 플랫폼마다 다양한 연구 주제에 맞는 데이터를 제공하고 있어 본인의 연구나 학습 목적에 가장 적합한 데이터셋을 선택하는 것이 중요합니다.

III 의료 인공지능 개발의 게임 체인저: LLM의 활용과 가능성

나만의 의료 인공지능을 개발하는 과정에서 앞선 사이트들이 소개하는 여러 코드들은 중요한 인사이트를 제공해 주지만, 더욱더 강력한 도움을 주는 파트너가 있습니다. ChatGPT와 같은 거대언어모델(large language model, LLM)이 바로 그것입니다.

LLM은 의료 인공지능 개발 과정에서 매우 중요한 역할을 할 수 있습니다. 의료 AI 모델을 만들고 개선하는 과정에서 LLM을 활용하면 개발 효율성을 크게 높일 수 있습니다. 이런 도구들은 여러분의 의료 AI 프로젝트를 더욱 빠르고 효과적으로 진행할 수 있게 도와줄 것입니다.

첫째, 의료 데이터 전처리 단계에서 LLM은 비정형 의료 텍스트 데이터를 구조화하고 표준화하는 데 큰 역할을 합니다. 예를 들어, 진료 기록이나 방사선 판독문과 같은 데이터에서 중요한 정보를 추출하고 이를 체계적으로 정리하여 AI 모델이 학습할 수 있는 형태로 변환할 수 있습니다. 이를 통해 데이터 품질을 높이고 후속 AI 모델의 성능을 개선할 수 있습니다.

둘째, 특징 추출과 특징 엔지니어링 과정에서 LLM은 의료 데이터에서 중요한 패턴과 관계를 자동으로 식별하는 데 활용됩니다. 예를 들어, 방대한 전자의무기록 데이터를 분석해 환자의 질환 진행 패턴이나 약물 반응을 추론하는 데 도움을 줄 수 있습니다. 이러한 자동화는 연구자가 데이터를 탐색하고 해석하는 데 소요되는 시간을 단축시킵니다.

셋째, 설명 가능성을 높이는 데 LLM이 중요한 도구로 사용됩니다. 예측 결과를 의료진과 환자가 이해하기 쉬운 언어로 설명함으로써 AI 모델의 투명성과 신뢰성을 향상시킬 수 있습니다. 예를 들어, AI 모델이 특정 진단을 내린 이유를 자연어로 표현하거나, 예측의 근거가 된 데이터 포인트를 명확히 설명할 수 있습니다. 이는 AI 기반 의사결정이 실제 임상 현장에서 받아들여지는 데 필수적인 요소입니다.

이제 LLM의 구체적인 예시와 그 활용에 대해 더 자세히 설명해 드리겠습니다(그림 4-4):

ChatGPT는 OpenAI에서 만든 대화형 AI 모델입니다. 의료 AI 개발에서 코드를 작성하고, 의료 데이터를 분석하고, 질병 예측 모델을 설계하는 데 활용할 수 있습니다. 예를 들어,

범위	도구/모델	설명	활용 예시
범용	ChatGPT	OpenAI에서 개발한 대화형 AI 모델로, 의료 데이터를 분석하고 질병 예측 모델을 설계하거나 의료 전문가와 환자 간의 대화를 처리하는 AI 시스템 개발에 사용 가능.	환자 기록 분석 코드 작성, 질병 예측 모델 개발 지원
	LLaMA	로컬 환경에서 실행 가능한 LLM으로, 민감한 의료 데이터를 보안 유지하면서 처리 가능. 의료 기록 분석, 진단 보조 등 의료 분야에서 특화된 학습 가능.	의료 기록 분석, 진단 보조, 치료 계획 제안
논문	Perplexity	AI 기반의 검색 엔진으로, 의료 AI 연구에 필요한 정보를 빠르게 검색하고 분석해 줌. 최신 의료 연구 데이터의 요약 정보를 제공하여 빠른 자료 접근 가능.	특정 질병 최신 연구 결과 검색, 의료 AI 알고리즘 정보 탐색
	Consensus	과학적 합의를 바탕으로 여러 연구 결과를 요약해 주는 도구로, 논문의 공통점이나 차이점을 이해하는 데 유용.	특정 의료 AI 알고리즘에 대한 여러 논문의 결론 비교
	Scispace	논문을 AI로 요약하고 설명해 주는 도구로, 어려운 과학 논문을 쉽게 이해할 수 있도록 도와줌. 의료 AI 연구자들이 복잡한 논문을 빠르게 이해하고 핵심 정보 추출 가능.	의학 논문, AI 기술 논문의 이해 및 수학적 모델 설명 지원

그림 4-4. 의료 AI 개발에 활용할 수 있는 다양한 LLM

환자 기록을 분석하는 코드를 만들거나, 질병 예측을 위한 머신 러닝 모델 코드를 작성하는 데 도움을 줄 수 있습니다. 또한 의료 전문가와 환자 사이의 대화를 처리하는 AI 시스템을 개발하는 데도 유용합니다.

ChatGPT 이외에도 의료 인공지능을 개발하는 데 큰 도움을 줄 수 있는 LLM이 있는데, 바로 LLaMA입니다. ChatGPT와 달리 LLaMA는 로컬 환경에서도 실행이 가능합니다. 이는 의료 데이터의 보안을 유지하면서 AI의 강력한 기능을 활용할 수 있게 해줍니다. 의료 데이터는 매우 민감하고 개인적인 정보를 포함하고 있어 반드시 보안이 철저한 로컬 환경에서 처리해야 하며 외부로 반출해서는 안 되는 것이 기본 원칙입니다. LLaMA는 이러한 요구사항을 충족하면서도 의료 분야에 특화된 학습이 가능해 의료 기록 분석, 진단 보조, 치료 계획 제안 등 다양한 분야에서 활용될 수 있습니다. 이와 함께, LLaMA 같은 기술을 도입할 때는 데이터 보안, 모델의 철저한 검증 그리고 윤리적 고려사항을 우선적으로 다루어야 합니다. 이러한 노력이 뒷받침될 때 LLaMA는 환자의 프라이버시를 보호하면서도 의료의 질을 높이는 중요한 도구로 자리 잡을 수 있을 것입니다.

Perplexity는 AI 기반의 검색 엔진입니다. 의료 AI 연구에 필요한 정보를 빠르게 찾고 분석하는 데 도움을 줍니다. 최신 의료 연구 데이터를 검색하고 요약된 정보를 제공하여 연구자들이 필요한 자료에 빠르게 접근할 수 있습니다. 예를 들어, 특정 질병에 대한 최신 연구 결과나 의료 AI에 사용된 알고리즘 정보를 쉽게 찾을 수 있습니다.

Consensus는 과학적 합의를 바탕으로 여러 연구 결과를 요약해주는 도구입니다. 의료 AI 연구에서 최신 정보를 분석하고 논문들의 결론이나 의견의 공통점, 차이점을 이해하는 데 중요한 역할을 합니다. 예를 들어, 특정 의료 AI 알고리즘에 대한 여러 논문의 결론을 비교하고, 모델 성능에 대한 공통된 의견을 찾아낼 수 있습니다.

Scispace는 AI를 이용해 논문을 요약하고 설명해주는 도구입니다. 어려운 과학 논문을 쉽게 이해할 수 있도록 도와줍니다. 의료 AI 연구자들이 복잡한 의학 논문이나 AI 기술 관련 논문을 빠르게 이해하고, 핵심 정보를 추출하는 데 유용합니다. 또한 어려운 수학적 모델이나 알고리즘을 쉽게 설명해 주어 연구자들이 기술적인 세부 사항을 이해하는 데 도움을 줄 수 있습니다.

여러분도 아시다시피, ChatGPT 같은 AI 도구들이 의료 분야에서 큰 잠재력을 보이고 있습니다. 하지만 이런 도구들을 단순히 사용하는 것보다 효과적으로 활용하는 능력이 더욱 중요합니다. 우리가 일상적으로 ChatGPT를 사용할 때도 항상 만족스러운 답변을 얻지 못하는 경우가 있지 않습니까? 이는 AI에게 '어떻게 질문하느냐'에 따라 결과가 크게 달라질 수 있다는 점을 보여줍니다.

LLM을 최대한 활용하기 위해서는 질문이나 지시를 주는 방식을 최적화하는 기술이 필요합니다. 효과적인 질문 작성을 위해 네 가지 핵심 요소를 고려해야 합니다: Persona(인물 설정), Task(작업), Action(행동), Output Format(출력 형식)입니다.

첫째, Persona는 AI가 어떤 전문가의 입장에서 대답할지 설정하는 것입니다. 예를 들어, "당신은 환자에게 의학 용어를 쉽게 설명하는 숙련된 의사입니다"라고 설정할 수 있습니다. 이렇게 하면 AI가 의료 전문가의 관점에서, 하지만 이해하기 쉬운 방식으로 정보를 제공할 것입니다.

둘째, Task는 AI에게 수행할 구체적인 작업을 지정하는 것입니다. "이 MRI 결과를 요약해 주세요" 또는 "이 임상 시험 데이터를 분석해 주세요"와 같이 명확한 지시를 내리면 됩니다.

Persona: 내과 의사 "Dr. Park"
Task: 환자의 생활 습관 개선 상담
Action: 환자의 현재 생활 습관을 파악하고, 건강을 개선하기 위한 구체적인 조언 제공
Output Format: 대화 형식

Dr. Park: 안녕하세요, 김 환자님. 오늘 어떻게 지내셨나요?
환자: 네, 그냥 평범하게 지냈어요. 요즘 조금 피곤한 것 같아요.
Dr. Park: 피곤함을 자주 느끼시는군요. 평소 생활 습관을 조금 이야기해 주실 수 있을까요? 예를 들어, 식사 습관이나 운동, 수면 패턴 같은 것들이요.
환자: 음... 아침은 잘 안 먹고, 점심과 저녁은 보통 사무실 근처에서 사 먹어요. 운동은 거의 안 하고, 퇴근하면 그냥 TV를 보다가 잠들어요. 밤에는 잠이 잘 안 와서 늦게 잠드는 편이에요.
Dr. Park: 그렇군요. 피곤함을 줄이려면 몇 가지 생활 습관을 조금씩 바꾸어 보는 게 도움이 될 것 같아요. 먼저 아침을 조금이라도 챙겨 드셔보는 건 어떨까요? 가볍게 과일이나 요거트 같은 걸로 시작해도 좋습니다.
점심이나 저녁 식사를 하실 때 채소와 단백질을 골고루 섭취하시는 게 중요해요. 건강한 식사를 하면 에너지도 더 생기고 피로도 덜 느끼실 수 있을 거예요.
운동은 처음부터 무리하지 않으셔도 괜찮아요. 매일 20분 정도 가볍게 걷기부터 시작해보세요. 특히 저녁에 산책을 하면 잠도 더 잘 오실 수 있을 거예요.
환자: 아침 먹는 건 좀 힘들지만, 요거트나 과일 정도는 할 수 있을 것 같아요. 운동도 너무 어려운 거 말고 걷는 거부터 해볼게요.
Dr. Park: 좋아요, 그렇게 시작해보세요. 잠자기 전에는 TV나 스마트폰을 줄이는 것도 도움이 될 거예요. 대신 따뜻한 차를 마시거나 가벼운 스트레칭을 해보세요. 작은 변화가 모이면 큰 효과가 있을 거예요.
환자: 네, 알겠습니다. 조금씩 바꿔볼게요.
Dr. Park: 네, 꾸준히 해보시고, 다음번에 오셨을 때 변화가 있는지 이야기 나눠보죠. 응원할게요!

그림 4-5. 프롬프트를 활용하여 생성한 가상 면담

셋째, Action은 작업을 수행하는 방식을 지정합니다. "중요한 다섯 가지 포인트로 요약해 주세요" 또는 "가장 효과적인 치료법부터 순서대로 설명해 주세요"와 같이 구체적인 행동을 지시하면 됩니다.

마지막으로, Output Format은 원하는 결과물의 형식을 지정합니다. "표 형식으로 부작용을 나열해 주세요" 또는 "환자에게 설명할 수 있는 간단한 문단으로 작성해 주세요"와 같이 출력 형식을 명시하면 됩니다.

이 4가지를 활용하여 ChatGPT에서 원하는 대답을 생성해봅시다. 예를 들어, 내과 의사가 환자와 상담하는 간단한 대화를 생성하고 싶다면 다음과 같이 4가지를 정할 수 있습니다: Persona로는 내과 의사 'Dr. Park'를, Task로는 환자의 생활 습관 개선 상담을, Action으로는 환자의 현재 생활 습관을 파악하고 건강 개선을 위한 구체적인 조언 제공을, Output Format으로는 대화 형식을 지정합니다(**그림 4-5**).

이렇게 4가지를 ChatGPT에 직접 입력하면 우리가 의도한 대로 대화가 생성되는 것을 확인할 수 있습니다. 이처럼 Persona, Task, Action, Output Format이라는 4가지 핵심요소를

통해 우리가 원하는 적절한 대답을 유도해 낼 수 있습니다. 이는 다양한 분야에서 활용될 수 있는데, CPX를 대비하는 의대생에게는 대본을 만들어주고, 논문이나 질병 리뷰 발표를 앞둔 전공의에게는 발표 자료를 만들어줄 수 있습니다. 또한 의료 AI 챗봇 개발을 계획하고 있다면 이를 개발하는 데에도 활용할 수 있습니다.

LLM은 의료 AI 개발 과정에서 다양하게 활용될 수 있습니다. 의료 데이터 전처리부터 특징 추출, 모델 설명까지 여러 단계에서 도움을 줄 수 있습니다. 비정형 데이터를 구조화하고, 복잡한 패턴을 찾아내며, AI 예측 결과를 이해하기 쉽게 설명해 주는 등 LLM의 활용은 의료 AI의 성능과 신뢰성을 크게 높여줍니다. 이를 통해 의학 연구, 진단, 치료 등 다양한 의료 분야에서 AI를 더욱 효과적으로 활용할 수 있게 될 것입니다.

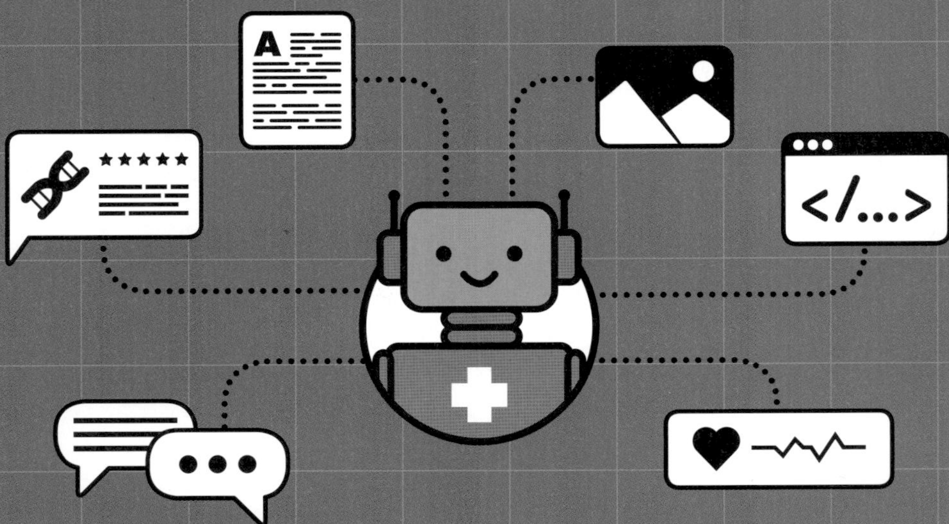

CHAPTER 5

영상 이미지 분석을 위한 딥 러닝

우리가 의료 AI를 떠올릴 때 가장 먼저 떠오르는 이미지는 아마도 영상 검사 후 AI가 자동으로 판독해 주는 모습일 것입니다. 이는 우리가 병원에서 일상적으로 접하는 EKG, X-ray, CT, MRI 등 다양한 영상 자료들 때문일 것입니다.

실제로 현재 의료 분야에서는 이러한 영상 이미지 분석을 위한 딥 러닝 기술 개발이 매우 활발하게 이루어지고 있습니다. 파이썬을 이용하여 의료 영상 분석을 위한 특화된 라이브러리가 개발되었을 뿐만 아니라, 이미 시중에는 EKG, 흉부 X-ray부터 복잡한 MRI까지 분석할 수 있는 AI 시스템들이 등장하고 있습니다.

이러한 추세는 의료 AI를 개발하고 활용하기 위해서는 의료영상분석 AI의 분야 및 원리에 대한 깊이 있는 이해가 필수적임을 보여주고 있습니다. 본격적으로 Case로 실습하기에 앞서 의료 영상 분석에는 크게 3가지 주요 작업인 Detection, Classification, Segmentation이 있습니다. 각각에 대해서 살펴보겠습니다(그림 5-1).

Detection(탐지)은 의료 영상에서 특정 해부학적 구조나 병변을 자동으로 찾아내는 과정을 의미하며, AI 시스템은 이미지를 분석하여 중요한 특징이나 이상 소견을 식별하고 표시함으로써 의사가 주목해야 할 영역을 쉽게 파악할 수 있도록 돕습니다. 위 사진에서 Detection은 X-ray 이미지에서 특정 해부학적 구조를 식별하고 명확히 표시하는 작업을 의

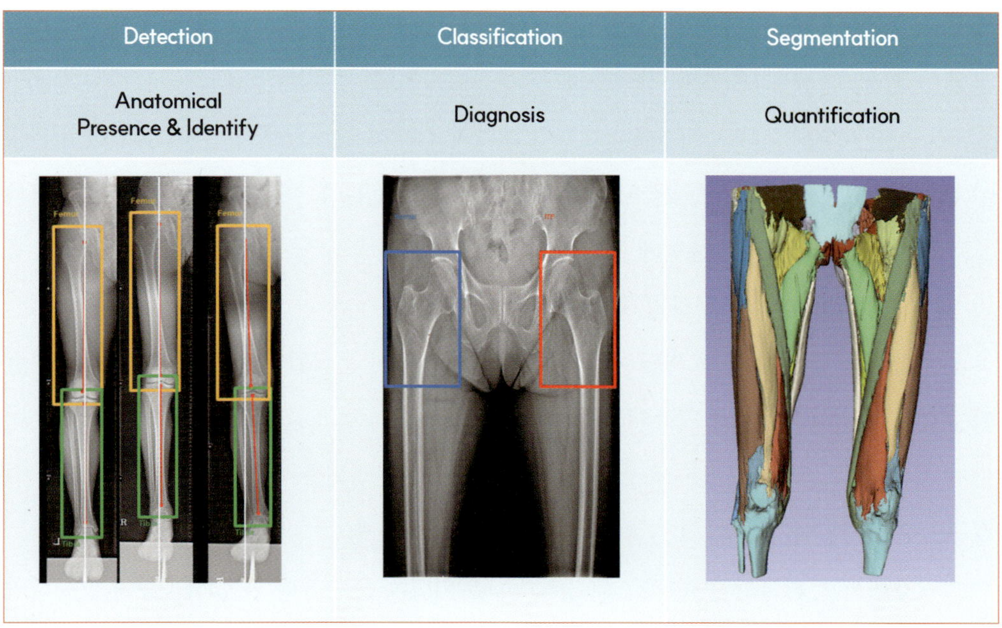

그림 5-1. 의료 영상분석 AI의 3가지 작업

미하며, AI 시스템은 예를 들어 'Femur(대퇴골)'와 'Tibia(경골)' 등의 뼈 구조를 탐지하고, 노란색 및 녹색 박스를 사용해 이를 구분하는데, 이러한 탐지 작업은 방사선 사진에서 중요한 구조를 빠르고 정확하게 식별하여 의사가 주목해야 할 부분을 강조하는 데 도움을 줍니다.

위 사진에서 Classification(분류)은 영상 이미지를 분석하여 특정 상태나 질병으로 분류하는 작업을 의미합니다. 예를 들어, AI 시스템은 고관절 X-ray를 분석하여 '정상'인지 또는 대퇴전자간 골절(intertrochanteric fracture, ITF)과 같은 특정 상태인지를 판별할 수 있습니다. 이미지에서 파란색 박스로 표시된 부분은 '정상', 빨간색 박스로 표시된 부분은 'ITF'로 분류되었습니다. 이러한 분류 과정에서는 AI가 다양한 상태에 대한 확률을 제시할 수도 있으며, 예를 들어 '이 부위는 90% 확률로 ITF, 10% 확률로 정상'과 같은 식으로 결과를 제공하여 의사에게 더 많은 정보를 제시합니다. 이는 질환의 조기 발견과 진단의 신뢰도를 높이는 데 중요한 역할을 합니다.

위 사진에서 Segmentation(분할)은 X-ray 이미지나 3D 영상을 픽셀 단위로 분석하여 특정 구조나 물체를 분할하는 작업을 의미합니다. 예를 들어, 오른쪽에 있는 3D 이미지는 각 근육 그룹을 색깔별로 나누어 정확하게 구분한 것입니다. Segmentation은 영상에서 특정 해부학적 구조나 병변의 경계를 정밀하게 정의하고, 각 픽셀이 어느 영역에 속하는지를 구분합니다. 이를 통해 근육, 뼈, 지방 등 다양한 해부학적 부분을 식별하고, 각각의 정확한 크기와 위치를 파악할 수 있습니다. 이 작업은 의료 영상에서 구조의 정량적 분석이나 수술 계획 수립 등에 중요한 역할을 합니다.

Detection, Classification, Segmentation에 대하여 간략히 살펴봤으니 딥 러닝의 진행 과정에 대해서 더 자세히 살펴보겠습니다. 먼저, MRI, CT, PET 등 첨단 의료 장비를 통해 고해상도의 2D 또는 3D 영상을 얻게 됩니다. 이렇게 얻은 영상은 노이즈 제거, 해상도 개선 등의 전처리 과정을 거쳐 분석하기 좋은 상태로 만듭니다.

전처리된 영상은 주로 딥 러닝 기반의 모델에 입력되어 분석됩니다. 이때 가장 널리 사용되는 대표적인 아키텍처가 CNN (convolutional neural network; 합성곱 신경망)입니다. CNN은 이미지 처리에 특히 뛰어난 성능을 보이는 딥 러닝 모델로, 입력층, 합성곱층, 풀링층, 완전 연결층으로 구성됩니다(**그림 5-2**).

입력층에서는 전처리된 이미지 데이터가 네트워크에 들어옵니다. 합성곱층에서는 다양한 필터를 적용하여 이미지의 특징을 추출합니다. 이 과정에서 엣지, 텍스처, 색상 변화 등

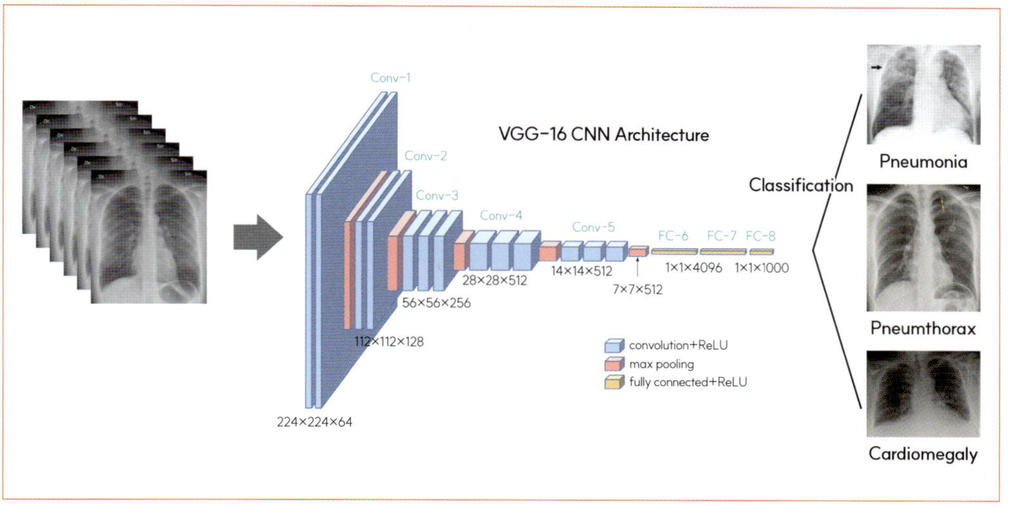

그림 5-2. CNN 구조

의 특징을 감지할 수 있습니다. 풀링층에서는 합성곱층에서 추출된 특징 맵의 크기를 줄이고 중요한 정보를 압축합니다. 주로 최대 풀링이나 평균 풀링을 사용하며, 이는 모델의 계산량을 줄이고 과적합을 방지하는 데 도움이 됩니다.

합성곱층과 풀링층의 과정을 여러 번 반복하면서 점진적으로 더 추상적이고 고차원적인 특징을 학습합니다. 마지막으로, 완전 연결층에서는 이전 층들에서 추출된 모든 특징을 종합하여 최종적인 분류나 예측을 수행합니다.

CNN의 이러한 구조는 이미지의 공간적 특성을 효과적으로 활용할 수 있게 해주며, 이는 전통적인 완전 연결 신경망(Fully Connected Network, FCN)에 비해 훨씬 적은 파라미터로도 높은 성능을 달성할 수 있게 합니다. 따라서 CNN은 이미지 분류, 객체 검출, 세그먼테이션 등 다양한 컴퓨터 비전 작업에서 널리 사용되고 있습니다.

CNN (convolutional neural network)은 이미지 처리와 패턴 인식에 강력한 도구지만, 몇 가지 중요한 한계점을 가지고 있습니다. 첫째, CNN은 새로운 데이터를 생성하는 능력이 없어 데이터 증강이나 새로운 샘플 생성에 제한적입니다. 둘째, CNN은 주로 지도 학습에 의존하기 때문에 레이블이 없는 데이터를 처리하는 데 어려움을 겪으며, 이는 비지도 학습 상황에서 불리하게 작용합니다. 셋째, CNN은 복잡한 데이터 분포를 모델링하는 데 한계가 있어, 고차원 데이터의 다양한 특성을 충분히 포착하지 못할 수 있습니다. 마지막으로, CNN은 데이터의 양이 부족할 경우 일반화 성능이 저하될 수 있으며, 데이터 증강을 위해서는 외

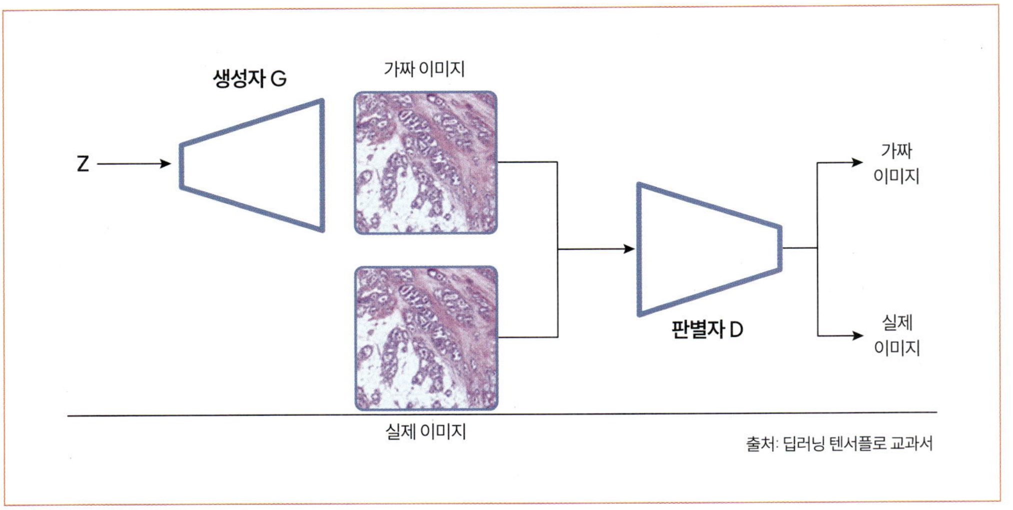

그림 5-3. GAN 구조

부적인 방법에 의존해야 합니다. 이러한 한계점들로 인해 CNN은 특정 유형의 작업, 특히 데이터 생성이나 비지도 학습이 필요한 영역에서는 제한적인 성능을 보일 수 있습니다.

이러한 한계를 극복하기 위하여 도입할 수 있는 아키텍처로는 GAN (generative adversarial network)이 있습니다. GAN은 2014년 Ian Goodfellow와 그의 동료들이 제안한 생성 모델로, 서로 경쟁하는 두 개의 신경망인 생성자와 판별자를 통해 데이터를 생성하는 기법입니다. 이 모델은 이미지 생성, 영상 합성, 데이터 증강 등 다양한 분야에서 활용되고 있으며, 의료 분야에서도 큰 잠재력을 보이고 있습니다.

GAN의 기본 구조에서 생성자는 랜덤한 노이즈 벡터를 받아 가짜 데이터를 만들어내며, 이 가짜 데이터가 실제 데이터와 구별하기 어려울 정도로 비슷하게 만드는 것을 목표로 합니다. 반면 판별자는 생성자가 만든 가짜 데이터와 실제 데이터를 입력으로 받아 해당 데이터가 실제인지 가짜인지를 판별하는 역할을 합니다. 이 두 모델은 서로 경쟁하며 학습하는 방식으로 작동하며, 이는 마치 게임 이론의 '제로섬 게임'과 유사한 형태로 두 모델이 경쟁적으로 발전하게 됩니다(그림 5-3).

GAN의 학습 과정은 크게 세 단계로 나눌 수 있습니다. 먼저 생성자가 랜덤한 노이즈를 입력으로 받아 가짜 데이터를 생성하고, 그 다음 판별자가 이 가짜 데이터와 실제 데이터를 구별하며 판별 정확도를 높이기 위해 학습합니다. 마지막으로 생성자는 판별자를 속이기 위해 가짜 데이터를 더 사실적으로 만들기 위해 학습합니다. 이러한 반복적인 경쟁 학습을

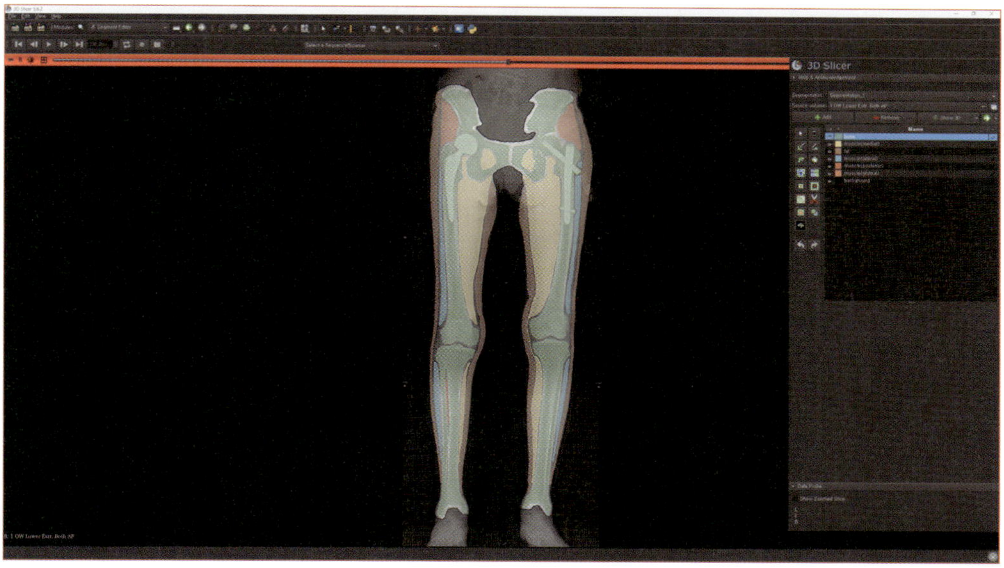

그림 5-4. 3D Slicer를 활용한 Segmentation

통해 생성자는 점점 더 실제 데이터와 비슷한 데이터를 생성하게 됩니다.

의료 분야에서 GAN은 다양하게 활용될 수 있습니다. MRI, CT, X-ray 등의 의료 영상 생성, 제한된 의료 데이터셋 확장을 위한 데이터 증강, 저해상도 의료 영상의 고해상도 변환, 가상의 병변 이미지를 통한 병변 검출 알고리즘 성능 향상, 새로운 분자 구조 설계나 기존 약물 효과 예측을 위한 약물 개발 등이 그 예입니다. 이러한 GAN의 응용은 의료 진단의 정확성을 높이고, 의료 연구를 가속화하며, 궁극적으로 환자 치료의 질을 향상시키는 데 크게 기여할 수 있습니다.

이렇듯 CNN, GAN과 같은 모델이 AI에서 중요한 역할을 차지하지만 그에 못지 않게 중요한 역할을 하는 도구는 분할 도구입니다. 그중에서도 Nora Imaging Platform과 3D Slicer가 많이 사용되고 있습니다.

Nora Imaging Platform은 클라우드 기반의 의료 영상 분석 도구입니다. 사용하기 쉬운 인터페이스를 제공하고, 웹 브라우저에서 바로 딥 러닝 기반의 분할 모델을 적용할 수 있어 팀 협업에 특히 유용합니다. 신경계 영상이나 장기 분할 등 다양한 의료 영상 분석에 활용할 수 있습니다.

MIT에서 개발한 3D Slicer는 오픈소스 소프트웨어로, 강력한 3D 의료 영상 시각화 및 처리 기능을 제공합니다. 특히 다양한 자동 및 반자동 분할 알고리즘을 지원하고, 사용자가 직

CHAPTER • 5

접 분할된 영역을 수정할 수 있어 유연성이 큰 장점입니다. 방사선 치료 계획, 수술 계획, 임상 연구 등 폭넓은 분야에서 사용되고 있습니다(그림 5-4).

모델이 분할을 끝낸 후에는 후처리 작업이 이어집니다. 이 단계에서는 불필요한 작은 영역을 없애거나 경계를 더 매끄럽게 다듬는 등의 작업을 합니다. 마지막으로, 분할 결과가 얼마나 정확한지 평가하기 위해 Dice Score 같은 검증 지표를 사용합니다. Dice score는 모델이 예측한 분할 영역과 실제 분할된 영역이 얼마나 겹치는지를 0에서 1 사이의 값으로 나타냅니다. 1에 가까울수록 모델의 예측이 실제와 거의 일치한다는 뜻입니다. 보통 0.9 이상이면 매우 우수한 성능으로 볼 수 있습니다.

I MedMNIST와 MONAI: 의료 AI 연구의 효율적인 시작점

병원에서 접하는 X-ray, CT, MRI 같은 영상 데이터들은 실제로 굉장히 다양합니다. 단순 방사선 처방만 살펴보더라도 촬영 부위, 각도 등에 따라 수백 가지의 처방이 존재하며 CT, MRI에 조영 증강 영상까지 더한다면 한 병원 내에서 시행될 수 있는 영상 검사의 수는 셀 수 없이 다양해집니다. 하지만 이 모든 영상 데이터를 딥 러닝 모델이 입력으로 받아들일 수 있는 것은 아닙니다. 딥 러닝 모델이 데이터를 해석하려면 일정한 형태로 데이터를 조정해야 합니다. 숙련된 의료 AI 개발자는 이러한 원천(raw) 영상 데이터를 활용하는 모델에 따라 적절히 가공할 수 있지만, AI를 처음 접하는 의대생이나 전공의가 이 모든 과정을 한 번에 다루기는 어렵습니다.

인공지능 학습을 처음 시작할 때, 다양한 데이터의 복잡성과 품질 문제는 큰 도전이 될 수 있습니다. 이러한 어려움을 해결하기 위해 표준화된 데이터셋이 존재하며, 그중 하나가 MedMNIST입니다. MedMNIST는 다양한 의료 데이터를 표준화하고, 빠르고 경량화된 학습과 평가를 지원하는 데이터셋 모음입니다.

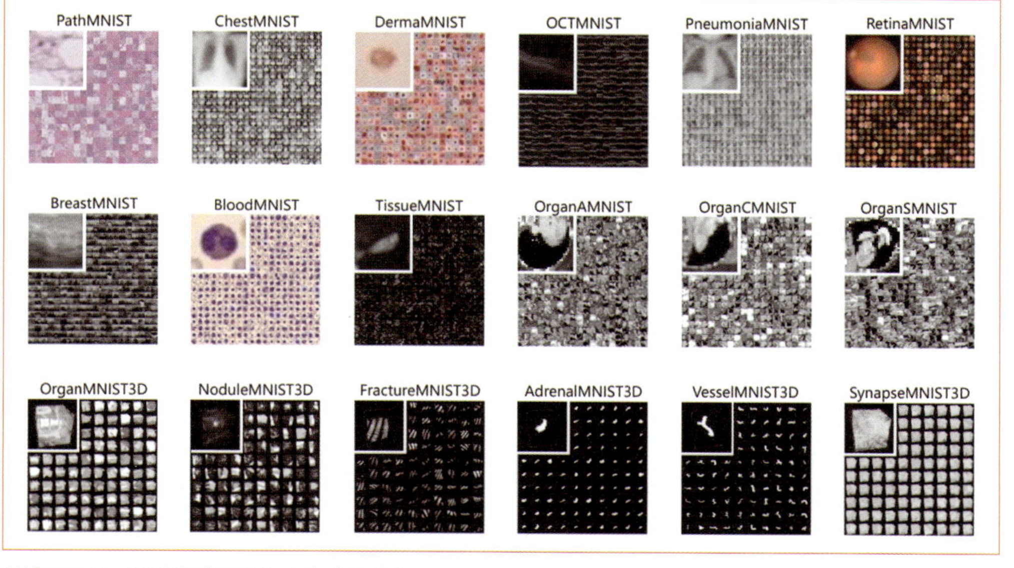

그림 5-5. MedMNIST의 다양한 하위 데이터셋

MedMNIST는 2D 이미지 데이터셋으로 구성되어 있으며, 흉부 X-ray, 병리학 이미지, 피부 병변 이미지 등 총 10개의 다양한 의료 데이터를 포함하고 있습니다. 이 데이터셋은 초보자들이 의료 데이터를 기반으로 AI 모델을 학습하고 평가하기에 이상적입니다. 이를 통해 의료 데이터를 이해하고 AI 모델을 개발하는 첫걸음을 보다 쉽게 시작할 수 있습니다(그림 5-5).

MedMNIST의 특징은 교육용이나 빠른 모델 프로토타이핑을 위해 데이터를 28x28 픽셀 크기의 작고 경량화된 이미지로 변환하여 제공한다는 점입니다. 이 데이터셋의 주요 목적은 경량 학습과 이미지 분류를 위한 의료 데이터셋 표준화입니다. 작은 이미지 크기와 레이블 구조를 통해 의료 이미지 분석 모델을 효율적이고 신속하게 평가하고 비교할 수 있게 해줍니다.

의료 AI 개발을 위한 표준 데이터셋이 있듯이, 이를 효과적으로 활용할 수 있는 특화된 라이브러리도 존재합니다. 그중 대표적인 예가 MONAI입니다. MONAI는 PyTorch를 기반으로 개발되어, PyTorch에 익숙한 연구자나 개발자가 쉽게 사용할 수 있도록 설계되었습니다.

MONAI는 특히 의료 영상 처리에 특화된 기능을 제공합니다. DICOM (Digital Imaging and Communications in Medicine), NIfTI (Neuroimaging Informatics Technology Initiative)와 같은 다양한 의료 영상 형식을 지원하며, 2D 및 3D 이미지 분석, 대용량 데이터 처리 도구, 데이터 증강, 영상 등록, 세그멘테이션, 분류 등 의료 영상 분석 전반에 필요한 도구를 포괄적으로 제공합니다. 예를 들어, 의료 영상의 세그멘테이션 작업에서는 U-Net이나 DeepLab과 같은 고급 딥러닝 아키텍처와 대규모 의료 데이터셋으로 사전 학습된 모델들을 손쉽게 적용할 수 있어, 빠르고 정확한 조직 분할이 가능합니다.

MONAI는 의료 영상의 특성을 반영한 데이터 증강 기법을 제공하여 의료 데이터의 다양성을 확보하는 데 도움을 줍니다. 일반적인 증강 기법 외에도 랜덤 노이즈 추가, 랜덤 엘라스틱 변환과 같은 고급 증강 기법을 쉽게 적용할 수 있습니다.

MONAI는 MONAI Core와 MONAI Label로 구성되어 있습니다. Core는 딥 러닝 모델 구축을 위한 다양한 유틸리티를 제공하며, Label은 실시간 세그멘테이션과 상호작용적인 AI 모델 학습을 지원합니다. 이러한 기능은 연구자와 개발자가 효율적으로 의료 AI 모델을 구축하고 평가할 수 있도록 돕습니다.

마지막으로, MONAI는 NVIDIA, King's College London, Harvard Medical School 등 다

양한 연구 기관 및 기업과 협력하여 발전해 왔습니다. 의료 영상 분석에 특화된 기능을 지속적으로 추가하며, 의료 AI 연구와 실무 모두에서 중요한 도구로 자리 잡고 있습니다.

이제 MONAI 라이브러리를 활용하여 MedNIST Dataset을 classification하는 모델을 만들어보겠습니다. 데이터셋 다운로드부터 데이터셋 분할 및 전처리, 손실함수 및 옵티마이저 정의, 모델 훈련 및 검증까지 코드를 통해 하나의 AI 모델을 개발하는 과정에 대하여 공부할 것입니다. 뒤에서 다룰 케이스들도 데이터셋과 모델의 구조는 다룰 수 있지만 실습의 큰 틀은 바뀌지 않을 것입니다. 이번 케이스를 학습하면서 AI 개발 프로세스에 대해 이해한다면 추후에 다른 모델의 코드를 분석하고, 공부할 때에도 이해가 빠를 것입니다.

1 | 데이터셋 다운로드

✪ 다운로드 명령어

```
!wget -q https://www.dropbox.com/s/5wwskxctvcxiuea/MedNIST.tar.gz
```

Dropbox에서 MedNIST 데이터셋을 압축 파일 형태로 다운로드합니다.
'-q' 옵션은 다운로드 시 발생하는 메시지를 최소화합니다.

Python의 tarfile 라이브러리를 사용하여 '.tar.gz' 파일을 현재 디렉토리에 압축 해제합니다.

```
import tarfile    tar 파일 작업을 위한 라이브러리 import
```

압축 파일 열기

```
datafile = tarfile.open("MedNIST.tar.gz")
```

tar 파일을 '읽기' 모드로 열어서 'datafile' 객체로 할당합니다.

압축 해제

```
datafile.extractall()
```

현재 디렉토리에 압축 파일의 모든 내용을 추출합니다.

파일 닫기

```
datafile.close()
```

열린 파일 객체를 닫아 메모리 자원을 해제합니다.

CHAPTER • 5

2 | MONAI 설치

```
MONAI 라이브러리 설치 명령어
!pip install -q "monai-weekly[gdown, nibabel, tqdm, itk]"
MONAI의 최신 주간 빌드를 설치합니다.
'gdown', 'nibabel', 'tqdm', 'itk' 등 추가 종속성도 함께 설치합니다.
'-q' 옵션은 설치 시 출력되는 메시지를 최소화합니다.
```

```
✪ 필요한 라이브러리 및 모듈을 가져옵니다.
import os   운영 체제와 상호작용하기 위한 모듈
import shutil   파일 및 디렉토리 조작을 위한 모듈
import tempfile   임시 파일 및 디렉토리 생성 모듈
import matplotlib.pyplot as plt   데이터 시각화를 위한 matplotlib의 pyplot 모듈
from PIL import Image   이미지 작업을 위한 Python Imaging Library
import torch   PyTorch 딥 러닝 프레임워크
import numpy as np   수학적 연산을 위한 numpy 라이브러리
from sklearn.metrics import classification_report   분류 모델의 성능 평가를 위한 함수
```

```
✪ MONAI 관련 모듈 가져오기
from monai.apps import download_and_extract   다운로드 및 압축 해제를 위한 유틸리티 함수
from monai.config import print_config   MONAI 구성 정보를 출력하는 함수
from monai.metrics import ROCAUCMetric   ROC AUC 평가 메트릭
from monai.networks.nets import DenseNet121   DenseNet121 네트워크
from monai.transforms import (   데이터 변환 및 전처리 파이프라인 구성 요소들
    Activations,   출력값에 활성화 함수를 적용
    EnsureChannelFirst,   이미지의 채널 순서를 첫 번째로 변경
    AsDiscrete,   출력을 이산 값으로 변환 (예: 클래스화)
    Compose,   여러 변환을 순차적으로 적용
    LoadImage,   이미지 로드
    RandFlip,   무작위로 이미지 뒤집기
    RandRotate,   무작위로 이미지 회전
    RandZoom,   무작위로 이미지 확대/축소
    ScaleIntensity,   이미지의 강도를 스케일링
    ToTensor,   데이터를 PyTorch 텐서로 변환
)
from monai.data import Dataset, DataLoader   데이터셋과 데이터로더 구성
from monai.utils import set_determinism   무작위성 제어를 위한 시드 설정
```

✪ MONAI 구성 정보 출력

```
print_config()
```

MONAI와 관련된 버전 및 설정 정보를 출력하여 현재 환경을 확인합니다.

3 | 데이터셋 폴더에서 이미지 파일 이름 읽기

✪ 데이터 디렉터리 경로 설정

```
data_dir = './MedNIST/'
```

MedNIST 데이터셋의 경로를 설정합니다.

✪ 클래스 이름 설정

```
class_names = sorted([x for x in os.listdir(data_dir) if os.path.isdir(os.
path.join(data_dir, x))])
```

데이터 디렉터리 내의 모든 폴더 이름을 가져와, 각 폴더를 클래스 이름으로 사용합니다.
각 클래스 이름을 오름차순으로 정렬합니다.

✪ 클래스 수 계산

```
num_class = len(class_names)
```

분류할 총 클래스 수를 계산합니다.

✪ 이미지 파일 경로 수집

```
image_files = [[os.path.join(data_dir, class_name, x)
                for x in os.listdir(os.path.join(data_dir, class_name))]
               for class_name in class_names]
```

각 클래스 폴더 내의 이미지 파일 경로를 수집합니다.
각 클래스 이름에 해당하는 경로를 만든 후, 해당 폴더 내의 모든 파일 경로를 리스트로 생성합니다.

✪ 이미지 파일과 레이블 리스트 초기화

```
image_file_list = []  # 모든 이미지 파일 경로를 담을 리스트
image_label_list = []  # 각 이미지에 대한 클래스 레이블을 담을 리스트
```

CHAPTER • 5

✪ 이미지 파일과 레이블 리스트 구성

```
for i, class_name in enumerate(class_names):
    image_file_list.extend(image_files[i])
```

해당 클래스의 모든 이미지 파일 경로를 리스트에 추가합니다.

```
    image_label_list.extend([i] * len(image_files[i]))
```

해당 클래스의 레이블 값을 이미지 수만큼 추가합니다.

✪ 총 이미지 수 계산

```
num_total = len(image_label_list)
```

전체 이미지 수를 계산합니다.

✪ 이미지 크기 확인

```
image_width, image_height = Image.open(image_file_list[0]).size
```

첫 번째 이미지 파일을 열어, 이미지의 가로 및 세로 크기를 가져옵니다.

4 | 학습, 검증, 테스트 데이터 리스트 준비

✪ 검증 및 테스트 데이터 비율 설정

```
valid_frac, test_frac = 0.1, 0.1
```

검증 데이터와 테스트 데이터의 비율을 각각 10%로 설정합니다.

✪ 학습, 검증, 테스트 데이터를 위한 리스트 초기화

```
trainX, trainY = [], []    학습 데이터 이미지와 레이블 리스트
valX, valY = [], []    검증 데이터 이미지와 레이블 리스트
testX, testY = [], []    테스트 데이터 이미지와 레이블 리스트
```

```
✪ 데이터셋을 학습, 검증, 테스트 데이터로 분할
for i in range(num_total):
    rann = np.random.random()
    0과 1 사이의 랜덤한 실수 생성

    if rann < valid_frac:
        랜덤 값이 검증 비율보다 작으면 검증 데이터로 할당
        valX.append(image_file_list[i])
        valY.append(image_label_list[i])
    elif rann < test_frac + valid_frac:
        랜덤 값이 (검증 비율 + 테스트 비율)보다 작으면 테스트 데이터로 할당
        testX.append(image_file_list[i])
        testY.append(image_label_list[i])
    else:
        그 외에는 학습 데이터로 할당
        trainX.append(image_file_list[i])
        trainY.append(image_label_list[i])
```

```
✪ 데이터 분할 결과 출력
print("Training count =", len(trainX), "Validation count =", len(valX), "Test
count =", len(testX))
학습, 검증, 테스트 데이터의 개수를 출력합니다.
```

5 | 데이터 전처리를 위한 MONAI 변환, 데이터셋 및 데이터로더 정의

```
✪ 학습 데이터 전처리 변환 정의
train_transforms = Compose([
    LoadImage(image_only=True),  이미지만 로드(메타데이터 제외)
    EnsureChannelFirst(),  이미지의 채널을 첫 번째 축으로 설정
    ScaleIntensity(),  픽셀 값의 강도를 정규화
    RandRotate(range_x=15, prob=0.5, keep_size=True),  랜덤으로 이미지 회전(각도
범위: -15도 ~ 15도, 50% 확률)
    RandFlip(spatial_axis=0, prob=0.5),  랜덤으로 이미지 좌우 반전(50% 확률)
    RandZoom(min_zoom=0.9, max_zoom=1.1, prob=0.5, keep_size=True),  랜덤 확
대/축소(0.9배 ~ 1.1배, 50% 확률)
    ToTensor()  PyTorch 텐서로 변환
])
```

```
# 검증 및 테스트 데이터 전처리 변환 정의
val_transforms = Compose([
    LoadImage(image_only=True),  # 이미지만 로드(메타데이터 제외)
    EnsureChannelFirst(),  # 이미지의 채널을 첫 번째 축으로 설정
    ScaleIntensity(),  # 픽셀 값의 강도를 정규화
    ToTensor()  # PyTorch 텐서로 변환
])
```

```
# 모델의 출력값을 활성화 함수로 처리
act = Activations(softmax=True)  # 소프트맥스 활성화 함수를 사용하여 확률 값으로 변환
to_onehot = AsDiscrete(to_onehot=num_class)  # 레이블을 원-핫 인코딩 형태로 변환
```

```
# MedNISTDataset 클래스 정의
class MedNISTDataset(Dataset):

    def __init__(self, image_files, labels, transforms):
        # 초기화 메서드, 이미지 파일 경로, 레이블, 변환을 인자로 받습니다.
        self.image_files = image_files
        self.labels = labels
        self.transforms = transforms

    def __len__(self):
        # 데이터셋의 총 크기 반환
        return len(self.image_files)

    def __getitem__(self, index):
        # 인덱스에 해당하는 이미지와 레이블을 반환합니다.
        return self.transforms(self.image_files[index]), self.labels[index]
```

```
# 학습 데이터셋 및 데이터로더 생성
train_ds = MedNISTDataset(trainX, trainY, train_transforms)
train_loader = DataLoader(train_ds, batch_size=300, shuffle=True, num_
workers=2)
# 학습 데이터 로더를 생성합니다.
# 배치 크기는 300, 데이터를 셔플하고 2개의 워커를 사용합니다.
```

✪ 검증 데이터셋 및 데이터로더 생성

```
val_ds = MedNISTDataset(valX, valY, val_transforms)
val_loader = DataLoader(val_ds, batch_size=300, num_workers=2)
```

검증 데이터 로더를 생성합니다.

배치 크기는 300, 셔플하지 않고 2개의 워커를 사용합니다.

✪ 테스트 데이터셋 및 데이터로더 생성

```
test_ds = MedNISTDataset(testX, testY, val_transforms)
test_loader = DataLoader(test_ds, batch_size=300, num_workers=2)
```

테스트 데이터 로더를 생성합니다.

배치 크기는 300, 셔플하지 않고 2개의 워커를 사용합니다.

6 | 학습 모델 아키텍처와 옵티마이저 정의

✪ 학습을 수행할 장치 설정

```
device = torch.device("cuda:0")
```

GPU를 사용하여 학습을 수행할 수 있도록 장치를 CUDA로 설정합니다.

"cuda:0"은 첫 번째 GPU를 의미합니다. GPU가 없을 경우 자동으로 CPU로 대체할 수 있습니다.

✪ DenseNet121 모델 정의

```
model = DenseNet121(
    spatial_dims=2,    입력 이미지의 공간 차원(2D 이미지)
    in_channels=1,    입력 채널 수(흑백 이미지라 1)
    out_channels=num_class    출력 채널 수(클래스 수)
).to(device)
```

DenseNet121 모델을 생성하고, 장치에 할당합니다(GPU 또는 CPU).

✪ 손실 함수 정의

```
loss_function = torch.nn.CrossEntropyLoss()
```

분류 문제에서 많이 사용하는 크로스 엔트로피 손실 함수를 정의합니다.

✪ 옵티마이저 정의

```
optimizer = torch.optim.Adam(model.parameters(), 1e-5)
```

모델의 파라미터들을 업데이트하기 위해 Adam 옵티마이저를 사용합니다.

학습률(learning rate)은 1e-5로 설정하였습니다.

> ✪ 학습 반복 횟수 및 검증 간격 설정
>
> ```
> epoch_num = 4
> ```
>
> 전체 학습을 수행할 에폭 수를 4로 설정합니다.

> ✪ 학습 반복 횟수 및 검증 간격 설정
>
> ```
> epoch_num = 4
> ```
>
> 전체 학습을 수행할 에폭 수를 4로 설정합니다.
>
> ```
> val_interval = 1
> ```
>
> 검증을 수행할 간격을 설정합니다(여기서는 매 에폭마다 검증을 수행합니다).

7 | 모델 훈련

> ✪ 초기 설정 값 정의
>
> ```
> best_metric = -1   최고 평가 지표 (accuracy) 초기값 설정
> best_metric_epoch = -1   최고 평가 지표를 얻은 에폭 초기값 설정
> epoch_loss_values = list()   에폭당 손실 값들을 저장할 리스트
> auc_metric = ROCAUCMetric()   AUC (Area Under the Curve) 메트릭 정의
> metric_values = list()   평가 지표 값들을 저장할 리스트
> ```

```
# 학습 루프 시작
for epoch in range(epoch_num):
    print('-' * 10)
    print(f"epoch {epoch + 1}/{epoch_num}")  # 현재 에폭 정보 출력
    model.train()  # 모델을 학습 모드로 설정
    epoch_loss = 0  # 현재 에폭 손실 초기값
    step = 0  # 학습 스텝 초기화
    # 학습 데이터를 반복하며 학습 수행
    for batch_data in train_loader:
        step += 1
        inputs, labels = batch_data[0].to(device), batch_data[1].to(device)
        # 배치 데이터를 장치(CPU/GPU)로 전송

        optimizer.zero_grad()  # 옵티마이저의 기울기 초기화
        outputs = model(inputs)  # 모델에 입력 데이터를 전달하여 예측값 계산
        loss = loss_function(outputs, labels)  # 손실 함수 계산
        loss.backward()  # 손실 함수의 기울기 계산(역전파 수행)
        optimizer.step()  # 기울기를 사용하여 모델 파라미터 업데이트

        epoch_loss += loss.item()  # 현재 손실값을 누적
        print(f"{step}/{len(train_ds) // train_loader.batch_size}, train_
        loss: {loss.item():.4f}")
        # 현재 스텝 및 손실값을 출력

    epoch_loss /= step  # 에폭 평균 손실 계산
    epoch_loss_values.append(epoch_loss)  # 에폭 손실 값 저장
    print(f"epoch {epoch + 1} average loss: {epoch_loss:.4f}")
    # 에폭 평균 손실 값 출력
```

```
✪ 검증 단계
if (epoch + 1) % val_interval == 0:
    model.eval()  모델을 평가 모드로 설정
    with torch.no_grad():  평가에서는 기울기 계산을 하지 않음
        y_pred = torch.tensor([], dtype=torch.float32, device=device)
        y = torch.tensor([], dtype=torch.long, device=device)
        예측값과 레이블을 저장할 텐서 초기화

        검증 데이터 반복
        for val_data in val_loader:
            val_images, val_labels = val_data[0].to(device), val_data[1].
            to(device)
            배치 데이터를 장치로 전송
            y_pred = torch.cat([y_pred, model(val_images)], dim=0)
            모델에 검증 데이터를 입력하여 예측값을 얻고 y_pred에 누적
            y = torch.cat([y, val_labels], dim=0)
            레이블을 y에 누적

        y_onehot = [to_onehot(i) for i in y]  레이블을 원-핫 인코딩 형태로 변환
        y_pred_act = [act(i) for i in y_pred]  예측값에 활성화 함수 적용
        auc_metric(y_pred_act, y_onehot)  AUC 계산
        auc_result = auc_metric.aggregate()  AUC 결과 계산
        auc_metric.reset()  AUC 메트릭 초기화
        del y_pred_act, y_onehot  사용 후 텐서 삭제

        metric_values.append(auc_result)  AUC 값을 리스트에 저장
        acc_value = torch.eq(y_pred.argmax(dim=1), y)
        예측값과 실제 값 비교하여 정확도 계산
        acc_metric = acc_value.sum().item() / len(acc_value)  정확도 비율 계산

        현재 에폭의 정확도가 최고 기록일 경우 모델 저장
        if acc_metric > best_metric:
            best_metric = acc_metric
            best_metric_epoch = epoch + 1
            torch.save(model.state_dict(), 'best_metric_model.pth')
            print('saved new best metric model')  새로운 최고 정확도 모델 저장

        print(f"current epoch: {epoch + 1} current AUC: {auc_result:.4f}"
            f" current accuracy: {acc_metric:.4f} best AUC: {best_
            metric:.4f}"
            f" at epoch: {best_metric_epoch}")
            현재 에폭의 AUC, 정확도, 최고 기록 등을 출력
```

```
✪ 학습 완료 후 최종 출력
print(f"train completed, best_metric: {best_metric:.4f} at epoch: {best_metric_epoch}")
학습 완료 메시지와 최고 성능의 에폭 정보 출력
```

8 | 손실 및 평가 지표 시각화

```
✪ 학습 결과 시각화
plt.figure('train', (12, 6))   그래프의 크기를 (12, 6)으로 설정하여 새로운 Figure 생성
```

```
✪ 에폭 평균 손실 그래프
plt.subplot(1, 2, 1)   서브 플롯 1 (1행 2열 중 첫 번째 위치)
plt.title("Epoch Average Loss")   그래프 제목 설정
x = [i + 1 for i in range(len(epoch_loss_values))]   x축 값 (에폭 번호)
y = epoch_loss_values   y축 값 (에폭 평균 손실)
plt.xlabel('epoch')   x축 레이블 설정
plt.plot(x, y)   에폭에 따른 평균 손실 그래프 그리기
```

```
✪ 검증 AUC (Area under the ROC curve) 그래프
plt.subplot(1, 2, 2)   서브 플롯 2 (1행 2열 중 두 번째 위치)
plt.title("Validation: Area under the ROC curve")   그래프 제목 설정
x = [val_interval * (i + 1) for i in range(len(metric_values))]
x축 값 (검증 간격에 따른 에폭 번호)
y = metric_values   y축 값 (AUC 값)
plt.xlabel('epoch')   x축 레이블 설정
plt.plot(x, y)   에폭에 따른 AUC 값 그래프 그리기
```

```
✪ 그래프 표시
plt.show()   생성한 그래프들을 화면에 출력
```

9 | 테스트 데이터셋에서 모델 평가

✪ 저장된 최적의 모델 로드 및 평가 설정

```
model.load_state_dict(torch.load('best_metric_model.pth'))
학습 시 저장된 최고 성능 모델의 가중치를 로드합니다.
model.eval()  모델을 평가 모드로 설정
```

✪ 테스트 데이터를 통해 예측 수행

```
y_true = list()  실제 레이블을 저장할 리스트
y_pred = list()  예측 레이블을 저장할 리스트
with torch.no_grad():  평가 시에는 기울기를 계산하지 않음
    for test_data in test_loader:
        test_images, test_labels = test_data[0].to(device), test_data[1].
        to(device)
        배치 데이터를 장치로 전송
        pred = model(test_images).argmax(dim=1)
        모델에 입력 데이터를 전달하여 각 이미지에 대한 예측 클래스 인덱스를 계산
        for i in range(len(pred)):
            y_true.append(test_labels[i].item())  실제 레이블을 리스트에 추가
            y_pred.append(pred[i].item())  예측된 레이블을 리스트에 추가
```

✪ 분류 보고서 출력

```
from sklearn.metrics import classification_report
print(classification_report(y_true, y_pred, target_names=class_names,
digits=4))
실제 레이블과 예측 레이블을 비교하여 분류 성능 보고서를 출력합니다.
각 클래스의 정확도, 정밀도, 재현율, F1 점수를 계산하여 표시하며, 결과를 소수점 4자리까지 출력
합니다.
```

이 책에서는 다양한 상황에서 AI를 활용할 수 있는 방법들에 대해 심도 있게 탐구할 예정입니다. 데이터의 전처리부터 모델 검증까지의 전 과정을 다루는 코드를 제시하는 것이 이상적이겠지만, 앞서 설명한 바와 같이 데이터셋과 모델의 종류가 변화할 뿐 전반적인 프로세스는 큰 틀에서 크게 달라지지 않습니다. 따라서 이러한 과정을 반복적으로 설명하기보다는 모델의 종류 및 구조 설명에 초점을 맞출 예정입니다. 이제 본격적으로 우리의 학습 여정을 시작하겠습니다.

II No Specific Change? AI로 풀어가는 chest X-ray 판독의 도전

우리가 병원에서 근무할 때 제일 많이 보는 영상 이미지가 무엇일까요? 과마다 다를 수 있지만, 적어도 chest X-ray만큼은 지겨울 정도로 자주 보실 것입니다. 호흡기내과로 입원하지 않는 이상 대다수의 입원 환자들의 chest X-ray에서는 특이 소견이 확인되지 않습니다. EMR에 대다수의 chest X-ray 진단으로 "No specific change"라고 판독이 달려있거나, 그와 유사한 특이 소견이 없음에 대한 판독들이 대다수일 것입니다.

하지만 병원에서는 예측 불가능한 일들이 많이 발생합니다. 일례로 환자에게 열이 나는 상황을 생각해봅시다. 환자에게 열이 나면 기본적인 fever study를 진행하는데, 대부분의 경우 CRP, Blood culture 결과를 보고 chest X-ray는 그냥 넘어가는 경우가 많습니다. 그도 그럴 것이, consolidation이 명확한 폐렴(pneumonia)이나 흉수(pleural effusion) 소견이 있으면 진단을 놓치지 않겠지만, 안타깝게도 이게 pneumonia인지 아닌지 분간하기 애매한 병변들이 대다수이기 때문입니다.

문제는 지난 몇 년간 코로나 사태가 있었고, 이외에도 요양병원에서 장기 입원한 고령의 환자들이 대학 병원에 입원하는 경우가 많으므로 폐렴이 빈번하게 발생하게 됩니다. 만일 폐렴을 놓치면 이후 환자 상태가 악화되어 문제가 더욱 커질 수 있습니다. 하지만 애매한 상황에서 폐렴이라고 생각해서 내과 전과를 통해 전문적인 치료를 진행하고자 하더라도 판독 소견이 명확하지 않다라면 폐렴인지 아닌지를 두고 갑론을박이 벌어질 수 있습니다.

그러므로 환자에게 열이 발생할 때마다 의사들은 chest X-ray가 어떤지 궁금해하곤 합니다. 이러한 이유에서 많은 국가들에서 폐렴을 감별하는 알고리즘들이 개발되고 있습니다.

성능이 뛰어난 모델들이 많이 개발되었기 때문에 개인 실험실 수준에서 혁신적인 모델을 개발하기는 어려울 수 있습니다. 하지만 우리가 병원에서 근무하면서 가장 흔하게 접하는 영상이 chest X-ray이기 때문에 이 워크북의 딥 러닝 학습 케이스로 선정하였습니다. 그렇다면 chest X-ray를 이용한 AI모델이 어떻게 폐렴을 진단할 수 있을까요?

위 문제를 해결하기 위해 DenseNet이라는 핵심 모델을 사용합니다. DenseNet은 2017년에 소개된 CNN 기반 모델들의 한 종류로, 각 층이 이전의 모든 층과 직접 연결되는 특징을

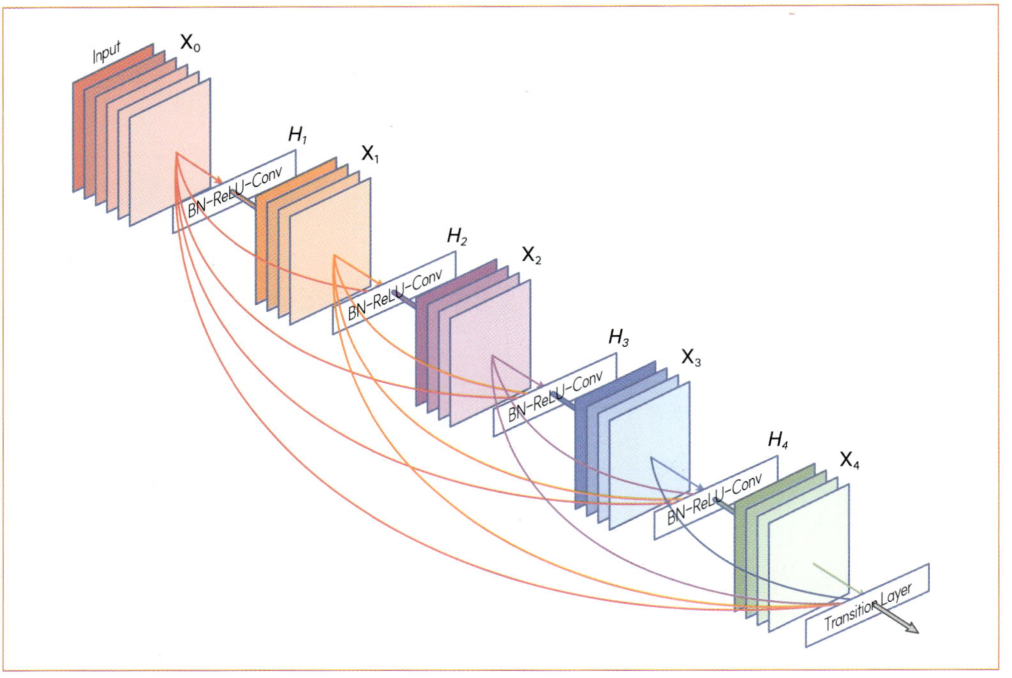

그림 5-6. DenseNet의 구조

가집니다. DenseNet의 조밀 연결 구조는 각 층의 특징 맵을 후속 층들과 직접 연결함으로써 특징의 효율적인 재사용을 가능하게 하고, 기울기 소실 문제를 크게 완화합니다. 이러한 구조적 특성으로 인해 적은 수의 학습 파라미터로도 높은 성능을 달성할 수 있어, 메모리와 연산 자원을 효율적으로 활용할 수 있습니다.

DenseNet121은 DenseNet 아키텍처의 한 종류로, 121개의 층으로 구성된 효율적인 딥 러닝 모델입니다. 이 모델의 핵심 구조는 dense block과 transition layer의 조합입니다. Dense block에서는 각 층이 이전의 모든 층과 연결되어 정보를 최대한 활용하며, transition layer는 dense block 사이에서 특징 맵의 크기를 조절합니다. DenseNet121은 4개의 dense block으로 이루어져 있고, 각 block은 다양한 수의 층을 포함합니다. 이러한 구조 덕분에 DenseNet121은 적은 파라미터로도 높은 성능을 발휘하며, 특징 재사용과 기울기 소실 문제 해결에 효과적입니다. 또한 의료 영상 분석 등 특수 분야에 쉽게 적용할 수 있어, 의학 연구와 임상에서 점점 더 많이 활용되고 있습니다(그림 5-6).

DenseNet121 모델로 분석한 chest X-ray 14는 미국 국립보건원(NIH)에서 공개한 공공 데이터셋입니다. 이 데이터셋은 30,000명 이상의 환자로부터 얻은 112,120장의 흉부 X-ray 이

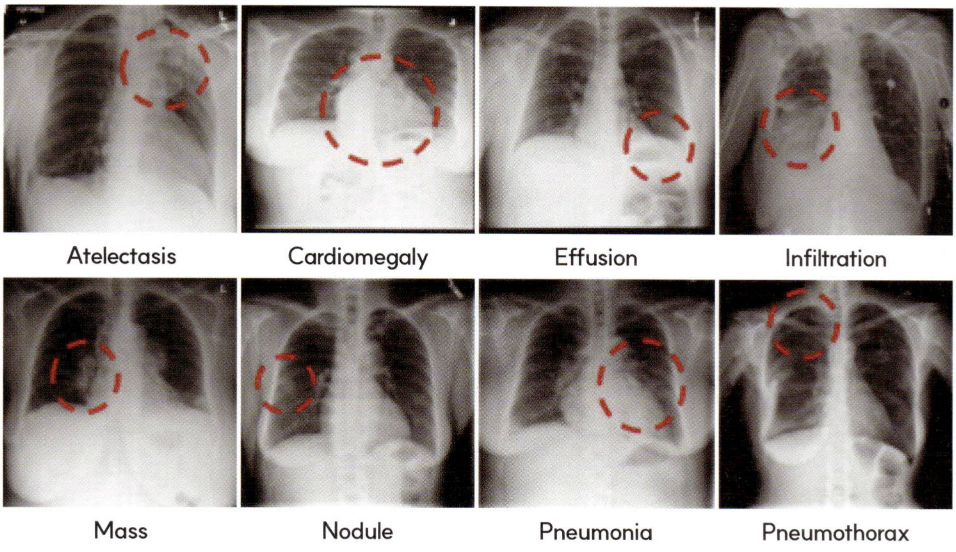

그림 5-7. chest X-ray 14의 흉부 질환

미지를 포함하고 있습니다. 각 이미지에는 14개의 흉부 질환에 대한 레이블이 잘 되어 있기 때문에, 흉부 질환 AI 진단 알고리즘 개발 연구에 활용할 수 있습니다(그림 5-7).

의료 AI를 다루는 이전 단원에서는 MedMNIST와 MONAI를 활용하여 실제 구동되는 코드로 전체 프로세스를 설명하였습니다. 반면 연구나 사업 목적으로 개발되는 의료 AI 시스템은 데이터 처리부터 모델 학습까지 매우 복잡하고 방대한 과정을 거치게 됩니다. 이러한 전체 과정을 워크북에 모두 담기에는 한계가 있어, Pseudocode(의사 코드)를 통해 설명하고자 합니다(코드로 구현된 내용은 워크북 구현 파일에서 확인하실 수 있습니다).

Pseudocode는 알고리즘의 논리와 흐름을 실제 프로그래밍 언어 대신 자연어와 유사한 형태로 표현한 코드입니다. 이를 통해 개발자뿐만 아니라 비전문가들도 알고리즘의 개념을 쉽게 이해할 수 있습니다. 각 단계와 조건문, 반복문 등을 간단히 서술하여 구현 이전 단계에서 전체적인 구조와 작동 방식을 파악하는 데 도움이 됩니다. 또한 Pseudocode는 특정한 문법에 구애받지 않아 자유롭게 작성할 수 있으며, 이후 실제 코드로의 변환도 용이하다는 장점이 있습니다.

아래 코드는 흉부 X-ray 이미지를 딥러닝 모델에 알맞게 불러오고 전처리하기 위해 만든 데이터셋 클래스입니다. 데이터를 효율적으로 관리하고 배치 단위로 모델에 공급할 수 있

CHAPTER • 5

게 도와줍니다.

이미지 파일과 그에 맞는 라벨을 불러오고, 필요한 변환을 적용한 뒤 텐서 형식으로 바꿔서 학습에 사용할 수 있게 합니다. 쉽게 말하면, 이 코드의 역할은 흉부 X-ray 이미지 데이터가 모델 훈련에 적용되도록 준비해주는 것입니다.

이 클래스를 사용하면 큰 데이터셋도 메모리 문제없이 효율적으로 다룰 수 있습니다. 데이터 증강(data augmentation)같은 기법도 쉽게 적용할 수 있어 모델의 성능을 높이는 데 도움이 됩니다. 이렇게 준비된 데이터는 모델이 쉽게 이해하고 학습할 수 있는 형태가 되는 것입니다.

1 | 데이터 전처리 및 데이터 로더 설정

1 이미지 데이터 전처리 및 로더 설정

(1) 정규화 함수 생성: 이미지의 밝기와 색상값을 일정하게 조정합니다.

정규화 과정에서는 특정 평균값과 표준편차를 사용하여 이미지를 표준화합니다. 정규화를 진행하여 의료 영상 이미지 내의 표현 색상 및 밝기 값을 표준화하여 학습 효율을 높입니다.

```
normalize = DefineNormalizationFunction([0.485, 0.456, 0.406], [0.229, 0.224, 0.225])
```

(2) 테스트 데이터셋 설정: 테스트할 이미지들의 목록을 사용하여 데이터셋을 정의합니다.

```
test_dataset = CreateDataset(
   data_directory=DATA_DIR,              데이터가 저장된 위치 지정.
   image_list=TEST_IMAGE_LIST,           테스트 이미지 목록 파일
   transformations=CombineTransformations([
       ResizeImage(256),                 이미지를 크기 256으로 조정하여
       TenCrop(224),                     각 이미지에서 10개의 영역 조정.

       잘라낸 이미지들에 대해 아래 두 가지 변환을 적용
       ConvertToTensorAndStack(          각 이미지를 텐서(학습 가능한 데이터)로 변환
           lambda crops: StackImages([ImageToTensor(crop) for crop in crops])
       ),
       NormalizeAndStack(                이미지 정규화
           lambda crops: StackImages([normalize(crop) for crop in crops])
       )
   ])
)
```

(3) 데이터 로더 초기화: 최종적으로 데이터셋을 모델에 입력할 수 있는 형태로 준비합니다.

Batch_size는 한번에 모델에 입력할 이미지 수를 정하고, shuffle=False는 순서를 섞지 않음을 의미합니다.

```
test_loader = InitializeDataLoader(
    dataset=test_dataset,
    batch_size=BATCH_SIZE,       모델에 입력할 배치 크기 설정
    shuffle=False,               테스트 과정에서는 데이터 순서를 섞지 않음
    num_workers=8,               데이터를 읽어오는 작업을 빠르게 하기 위해 병렬 처리 사용
(컴퓨터 스펙에 따라 조정 필요)
    pin_memory=True              GPU 사용 시 성능 최적화
)
```

이미지를 전처리하는 과정이 정의됩니다. 여기서는 transforms를 사용하여 이미지 크기 조정, 10개의 영역을 자르는 TenCrop 그리고 텐서로 변환 후 정규화하는 작업을 거칩니다. 이후 DataLoader를 통해 테스트 데이터를 로드할 준비를 합니다. 배치 사이즈와 데이터 로딩 방식이 설정됩니다.

2 모델 평가 모드 전환 및 예측 수행

(1) 예측값과 실제 라벨을 저장할 텐서 초기화

```
gt = CreateEmptyTensorOnGPU()   예측 결과(pred)와 실제 값(gt)을 저장할 빈 텐서를 GPU
메모리에 생성
pred = CreateEmptyTensorOnGPU()
```

(2) 모델을 평가 모드로 전환

```
SetModelToEvaluationMode(model)   학습 모드가 아닌, 평가 모드로 변경하여 예측할 준비를
합니다.
```

(3) 테스트 데이터셋을 통해 예측 수행

```
✪ 테스트 데이터셋의 각 배치를 반복하여 예측 수행
for i, (inp, target) in LoopThrough(test_loader):
    target = MoveToGPU(target) 실제 라벨을 GPU 메모리로 이동하여 계산 준비
    gt = ConcatenateToTensor(gt, target) 실제 라벨을 전체 gt 텐서에 추가하여 저장

    배치 사이즈 및 이미지 크기 관련 정보 추출
    bs: 배치 크기, n_crops: 잘라낸 이미지 개수, c: 채널, h: 높이, w: 너비
    bs, n_crops, c, h, w = GetDimensions(inp)
    input_var = ConvertToModelInput(inp, shape=(-1, c, h, w))
    데이터를 모델에 입력할 수 있는 형태로 변환

    output = PerformModelPrediction(model, input_var) 모델을 사용하여 예측 수행
    batch size 만큼의 이미지 예측 결과 평균 계산
    output_mean = CalculateMeanAcrossCrops(output, shape=(bs, n_crops, -1))
    pred = ConcatenateToTensor(pred, output_mean) 평균 예측 결과를 pred 텐서에 추
가하여 저장
```

모델을 eval() 모드로 전환하여 평가를 위한 준비를 합니다. 이는 학습 시와 다르게 배치 정규화나 드롭아웃과 같은 기능을 비활성화합니다. 그 후, 테스트 데이터셋에 대해 예측을 수행하며, 각 배치에서 이미지들을 처리하고, 예측값을 저장합니다.

3 AUROC 계산 및 출력

(1) AUROC 계산 함수 정의

```
def compute_AUCs(gt, pred):
    AUROCs = InitializeEmptyList()   AUROC 값을 저장할 빈 리스트 생성
    gt_np = ConvertToNumpy(gt)   실제 라벨을 GPU 텐서에서 CPU numpy 배열로 변환
    pred_np = ConvertToNumpy(pred)   예측값도 GPU 텐서에서 CPU numpy 배열로 변환

    각 클래스에 대해 AUROC 계산
    for i in range(N_CLASSES):
        AUROC_for_class = CalculateAUROC(gt_np[:, i], pred_np[:, i])
        각 클래스별 AUROC 계산
        AUROCs.append(AUROC_for_class)   AUROC 값을 리스트에 추가

    return AUROCs   각 클래스별 AUROC 리스트 반환
```

(2) AUROC 계산

```
AUROCs = compute_AUCs(gt, pred)   gt와 pred 텐서를 이용하여 각 클래스의 AUROC를 계산
AUROC_avg = CalculateMean(AUROCs)   평균 AUROC를 계산
```

(3) 평균 AUROC 출력

```
print('The average AUROC is {:.3f}', AUROC_avg)  평균 AUROC 값 출력
```

(4) 각 클래스에 대한 AUROC 출력

```
for i in range(N_CLASSES):
     PrintFormatted('The AUROC of {} is {:.3f}', CLASS_NAMES[i], AUROCs[i])
각 클래스에 대한 AUROC 값 출력
```

실제 라벨과 예측값을 기반으로 AUROC (Area Under Receiver Operating Characteristic) 점수를 계산합니다. compute_AUCs 함수에서 각 클래스별 AUROC 값을 구하고, 이를 출력합니다. 평균 AUROC도 계산하여 전체 모델의 성능을 평가합니다.

4 DenseNet121 모델 정의

```
✪ DenseNet121 모델 클래스 생성
class DenseNet121(nn.Module):
  def __init__(self, out_size):
      부모 클래스 초기화
      super(DenseNet121, self).__init__()
      self.densenet121 = LoadPretrainedDenseNet121()
      사전 학습된 DenseNet121 모델 불러오기

      num_ftrs = GetClassifierInputFeatures(self.densenet121.classifier)
      분류기 레이어의 입력 피처 수 가져오기

      분류기 레이어 수정: 예측할 클래스 수로 출력 크기를 조정하고 시그모이드 적용
      self.densenet121.classifier = DefineModifiedClassifier(num_ftrs, out_size)

  순전파 메서드 정의: 입력 x를 모델에 통과시켜 결과 반환
  def forward(self, x):
      x = PerformForwardPass(self.densenet121, x)
      return x
```

사전 학습된 DenseNet121 모델을 기반으로, 마지막 분류기 레이어를 14개의 클래스 수에 맞게 수정합니다. 시그모이드 활성화 함수가 추가되어 질병 분류의 확률 값을 예측합니다. forward() 함수는 입력 이미지가 모델을 통과하면서 예측 결과를 반환하는 역할을 합니다.

DenseNet121과 같은 다양한 CNN 아키텍처들이 이미 개발되어 있어, 실제 AI 개발 현장에서는 모델을 처음부터 설계하기보다는 이미 검증된 모델을 활용하는 전이 학습 방법을 주로 사용합니다. 전이 학습은 한 도메인에서 획득한 지식을 유사한 다른 도메인에 적용하는 방법으로, 이는 마치 자동차 운전에서 습득한 기본 원리를 트럭이나 버스 운전에 응용하는 것과 유사합니다. 이러한 접근 방식은 개발 시간을 단축하고 성능을 향상시키는 데 매우 효과적입니다.

전이 학습은 시간과 자원을 절약하고, 적은 데이터로도 학습이 가능하며, 성능 향상과 범용성이 뛰어나다는 장점이 있습니다. 이 방법을 통해 여러분은 복잡한 AI 모델을 처음부터 개발하는 부담 없이, 효과적으로 의료 분야에 AI를 적용할 수 있습니다.

전이 학습을 활용하여 대용량의 X-ray 데이터를 전처리 후 모델을 학습시키는 과정에 대해 공부했으니 이제 X-ray를 넘어 의료 영상 AI의 꽃이라 할 수 있는 CT와 MRI 분석을 위한 사례들을 같이 살펴보겠습니다.

III Complete Anatomy를 넘어서: AI로 구현하는 개인화된 3D 인체 모델

많은 사람들이 'Complete Anatomy'라는 앱을 알고 있거나 사용해 봤을 것입니다. 이 앱은 주로 인체 해부학 공부에 활용되며, 전신의 모든 부위를 3D로 시각화하여 각 뼈와 근육 그리고 신경혈관의 주행의 해부학적 이해를 도와주는 유용한 도구입니다. 그러나 이 앱의 한계점은 정상 성인을 기준으로 제작된 모형이라는 점입니다.

실제 임상에서 우리가 만나는 환자들은 각자의 과거력이나 수술력에 따라 서로 다른 신체 구조를 가질 수 있습니다. 영상의학 전문의는 CT나 MRI를 보고 신체 구조를 쉽게 그려낼 수 있지만, 전공의나 의대생 또는 전문 분야가 아닌 다른 신체 구조의 영상을 판독할 때에는 신체 구조에 대한 이해가 떨어질 수 밖에 없습니다. 이러한 상황에서 '환자 개개인의 신체를 3D로 시각화할 수 있다면 얼마나 좋을까?'라는 생각이 들 수 있습니다.

이러한 필요성에 대응하기 위해, Total Segmentator 모델을 확장하여 전신 MRI 이미지에서 주요 해부학적 구조를 자동으로 분할하는 모델 개발이 진행되었습니다. 의료 영상 분할을 위해 특별히 설계된 U-Net은 CNN 아키텍처의 한 종류로, 그 이름은 네트워크의 전체적인 구조가 U자 형태를 닮았다는 특징에서 유래했습니다. U-Net의 가장 큰 장점은 비교적 적은 양의 학습 데이터만으로도 의료 영상 세그멘테이션에서 뛰어난 성능을 달성할 수 있다는 점입니다. 이러한 특성으로 인해 의료 영상 분석 분야에서 널리 활용되고 있습니다(그림 5-8).

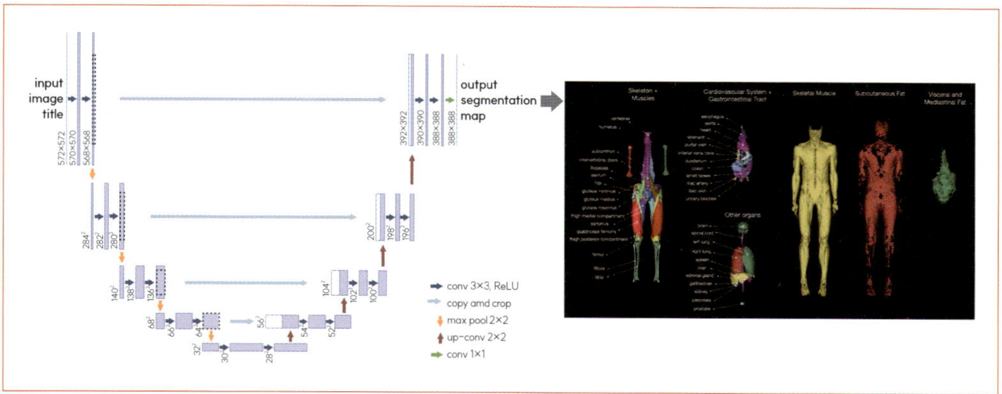

그림 5-8. U-net을 통해 개발된 Total Segmentator

U-Net은 인코더(축소 경로)와 디코더(확장 경로)로 구성되어 있습니다. 인코더는 이미지에서 고차원적인 특징을 추출하고, 디코더는 이 정보를 사용해 이미지를 원래 크기로 복원합니다. 중요한 특징 중 하나는 스킵 연결로, 인코더의 각 단계에서 추출된 특징을 디코더의 대응되는 단계와 결합하여 세부 정보와 전체 정보를 모두 유지합니다. 이러한 구조 덕분에 U-Net은 고해상도 특징을 유지하면서도 정확한 세그멘테이션을 수행할 수 있으며, 복잡한 의료 이미지를 효과적으로 처리할 수 있습니다.

U-Net의 장점으로는 데이터 효율성, 세그멘테이션 정확도 그리고 확장성이 있습니다. 이러한 특성들로 인해 U-Net은 의료 영상 분석, 특히 개인화된 3D 시각화와 같은 복잡한 작업에 매우 적합한 모델이라고 할 수 있습니다.

Total Segmentator를 구현하기 위해 활용된 nnUNet은 기본적으로 U-Net 구조에 기반한 모델입니다. 이 모델의 주요 특징은 자동화된 설정 최적화에 있으며, 데이터셋에 따라 네트워크 아키텍처, 하이퍼파라미터, 전처리 및 후처리 등을 자동으로 조정하는 능력을 갖추고 있습니다. 다양한 크기와 형태의 의료 영상 데이터에 대해 일반화 성능이 높아 여러 데이터셋에 걸쳐 안정적으로 사용할 수 있는데, 특히 전이 학습과 소량의 데이터로도 좋은 성능을 내는 점이 큰 장점입니다. 또한 nnUNet은 CNN 기반으로 설계되어 로컬 정보를 중심으로 학습하며, 다양한 변형 U-Net 구조를 활용하고 있습니다.

U-Net을 기반으로 한 Total Segmentator는 의료 영상 분할에서 높은 성능을 보여주는 도구입니다. 이 모델은 공공 데이터인 298개의 MR 스캔과 227개의 CT 스캔을 활용하여, 59개의 해부학적 구조(20개 장기, 18개 뼈, 11개 근육, 7개 혈관, 3개 조직 유형)를 자동으로 분할하는데 성공했습니다. 이러한 작업은 의료 영상 분석에서 필수적인 단계로, 진단 보조, 치료 계획 수립, 임상 연구 등 다양한 의료 분야에서 활용될 수 있습니다.

Total Segmentator의 성능은 Dice 유사 계수를 사용해 평가되었습니다. Dice 유사 계수는 AI 모델이 분할한 결과와 실제 해부학적 구조 간의 일치도를 나타내는 지표로, 값이 1에 가까울수록 모델이 정확하게 분할했음을 의미합니다. 이를 통해 Total Segmentator는 의료 영상 분할에서 신뢰할 수 있는 도구임을 입증했습니다.

이제 이 모델에 실제로 사용되는 코드를 같이 살펴보도록 하겠습니다.

1 | nnUNet 기반 예측 함수 정의

```
def nnUNet_predict(dir_in, dir_out, task_id, model="3d_fullres", folds=None,
                   trainer="nnUNetTrainerV2", tta=False,
                   num_threads_preprocessing=6, num_threads_nifti_save=2):
```

1 예측 설정 초기화

```
save_npz = False   중간 결과를 npz 형식으로 저장할지 여부
lowres_segmentations = None
part_id = 0   데이터 파트의 ID (여기서는 전체 데이터를 한 번에 처리)
num_parts = 1   데이터를 나누지 않고 하나로 처리
disable_tta = True   TTA(테스트 시간 증강) 사용 여부 설정
overwrite_existing = False   기존 예측 결과를 덮어쓰지 않음
```

2 모델 및 처리 모드 설정

```
mode = "normal" if model == "2d" else "fastest"   모델에 따라 처리 모드를 선택
all_in_gpu = None
step_size = 0.5   예측 시 사용할 타일 스텝 크기
chk = "model_final_checkpoint"   최종 체크포인트로부터 가중치를 로드
```

3 추가 설정

```
disable_mixed_precision = False   혼합 정밀도 비활성화 여부
task_id = ConvertToInteger(task_id)   task_id를 정수로 변환
task_name = GetFullTaskName(task_id, src="results")
task_id에 해당하는 전체 이름 가져오기
plans_identifier = default_plans_identifier   계획 식별자 설정
```

4 모델 폴더 경로 설정

```
model_folder_name = CreateModelPath(network_training_output_dir, model, task_
name, trainer, plans_identifier)
PrintInfo("using model stored in ", model_folder_name)   사용 모델 폴더 출력
```

5 nnUNet 폴더 단위 예측 수행

```
PerformPredictionFromFolder(
    model_folder_name, dir_in, dir_out, folds, save_npz, num_threads_
    preprocessing,
    num_threads_nifti_save, lowres_segmentations, part_id, num_parts,
    enable_tta=not disable_tta,
    overwrite_existing=overwrite_existing, mode=mode, use_all_in_gpu=all_
    in_gpu,
    mixed_precision=not disable_mixed_precision, step_size=step_size,
    checkpoint_name=chk
)
```

이 단계에서는 nnUNet_predict 함수를 통해 nnUNet 모델의 예측을 수행하는 코드를 구현합니다.

※ 주요 역할:

- nnUNet 모델을 사용해 예측을 수행합니다.
- 입력 데이터, 모델의 체크포인트, 멀티프로세싱 설정을 포함한 다양한 설정을 통해 추론을 진행합니다.

2 | 모델 예측 초기화 및 실행

1 nnUNet 예측 수행(파일 기반)

```
predictor.predict_from_files(
    dir_in, dir_out,                           입력 및 출력 폴더 설정
    save_probabilities=save_probabilities,     확률 저장 설정 (True 시 확률맵 저장)
    overwrite=not continue_prediction,         기존 결과 덮어쓰기 설정 (continue_
prediction에 반대)
    num_processes_preprocessing=npp,           데이터 전처리에 사용할 프로세스 수
    num_processes_segmentation_export=nps,     세그먼트 결과 저장에 사용할 프로세스 수
    folder_with_segs_from_prev_stage=prev_stage_predictions,  이전 단계의 세그멘
테이션 결과 폴더
    num_parts=num_parts,                       데이터를 나눌 파트 수
    part_id=part_id                            처리할 특정 데이터 파트 ID
)
```

Total Segmentator의 결과물을 보면 complete anatomy의 모형과 비슷해서 굉장히 매력적으로 보일 수 있습니다. 하지만 Total Segmentator도 여러 한계점이 있는데, 그중에서 특히 중요한 점은 양질의 학습 데이터셋에 따라 모델의 성능이 크게 달라진다는 것입니다.

MRI 영상을 보면 아시겠지만, 한 사람의 MRI 영상에는 300장이 넘는 사진 데이터가 들어있습니다. Segmentation을 하려면 이 수백 장의 사진에 있는 각 구조물들을 직접 레이블링해야 하는데, 이 작업은 사람 손으로 이루어집니다. 쉽게 말해서 한 사진 속에 있는 여러 구조물들에 일일이 손수 이름표를 붙여야 한다는 뜻입니다. 이는 의학을 전공하지 않은 사람이 하기에는 어렵고 정확성이 떨어질 수 있습니다. 그렇다고 의사 한 명이 전부 하기에는 업무량이 너무 많습니다.

저와 연구원들 또한 논문 작성, 모델 학습을 위해 CT, MRI, X-ray 데이터를 레이블링하면서 손목 통증과 같은 신체적 부담뿐 아니라, 경계가 불분명한 조직을 레이블링하는 데 어려움을 겪었습니다. 특히, 경계가 모호한 조직에서는 어떤 기준으로 레이블링을 해야 정확할지 고민이 많았습니다.

이러한 레이블링 과정은 단순 반복 작업으로 보일 수 있지만, 실제로는 최종 AI 모델의 성능에 직접적으로 영향을 미치는 중요한 단계입니다. 레이블링 데이터의 정확성은 모델이 학습하는 기준을 결정하므로, 잘못된 레이블은 모델 성능 저하로 이어질 수 있습니다. 단순한 작업처럼 보일지라도, 정확하고 신뢰할 수 있는 모델을 만들기 위해서는 상당한 노력이 필요하며, 절대 쉬운 일은 아닙니다.

그래서 요즘은 단순히 레이블링된 데이터로 모델을 만드는 걸 넘어서, 레이블링 자체도 AI가 자동으로 할 수 있는 방법들을 고민하고 개발하고 있습니다.

자동으로 레이블링하는 모델이 개발되기 전까지 손목 통증으로 고생하겠지만, 그래도 CT나 MRI 영상 하나로 한 사람의 신체를 보기 편하게 3차원으로 만들 수 있다는 건 정말 매력적이지 않을까요?

IV 근육을 읽는 AI의 눈: 정형외과 수술의 정밀한 평가를 위하여

의료 영상 분할에 있어 U-net은 뛰어난 이미지 분할 성능과 함께 전이 학습의 용이성 그리고 다양한 의료 영상과의 호환성을 갖추고 있어 널리 활용되고 있습니다. 우리는 이전에 U-net을 사용해 전신의 MRI 영상을 3차원으로 시각화하는 알고리즘을 구현했는데, 이번에는 동일한 구조를 활용하여 단순 시각화를 넘어 더 발전된 작업이 가능한지 살펴보고자 합니다.

실제 임상 현장에서 CT, MRI 촬영은 단순히 특정 기관의 위치를 확인하는 것을 넘어, 해당 기관의 염증이나 손상 여부, 부종 및 위축 상태 그리고 기타 병적 소견을 파악하는 데 주로 활용됩니다. 특히 수술이 필요한 경우, 의료진은 수술 전후 CT, MRI 촬영을 통해 병변 부위의 호전 정도를 지속적으로 모니터링하는 것이 일상적인 진료 과정의 일부가 되었습니다.

이 중 제가 진료하는 정형외과에서는 골절 환자 수술의 성공 여부를 뼈가 잘 유합되었는지로 평가합니다. 하지만, 수술 접근 방법에 따라 근육을 절개할 경우 염증과 통증이 발생할 수 있으며, 근육 손상으로 인해 기능 저하가 생길 위험도 있습니다. 이러한 통증과 기능은 주관적인 평가가 개입되기 쉽기 때문에 정량화가 어렵습니다. 따라서, 수술 결과를 보다 객관적으로 평가하기 위해 근육의 양과 질을 평가하는 측정 방법에 대한 개발이 요구되고 있습니다.

근육, 지방, 뼈를 포함한 체성분은 다양한 분석 방법을 통해 정량화할 수 있으며, 현재 근육량 측정의 표준 진단법으로 인정받는 DEXA (dual-energy X-ray absorptiometry)를 이용해 근육량(lean mass) 평가를 진행하고 있습니다. 그러나 모든 표준 진단 방법이 그렇듯이 DEXA에도 한계가 있으며 절대적인 기준이 되지는 않습니다. DEXA 장비는 2차원 AP X-ray 이미지를 활용해 체성분을 분석하기 때문에, 촬영자의 기술이나 환자의 자세 변화에 따라 값이 조금 달라질 수 있어 측정 일관성(consistency) 문제를 야기할 수 있습니다. 또한, 인공 관절 치환술을 받은 환자처럼 금속 임플란트가 있는 경우, 금속으로 인해 lean mass가 과대평가되는 경향이 있어 DEXA 가이드라인에서는 종종 이러한 환자들을 제외하도록 명시하고 있습니다.

생체 전기 임피던스 분석(bioelectrical impedance analysis, BIA)은 다양한 주파수의 전류를 신체에 통과시켜 전기 저항 값을 측정하고, 이를 통해 신체 구성 요소인 체수분(세포내액, 세포

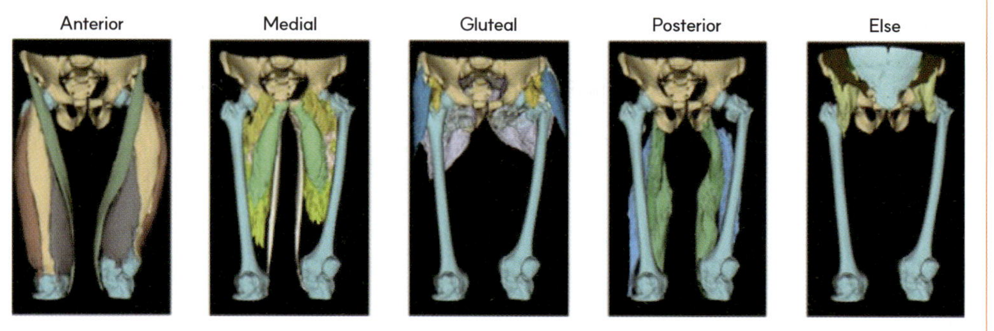

그림 5-9. 허벅지 부위의 근육과 뼈에 대해 segmeantation한 이미지

외액), 단백질, 무기질, 체지방량 등을 분석하는 방법입니다. 낮은 주파수는 세포 외액만을 통과하고, 높은 주파수는 세포내외액을 모두 통과하는 특성을 활용하여 체내 수분 분포를 구체적으로 파악합니다. 이를 통해 제지방량과 체지방량을 구분할 수 있으나, 측정은 개인의 수분 상태나 측정 시간 등에 따라 변동될 수 있으며, 스마트 워치 기반의 측정 방식은 주로 상체의 임피던스만을 활용해 표준화된 통계값을 적용하기 때문에 전신 측정 대비 정확도가 낮아질 수 있습니다.

이러한 문제를 해결하기 위해, CT나 MRI와 같은 3차원 의료 영상 데이터를 활용하여 해부학적으로 개별 근육의 양과 질을 평가하는 방법을 활용할 수 있습니다. 이번 연구 주제는 세분화 기법(semantic segmentation)을 이용해 각 근육 영역을 분리하고 정량화하는 데 중점을 둡니다. 골반에서 하위 대퇴부까지 포함된 CT 자료에서 L3 level부터 무릎 관절까지의 영상을 활용하여 허벅지 내 각 개별 근육을 구분하고, 근육 부피와 지방 침착도를 계산하는 모델을 개발할 수 있습니다. 다음은 UNETR (U-net Transformer) 모델을 활용하여 semantic segmentation을 진행하는 모델입니다(그림 5-9).

UNETR은 기존의 U-Net이라는 모델을 개선한 것인데, 가장 큰 특징은 기존 U-Net의 CNN 기반 encoder를 vision transformer (ViT)로 대체한 점에 있습니다. 작동 방식을 설명하자면, 먼저 3D 의료 영상(예: CT나 MRI)을 작은 조각들로 나눕니다. 그런 다음 transformer가 이 조각들을 전체적으로 살펴보면서 장기나 병변의 특징을 파악합니다. 이는 마치 퍼즐 조각들을 먼저 큰 그림으로 보고 이해하는 것과 비슷합니다. 여기에 U-Net의 좋은 점도 그대로 활용했는데, 특히 'skip connection'이라는 중요한 기능을 유지했습니다. 이는 영상의 전

CHAPTER • 5

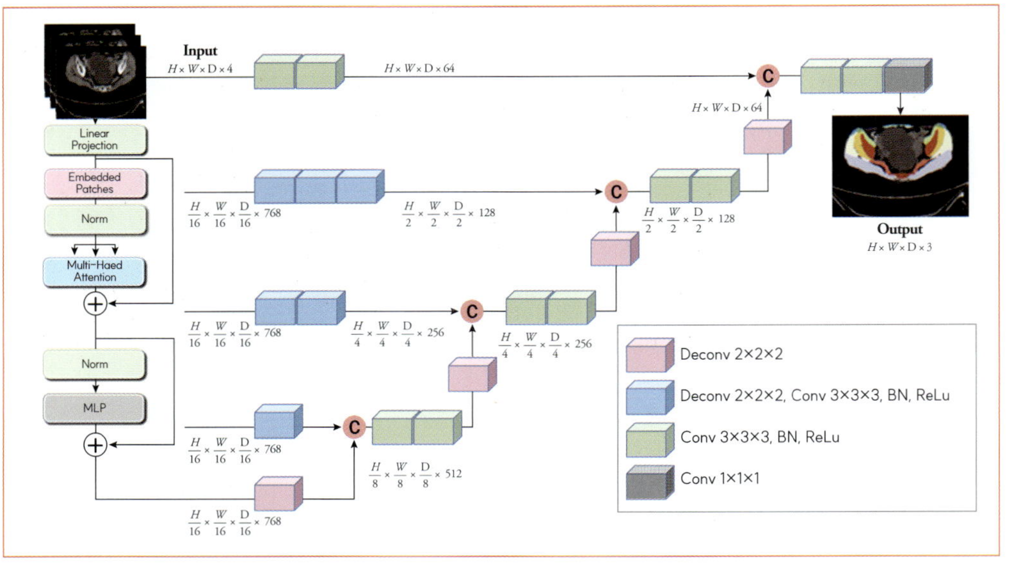

그림 5-10. UNETR의 구조

체적인 모습을 보면서도 세세한 부분까지 놓치지 않게 해주는 역할을 합니다. 즉, 큰 그림을 보는 능력(transformer)과 세부 사항을 자세히 보는 능력(U-Net)을 모두 가진 셈입니다. 이렇게 두 가지 장점을 합쳐서 의료 영상을 더 정확하게 분석할 수 있게 되었습니다. 앞서 다룬 nnUNet과 비교하였을 때 3D 데이터와 전역적인 정보가 필요한 분할 작업에서 더 효과적인 성능을 가지게 됩니다(**그림 5-10**).

Transformer라는 생소한 개념이 등장하였는데 이는 LLM의 핵심 구성 요소로 Chapter 7에서 더 자세히 다룰 예정이니 여기서는 UNETR은 Transformer encoder와 U-Net decoder를 결합한 모델이라는 정도만 알아둡시다.

① 데이터 로드

② 이미지 전처리

a. Intensity 조정

b. 패치화 진행

③ 모델 정의

a. UNETR (U-net Transformer) 모델

b. 구분 분할할 class 개수 입력

④ 학습

⑤ 부피 계산 및 지방 침착도 계산

a. 부피 계산

b. Threshold를 통해 image 내 값의 일정 기준치 이하 값을 지방 침착도로 평가

①, ② 데이터 로드 및 이미지 전처리

```
'''
def train_transforms():
    return CreateTransformationPipeline([
        LoadImageAndLabel(),         데이터 로드
        EnsureChannelFirst(),        채널 순서 조정
        ScaleIntensityRange(),       강도 스케일 조정 (조직 구분 강조)
        CropForeground(),            주요 영역 크롭
        AdjustSpacing(),             이미지 픽셀 간격 조정
        RandomCropByLabel()          패치화 진행
    ])
'''
```

③ 모델 정의

```
모델 초기화 및 설정
'''
model = InitializeUNETR(
    in_channels=1,             입력 채널 수 (예: 흑백 이미지의 경우 1)
    out_channels=n_classes,    출력 클래스 수 (background를 포함하는 영역 구분하는
                               class 개수)
    img_size=(16, 16, 16),     입력 이미지 크기 설정 (입력 데이터 크기에 따라 변경 가능)
    feature_size=16,           모델의 특징 추출 기본 크기
    hidden_size=768,           Transformer의 숨겨진 레이어 크기
    mlp_dim=3072,              멀티 레이어 퍼셉트론(MLP) 크기
    num_heads=12,              Multi-head Attention의 헤드 수
    norm_name="instance",      정규화 방식 (여기서는 Instance Normalization 사용)
    res_block=True,            ResNet 블록 사용 여부
    dropout_rate=0.0           드롭아웃 비율 설정 (0.0으로 설정해 드롭아웃 비활성화)
).to(device)                   GPU 학습 활성
'''
```

④ 모델 학습

```
'''
def Unetr_train(device, train_loader, val_loader, n_classes, lr, epochs):

    model = InitializeUNETR(n_classes).to(device)  ✪ 모델 초기화 및 장치로 이동
    loss_function = DiceCELoss(to_onehot_y=True, softmax=True)
    optimizer = torch.optim.AdamW(model.parameters(), lr=lr)
    dice_metric = DiceMetric(include_background=False, reduction="mean")

    for epoch in range(epochs):                    ✪ epochs 만큼 반복
        for batch_data in train_loader:  ✪ 배치 사이즈에 해당하는 이미지 학습
            inputs, labels = batch_data["image"].to(device), batch_
            data["label"].to(device)
            optimizer.zero_grad()
            loss_function(model(inputs), labels).backward()
            optimizer.step()

        if (epoch + 1) % 2 == 0:                   ✪ 학습 모델 성능 중간 평가
            model.eval()
            with torch.no_grad():
                for val_data in val_loader:
                    dice_metric(y_pred=sliding_window_inference(val_
                    data["image"].to(device), (16, 16, 16), 4, model),
                    y=val_data["label"].to(device))
                if dice_metric.aggregate().item() > best_metric:
                    best_metric = dice_metric.aggregate().item()
                    torch.save(model.state_dict(), os.path.join(output_
                    weight_dir, output_weight_file))
                    dice_metric.reset()

    return best_metric
'''
```

⑤ 부피 계산 및 지방 침착도 계산

```
'''
def calculate_classwise_fat_infiltration(original_image, predicted_mask,
class_labels, threshold=(-120, -30)):
    classwise_results = {}
    for class_label in class_labels:
        class_mask = ExtractClassMask(predicted_mask, class_label)
        ✪ 특정 클래스 영역만 남긴 마스크 생성
        volume = CalculateVolume(class_mask)  ✪ 클래스 영역의 총 부피 계산

        ✪ 원본 이미지의 해당 클래스 마스크 위치에서만 threshold 적용하여 지방 영역 식별
        class_fat_area = ApplyThresholdToMaskedRegion(original_image, class_
        mask, threshold)
        fat_infiltration = CalculateFatPercentage(class_fat_area, volume)
        ✪ 클래스별 지방 침착 비율 산출
        classwise_results[class_label] = {"volume": volume, "fat_
        infiltration": fat_infiltration}

    return classwise_results

def ApplyThresholdToMaskedRegion(original_image, class_mask, threshold):
✪ threshold 를 활용한 지방 침착도 계산 함수
    masked_region = original_image * class_mask
    ✪ 클래스 마스크로 원본 이미지의 해당 클래스 영역을 선택

    ✪ 2. 임계값 범위 내의 픽셀만 남겨 지방 영역 생성
    fat_area = (masked_region >= threshold[0]) & (masked_region <=
    threshold[1])  ✪ 임계값 내의 지방 영역을 식별
    masked_fat_area = fat_area * class_mask
    ✪ 클래스 영역 내의 지방 침착 영역만 남김

    return masked_fat_area
'''
```

다음과 같이, 세분화(semantic segmentation) 모델을 활용하면 특정 영역을 정량적으로 평가할 수 있습니다. 이를 위해 DICOM과 같은 의료 영상 전용 파일 포맷을 사용하는 것이 중요한데, 이는 각 이미지 픽셀 간의 실제 간격을 제공하여 정밀한 계산이 가능하게 해줍니다. 세그멘테이션 모델의 고도화 덕분에 근육뿐만 아니라 다양한 신체 영역을 세밀하게 구분할 수 있으며, 이를 바탕으로 여러 세그멘테이션 모델을 개발할 수 있습니다. 만일 양질의 CT, MRI 데이터셋이 뒷받침된다면 로컬 정보 분석에 강한 nnUNet의 Total Segmentator보다 더 전체적인 시각에서 다양한 신체 기관들을 분석할 수 있게 됩니다. 이미지 전처리가 잘 이루어진다면, 의료 분야 외의 다른 분야에서도 이러한 모델을 도전해볼 수 있겠죠.

V 30초의 압박에서 자동화된 분석까지: 의학 교육과 기술의 만남

의대를 입학하여 2년간의 예과를 마친 후 처음으로 본과에 진입하면 독특한 형식의 시험을 마주하게 됩니다. 우리 선배 세대부터 현재 후배들까지 바로 '땡시'라고 불리는 시험입니다. 땡시에 대한 각기 다른 추억을 갖고 있겠지만, 짧은 순간에 정확한 판단을 해야하는 저 같은 외과 의사에게는 너무나 중요한 경험이었습니다. 그러나 이를 아직 접해보지 못한 예비 의대생들을 위해 이 특별한 경험에 대해 같이 자세히 살펴보겠습니다.

본과 1학년이 되면 보통 해부학, 조직학, 병리학을 수강하게 됩니다. 이 과목들의 특징은 단순히 이론적인 지식뿐만 아니라 실제 조직과 장기를 보고 정답을 낼 수 있어야 한다는 것입니다. 그렇기에 전형적인 객관식 시험뿐만 아니라 조직 도판, 해부 조직을 직접 보면서 정해진 시간 안에 답을 적어야 하는 독특한 시험 형태들이 존재합니다.

조직학 시험을 예로 들어볼까요? 연구실 안에 현미경이 수강 인원만큼 놓여있고, 조교 선생님이 벨을 울리면 30초 내로 현미경 속 조직 도판을 보고 답안지에 답을 작성해야 합니다. 30초가 지나 다시 벨이 울리면 무조건 다음 문제로 넘어가야 하기 때문에 시간의 압박을 상당히 받게 됩니다. 마음이 급한 상황에서 만약 현미경을 봤는데 초점이 안 맞거나 도판이 조금이라도 움직여 있으면 패닉 상태에 빠지면서 오답을 적었던 뼈아픈 기억들이 납니다.

이렇듯 시험을 치르는 것도 쉽지 않지만, 시험을 대비하는 것도 만만치 않습니다. 교과서를 단순 암기하는 것이 아니라 현미경으로 조직 도판을 보면서 공부를 해야 하기 때문에, 시험을 대비하기 위해서는 연구실이 열리는 시간에 맞추어 가서 가능한 현미경을 찾아 공부해야 합니다. 공부 환경이 넉넉하다면 좋겠지만, 현실에서는 작동되지 않는 현미경, 깨진 도판들을 제외하고 나면 공부 기회를 잡는 것조차 경쟁이 되곤 하였습니다.

이러한 상황 속에서 우리는 자연스럽게 고민하게 됩니다. 좀 더 편하게 공부할 수 있는 방법은 없을까? 작은 현미경이 아니라 큰 모니터에 조직 사진을 띄워놓고, 일일이 찾아보지 않아도 어떤 조직인지 알려주고, 문제가 있는 조직이라면 어느 부위가 문제인지 알려주는 그러한 시스템이 있다면 공부가 더 수월해지지 않을까 하는 의문이 있습니다.

지금까지 의료영상 분석을 위해 주로 CNN 모델들에 대해 공부해왔습니다. 하지만 이번 케이스는 다른 접근 방식, 특히 병리 조직 이미지 분석에 유용한 방법을 소개하고자 합니다. CNN 모델 훈련 시 모델 구조만큼 데이터셋의 품질이 중요하다는 점을 기억하실 겁니다. 좋은 데이터셋을 위해서는 정확한 레이블링이 필수적이죠.

흉부 X-ray에서 폐렴 진단을 위한 경화 찾기나 MRI에서 근육 조직 구분은 비교적 명확했습니다. 하지만 병리 조직 이미지는 다릅니다. 여러분도 학생 시절 경험했겠지만, 전문의가 아니라면 병리 조직 이미지에서 문제를 찾기 어려울 때가 많습니다. 급성 골수성 백혈병의 Auer rod 외에는 다른 이상 소견을 놓치기 쉽죠.

그래서 이런 의문을 갖게 됩니다: "정확하지도 않은 레이블링을 힘들게 만들지 않고, AI가 조직 이미지를 스스로 학습할 수 있는 방법은 없을까?" 이 고민의 해답으로 GAN을 활용할 수 있습니다. 병리학 분야에서 GAN을 사용하면 여러 가지 이점이 있습니다. 첫째, 레이블링 없이도 조직의 정상과 비정상 패턴을 학습할 수 있습니다. 이는 GAN이 정상 데이터를 학습한 후 새로운 데이터를 재구성하며 발생하는 reconstruction error를 기반으로 정상과 비정상을 구분하는 방식으로 이루어집니다.

둘째, GAN은 합성 이미지를 생성하여 데이터셋을 확장하는 데 기여할 수 있습니다. 이는 데이터 부족 문제를 극복하고 모델 학습을 강화하는 데 도움을 줄 수 있습니다. 다만, GAN이 생성한 데이터는 실제 데이터를 대체할 수 없으며, 생성된 이미지가 임상적으로 중요한 패턴을 정확히 반영하지 못할 가능성을 항상 염두에 두어야 합니다. 따라서 이러한 데이터는 반드시 연구 목적으로 제한적으로 활용되어야 하며, 실제 임상적 판단에서는 신뢰할 수 있는 실제 데이터를 기반으로 평가가 이루어져야 합니다.

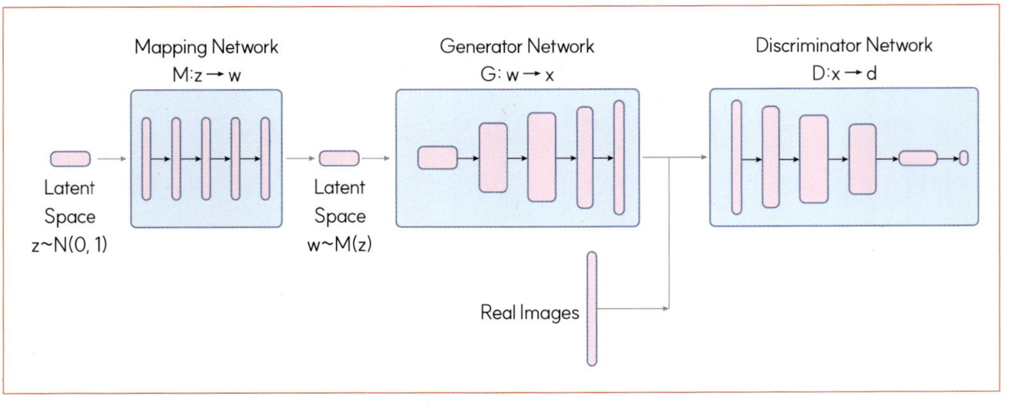

그림 5-11. Pathology GAN의 구조

셋째, 비지도 학습을 통해 전문가도 놓칠 수 있는 미세한 패턴을 발견할 가능성이 있습니다.

PathologyGAN은 병리 조직 분석을 위해 GAN 기술을 활용한 혁신적인 접근 방식입니다. PathologyGAN 모델의 훈련에 사용된 데이터셋에 대해 좀 더 구체적으로 살펴봅시다(그림 5-11).

첫 번째 데이터셋은 독일의 National Center for Tumor diseases (NCT)에서 제공한 대장암 조직 이미지입니다. 이 데이터셋은 총 100,000개의 이미지 패치로 구성되어 있습니다. 각 패치는 224x224 픽셀 크기로, 고해상도 전체 슬라이드 이미지(whole slide image, WSI)에서 추출되었습니다. 이 데이터는 86명의 환자로부터 얻은 조직 샘플을 포함하고 있어, 다양한 환자의 특성을 반영하고 있습니다.

두 번째 데이터셋은 네덜란드의 Netherlands Cancer Institute (NKI)와 캐나다의 Vancouver General Hospital (VGH)에서 제공한 유방암 조직 이미지입니다. 이 데이터셋은 총 248개의 전체 슬라이드 이미지로 구성되어 있습니다. 이 중 168개는 NKI에서, 80개는 VGH에서 제공되었습니다. 각 슬라이드는 다른 환자의 조직 샘플을 나타내므로, 이 데이터셋은 248명의 유방암 환자의 다양한 병리학적 특징을 포함하고 있습니다.

Pathology GAN의 핵심 구조를 이해하기 위해, GAN의 두 가지 주요 구성 요소인 생성자(generator)와 판별자(discriminator)의 역할과 특징을 자세히 살펴보겠습니다.

1 | Mapping Network (mapping_resnet)

잠재 변수 z를 여러 층의 residual block을 통해 변환하여 모델이 사용할 수 있는 의미 있는 특성으로 매핑합니다.

```
✪ Mapping Network: 잠재 변수 z_input을 여러 Residual Block을 거쳐 z_dim 크기로 매핑
def mapping_resnet(z_input, z_dim, layers):
    net = z_input   입력값 유지

    for _ in range(layers):
        net = ApplyResidualBlock(net)   Residual Block 적용

    z_map = Dense(z_dim)(net)   최종 Dense Layer 매핑
    return z_map
```

2 | GENERATOR ResNet(generator_resnet)

변환된 잠재 변수 z를 이용해 작은 텐서에서 시작하여 residual block과 attention layer를 통해 점진적으로 해상도를 높여 최종 이미지를 생성합니다.

```
✪ Generator ResNet: 잠재 변수 z_input을 받아 최종 이미지를 생성하는 네트워크
def generator_resnet(z_input, image_channels, layers):
    channels = [32, 64, 128, 256, 512, 1024][:layers]  채널 크기 설정

    with tf.variable_scope('generator'):
        잠재 변수 변환
        net = DenseLayer(z_input, output_dim=1024)
        net = ApplyNormalization(net)
        net = ApplyActivation(net)

        net = ReshapeTensor(net, shape=(7, 7, 256))  7x7 텐서로 변환

        for layer in range(layers):
            net = ApplyResidualBlock(net)  Residual Block 반복
            net = ApplyAttentionLayerIfNeeded(net, attention)
            Attention Layer 선택적 적용
            net = UpscaleLayer(net, output_channels=channels[layer])  업스케일링

        output = FinalConvolutionLayer(net, output_channels=image_channels)
        최종 Conv 레이어
        return Sigmoid(output)  0-1 값으로 변환
```

3 | GENERATOR ResNet with Style (generator_resnet_style)

잠재 변수의 각 부분을 다르게 처리하여 스타일 기반의 이미지 생성을 수행합니다.

✪ Generator ResNet with Style: 스타일 기반의 잠재 변수 처리를 통해 이미지 생성

```
def generator_resnet_style(z_input, image_channels, layers):
    channels = [32, 64, 128, 256, 512, 1024][:layers]

    with tf.variable_scope('generator'):
        net = DenseLayer(z_input[:, :, 0], output_dim=1024)
        net = ApplyNormalization(net)
        net = ApplyActivation(net)
        net = ReshapeTensor(net, shape=(7, 7, 256))

        for layer in range(layers):
            label = z_input[:, :, layer]
            net = ApplyResidualBlockWithStyle(net, label)
            스타일 적용된 Residual Block
            net = ApplyAttentionLayerIfNeeded(net, attention)
            net = UpscaleLayer(net, output_channels=channels[layer])

        output = FinalConvolutionLayer(net, output_channels=image_channels)
        return Sigmoid(output)
```

이 코드는 이미지 생성을 위한 신경망을 구현한 것으로, 랜덤하게 생성된 숫자들인 잠재 변수를 입력으로 받아 점진적으로 이미지를 만들어내는 과정을 담고 있습니다. 잠재 변수는 생성 모델의 학습된 잠재 공간 구조를 반영하며, 이를 mapping_resnet 함수가 여러 층을 거쳐 변환하여 더 복잡하고 표현력 있는 잠재 벡터로 만듭니다. generator_resnet 함수는 변환된 잠재 변수를 받아 실제 이미지를 생성합니다. 작은 텐서에서 시작해 residual block 기술을 사용해 텐서를 변환하고, 점차 이미지를 키워나가며 attention layer를 통해 중요한 부분에 집중하고 업스케일링으로 해상도를 높입니다. 최종적으로 sigmoid 함수를 통해 0~1 사이의 값으로 변환하여 이미지를 완성합니다. generator_resnet_style 함수는 이와 유사하지만 스타일 기반으로 잠재 변수의 각 부분을 다르게 처리하여 이미지 생성 과정에 변화를 줍니다. 요약하면, 이 코드는 랜덤한 숫자에서 시작해 층마다 해상도와 세부 정보를 더해가며 완성된 이미지를 만들어내는 신경망을 구현한 것입니다.

이제 판별자에 대하여 살펴봅시다.

4 | DISCRIMINATOR ResNet (discriminator_resnet)

입력 이미지가 실제 이미지인지 또는 생성된 이미지인지 판별합니다. Residual block, attention layer 그리고 downscaling layer를 통해 이미지를 작은 차원으로 변환하고, 최종 레이어에서 진짜/가짜 여부를 판별합니다.

Discriminator ResNet: 이미지를 입력 받아 진짜/가짜 판별

```
def discriminator_resnet(images, layers):
    channels = [32, 64, 128, 256, 512, 1024][:layers]

    with tf.variable_scope('discriminator'):
        net = images
        for layer in range(layers):
            net = ApplyResidualBlock(net)
            net = ApplyAttentionLayerIfNeeded(net, attention)
            net = DownscaleLayer(net, output_channels=channels[layer])

        net = FlattenLayer(net)
        logits = DenseLayer(net, output_dim=1)  진짜/가짜 판별
        return Sigmoid(logits), logits
```

5 | ENCODER ResNet (encoder_resnet)

입력 이미지를 잠재 변수 z로 인코딩하는 네트워크로, 입력 이미지를 층별로 압축하여 z-dimensional 잠재 벡터를 생성합니다.

Encoder ResNet: 이미지를 잠재 변수 z_dim으로 인코딩

```
def encoder_resnet(images, z_dim, layers):
    channels = [64, 128, 256, 512, 1024][:layers]

    with tf.variable_scope('encoder'):
        net = images
        for layer in range(layers):
            net = ApplyResidualBlock(net)
            net = ApplyAttentionLayerIfNeeded(net, attention)
            net = DownscaleLayer(net, output_channels=channels[layer])

        net = FlattenLayer(net)
        mean_z = DenseLayer(net, output_dim=z_dim)  평균 잠재 벡터
        logs2_z = DenseLayer(net, output_dim=z_dim)  로그 분산
        return mean_z, logs2_z
```

6 | 간단한 DISCRIMINATOR (discriminator)

상대적으로 간단한 구조로, convolution과 downscaling만을 사용해 진짜/가짜를 판별합니다.

```
✪ Simple discriminator: convolution과 downscaling을 통해 진짜/가짜 판별
def discriminator(images, layers):
    channels = [32, 64, 128, 256, 512, 1024][:layers]

    with tf.variable_scope('discriminator'):
        net = images
        for layer in range(layers):
            net = ConvolutionLayer(net, output_channels=channels[layer],
            filter_size=5)
            net = ApplyNormalization(net)
            net = ApplyActivation(net)

        net = FlattenLayer(net)
        logits = DenseLayer(net, output_dim=1)
        return Sigmoid(logits), logits
```

이 코드는 이미지 생성 모델에서 중요한 두 가지 요소인 이미지 판별기(discriminator)와 인코더(encoder)를 구현합니다. discriminator_resnet 함수는 이미지를 입력 받아 진짜인지 가짜인지 판별하는 역할을 합니다. 여러 층의 residual block을 통해 이미지 정보를 변환하고 downscaling으로 크기를 축소하며, 조건부 레이블이 있다면 이를 함께 처리합니다. Attention layer로 중요 부분에 집중하고, 최종적으로 sigmoid 함수를 통해 진위 여부를 판단합니다. encoder_resnet 함수는 이미지를 잠재 변수라는 작은 숫자 벡터로 변환합니다. Residual block과 downscaling을 사용해 이미지의 중요 특성을 추출하고, 최종적으로 이미지의 평균과 분산을 반환해 잠재 변수를 생성합니다. discriminator 함수는 더 단순한 형태의 이미지 판별기로, 여러 층을 거쳐 이미지를 축소하며 처리한 후 sigmoid 함수로 진위를 판별합니다. 전반적으로 이 코드는 residual block, attention layer, downscaling 등의 기술을 활용하여 이미지를 분석, 판별하고 중요 특징을 추출하는 과정을 구현합니다.

GAN은 복잡한 구조 때문에 이해하고 구현하기가 쉽지 않지만, GAN의 가장 큰 장점은 인간이 직접 데이터에 레이블을 붙이는 수고를 크게 줄일 수 있다는 점입니다. AI가 스스로 데이터의 특징과 패턴을 학습하여 새로운 데이터를 생성해내는 능력은 매우 혁신적입니다.

물론 GAN도 다른 AI 모델과 마찬가지로 한계가 있습니다. 고품질의 충분한 훈련 데이터가 필요하며, GAN이 학습한 패턴이 실제 의학적 소견과 항상 일치하지 않을 수 있습니다. 특히, GAN이 생성한 데이터는 임상적으로 중요한 특징을 왜곡하거나 놓칠 가능성이 있어, 실제 진단이나 치료 결정에 직접 사용하기에는 신뢰성이 제한될 수 있습니다.

또한, GAN 모델의 훈련은 복잡하고 불안정하여 특정 데이터 패턴만 학습하거나 모드 붕괴(mode collapse)와 같은 문제가 발생할 위험이 있습니다. 비정상 데이터 탐지의 경우, GAN이 정상 데이터 기반으로 작동하기 때문에 경미하거나 초기 병변은 감지되지 않을 가능성이 있습니다.

따라서 GAN의 결과를 해석하거나 임상적으로 활용할 때는 의료진의 전문적인 판단과 검증이 반드시 뒷받침되어야 하며, GAN은 보조적인 도구로 활용되어야 합니다. 의료 데이터의 복잡성과 민감성을 고려하면, GAN의 활용 가능성을 최대화하기 위해서는 기술적 한계를 명확히 인지하고 신중하게 접근해야 합니다.

그럼에도 불구하고, GAN이 자체적으로 데이터의 특징을 학습하고 새로운 데이터를 생성할 수 있다는 점은 매우 주목할 만합니다. 특히 MRI나 CT 스캔과 같은 의료 영상 데이터의 경우, 상대적으로 레이블링이 쉽고 대량의 데이터 확보가 가능하기 때문에 GAN의 장점을 잘 활용할 수 있습니다. 이런 조건에서는 GAN이 전통적인 CNN (convolutional neural network)보다 우수한 성능을 보일 가능성이 큽니다.

지금까지 우리는 주로 의료 영상 분석을 위한 AI 모델들을 살펴보았습니다. 영상 분석이 현대 의학에서 중요한 위치를 차지하고 있어 많은 AI 기술이 이 분야에 집중되어 있습니다. 하지만 의료 데이터는 영상에만 국한되지 않습니다.

다음으로는 의료 기록, 생체 신호, 유전체 데이터 등 영상 이외의 의료 데이터를 분석하는 AI 기술에 대해 살펴봅시다.

VI 개원 의사의 필수 도구: 초음파와 AI의 시너지

의사들의 진로 고민은 대부분 학교를 졸업하고 실제 병원에서 근무하면서 본격화됩니다. 학창 시절에는 진로에 대해 큰 신경을 쓰지 않고, 실습을 돌면서 어떤 과에 관심이 있는지 정도만 생각하는 경우가 많습니다. 본격적인 고민은 병원에서 근무하면서 시작되며, 주로 대학병원에 남아 교수가 되기 위해 공부할지, 아니면 개원가로 나갈지가 가장 큰 갈림길입니다. 개원을 선택한다면 어떤 과목이나 술기로 진료를 할지도 중요한 결정 사항이 됩니다.

많은 전공의들이 이와 비슷한 고민을 하고 있습니다. 한국에서 의사로 일하다 보면 누구나 한 번쯤은 개원 또는 봉직에 대해 고민하게 됩니다. 이때 가장 고민되는 점은 어떤 콘텐츠로 개원해야 안정적으로 진료할 수 있을지입니다. 미용, 통증, 검진, 일반 내과 등 다양한 선택지가 있지만, 모든 분야가 경쟁이 치열하기 때문에 자신의 강점을 최대한 살려 선택해야 합니다.

이런 상황에서 전공의들 사이에서 인기 있는 술기 중 하나가 바로 초음파입니다. 초음파는 심장, 복부, 갑상선, 유방, 근골격계 등 다양한 분야에 적용할 수 있어 기본적인 검진부터 통증 치료까지 폭넓게 활용되며, 개원을 위해서 초음파를 잘 다루는 것은 필수적인 덕목으로 여겨지고 있습니다.

예를 들어, 연부조직과 관절을 평가하는 근골격계 영역에서 초음파는 정형외과 전문병원부터 일반 통증 의원까지 진단 및 통증 주사를 정확히 시술하기 위해 활용할 수 있고, 검진센터에서도 초음파 검사를 많이 활용하고 있습니다. 이처럼 다재다능하게 활용할 수 있는 검사라서 인기가 많지만, 배우는 과정은 생각보다 순탄치 않습니다.

대부분의 전공의들은 정형외과나 영상의학과가 아닌 이상 수련 과정에서 초음파를 충분히 접할 기회가 없습니다. 대학 병원 내에서 초음파 술기를 익힐만한 시간이나 여유가 없기 때문에 대부분 수련 후에 다시 워크샵이나 학회를 통해 교육을 받아야하는 실정입니다.

초음파 기술을 익힌 후에도 실제로 숙달되기까지는 많은 노력이 필요합니다. 특히 근골격계 초음파의 경우, 인대, 힘줄, 근육, 연골, 관절낭 등 복잡한 해부학적 구조를 이해하고, 최적의 각도로 근육, 뼈, 관절 등을 관찰하는 기술을 익히는 것은 어려운 일입니다. 더불어

CHAPTER • 5

염증, 부종, 낭종, 연골 손상 등 다양한 병리 상태를 초음파 영상으로 정확히 파악하는데에는 많은 시간이 필요합니다. 관절통을 호소하는 환자들이 주로 고령인 점을 고려하면 난이도가 더욱 높아집니다.

결론적으로, 의사로서의 진로 결정은 개인의 관심사, 전문성 그리고 시장의 수요를 종합적으로 고려해야 하는 복잡한 과정입니다. 초음파와 같은 유용한 기술을 습득하는 것은 경쟁력 있는 진료를 위한 좋은 선택이 될 수 있지만, 그 과정에서 많은 노력과 시간 투자가 필요합니다.

그러한 측면에서 필자는 초음파 사용 시 AI가 도움을 줄 수 있는 방법에 대해 깊이 고민하였습니다. GPT와 같은 기존의 AI를 활용하여 이론적인 지식을 쌓을 수 있지만, 결국 초음파 실력은 실제로 프로브(probe)를 다룰 때 나타나기 때문입니다.

초음파를 처음 사용할 때 당황하게 되는 주요 원인 중 하나는 영상이 잘 보이지 않는다는 점입니다. 이는 당연한 말처럼 들릴 수 있지만, 실제로 우리가 조작하는 환경에서 보이는 이미지는 교과서에서 공부하거나 시험 문제로 접하는 초음파 사진과는 상당한 차이가 있습니다.

대퇴동맥과 같이 누구나 쉽게 식별할 수 있는 해부학 구조물이 아닌 경우, 대부분의 구조물은 명확히 구분하기 어렵습니다. 특히 환자가 고령이거나 비만, 또는 부종이 있는 경우에는 익숙한 구조물조차 찾기가 더욱 어려워집니다. 이로 인해 더 선명한 영상을 얻기 위해 여러 각도로 프로브를 조작해보지만, 여전히 만족스러운 결과를 얻지 못하는 경우가 많습니다.

이러한 상황에서 필자는 AI가 초음파 영상의 화질을 개선해줄 수 있다면 어떨지 고민하였습니다. 초음파 사용자의 숙련도가 아직 부족하더라도, AI가 선명한 영상을 제공해준다면 구조물을 찾는 데 헤매는 시간을 줄일 수 있지 않을까 하는 생각입니다. 이러한 AI 지원은 초음파 학습 과정을 더욱 효율적으로 만들고, 초보자들이 더 빠르게 실력을 향상시킬 수 있는 기회를 제공할 수 있을 것입니다.

다음으로 소개할 모델은 MICCAI 2023 Ultrasound Enhancement Challenge에서 발표되었던 UCLA 연구팀이 개발한 모델입니다. Ultrasound Image Enhancement Challenge (2023)는 초음파 영상의 품질 향상을 목표로 하는 중요한 대회입니다. 초음파 영상은 질병 진단과 치료에 광범위하게 사용되지만, 특히 휴대용 초음파 장비의 경우 하드웨어 한계로 인해 낮

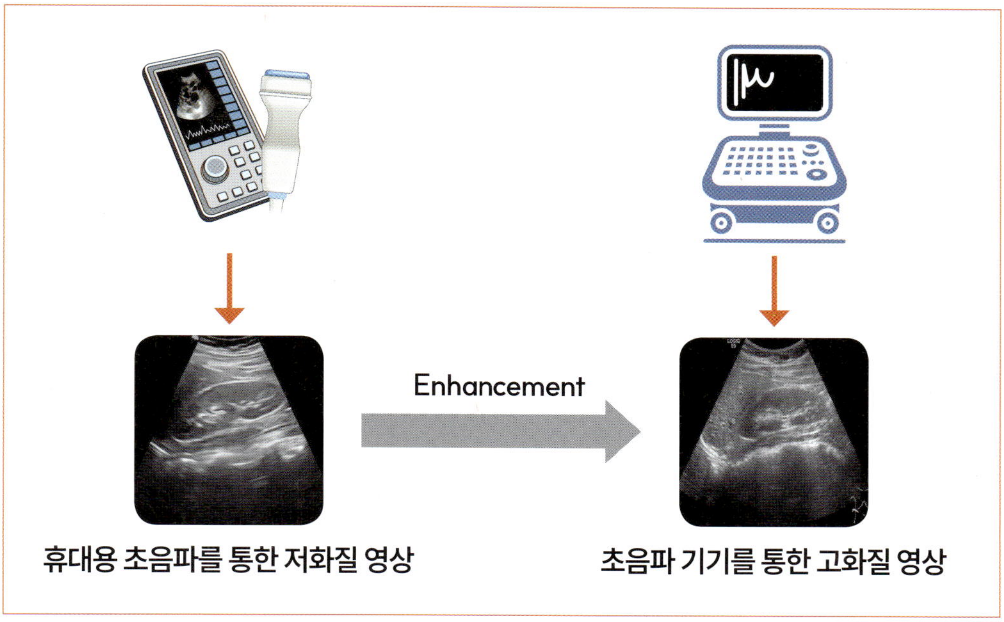

그림 5-12. MICCAI 2023 Ultrasiund Enhancement Challenge의 목표

은 품질의 이미지를 생성하는 문제가 있습니다. 이 대회의 주요 과제는 이러한 저품질 초음파 이미지를 고품질로 재구성하는 것입니다. 대회에서 사용되는 데이터셋은 109명의 환자로부터 수집된 3000개의 초음파 이미지로 구성되어 있으며, 갑상선, 경동맥, 간, 유방, 신장 등 다양한 장기의 영상을 포함하고 있습니다. 이 데이터는 저가형 및 고급형 초음파 장비를 모두 사용하여 수집되었습니다. 궁극적으로 이 챌린지는 초음파 장비의 하드웨어적 한계를 소프트웨어적으로 극복하고, 저품질 영상을 고품질로 개선하여 진단의 정확도를 높이는 것을 목표로 합니다. 이는 특히 고가의 고급 장비에 접근하기 어려운 의료 환경에서 진단 품질을 크게 향상시킬 수 있는 잠재력을 가지고 있습니다(그림 5-12).

GAN 중 하나인 CycleGAN은 서로 다른 두 종류의 이미지 사이의 변환을 학습하는 인공지능 모델입니다. 초음파 영상의 화질 개선에 적용하면 저해상도 초음파 영상을 고해상도로 변환할 수 있습니다. 이 모델의 특별한 점은 저해상도와 고해상도 영상의 쌍이 없어도 학습이 가능하다는 것입니다(그림 5-13).

CycleGAN은 네 개의 주요 구성 요소로 이루어집니다: 두 개의 생성기와 두 개의 판별기입니다. 첫 번째 생성기는 저해상도 초음파 영상을 고해상도로 변환하고, 두 번째 생성기는 그 반대로 작동합니다. 판별기들은 각각 실제 저해상도 및 고해상도 영상과 생성된 영상을

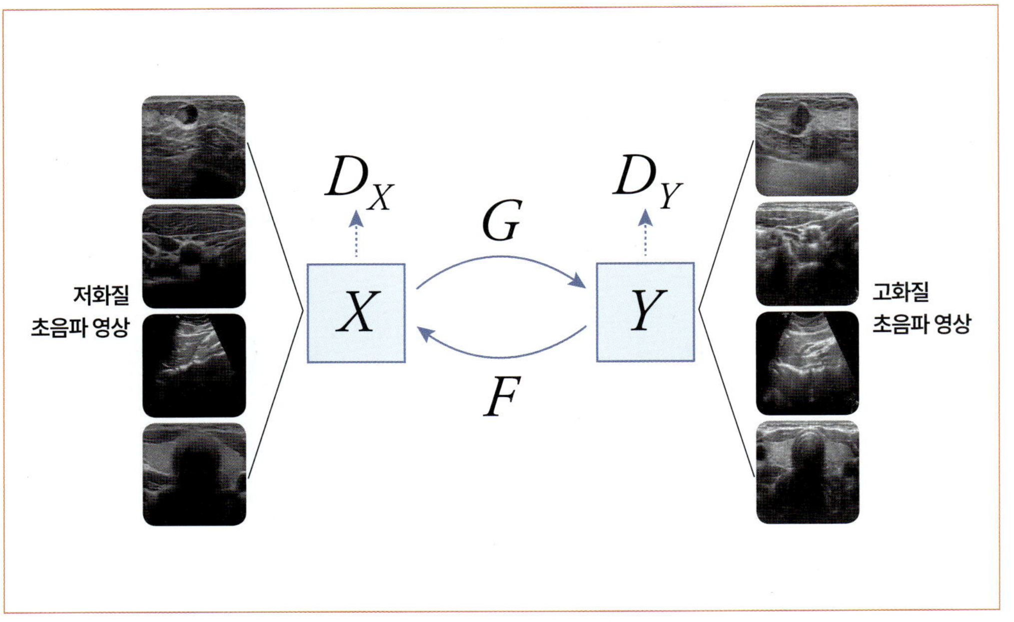

그림 5-13. cycleGAN의 구조

구별하려 합니다.

학습 과정에서 CycleGAN은 두 가지 주요 목표를 달성하려 합니다. 첫째, 생성된 고해상도 영상이 실제 고해상도 초음파 영상과 구별하기 어려울 정도로 유사해야 합니다. 둘째, 저해상도 영상을 고해상도로 변환한 후 다시 저해상도로 되돌렸을 때 원본과 유사해야 합니다. 이를 통해 변환 과정에서 중요한 해부학적 정보가 보존됩니다.

이 모델을 사용하면 오래된 초음파 기기로 촬영한 저품질 영상을 최신 기기로 촬영한 것처럼 개선할 수 있습니다. 예를 들어, 태아의 저해상도 심장 초음파 영상을 고해상도로 변환하여 더 자세한 구조를 관찰할 수 있게 됩니다. 이는 의료진이 과거의 저품질 영상을 재해석하거나, 리소스가 제한된 환경에서 촬영된 영상의 품질을 개선하는 데 도움을 줄 수 있습니다.

이제 CycleGAN의 구조에 대하여 더 자세히 알아봅시다.

```
import torch
from torch import nn
import torch.nn.functional as F
```

1 | Residual Block (ResBlock 클래스)

```
✪ Residual Block 클래스 정의 - 입력과 출력을 더하여 학습을 돕는 skip connection을 사용
class ResBlock(nn.Module):
    def __init__(self, num_features):
        super(ResBlock, self).__init__()

        첫 번째 합성곱 계층, Instance Normalization과 ReLU 활성화 함수 사용
        self.conv1 = nn.Sequential(
            nn.Conv2d(num_features, num_features, kernel_size=3, padding=1,
            padding_mode='reflect'),
            nn.InstanceNorm2d(num_features),
            nn.ReLU(inplace=True))

        두 번째 합성곱 계층, Instance Normalization 사용
        self.conv2 = nn.Sequential(
            nn.Conv2d(num_features, num_features, kernel_size=3, padding=1,
            padding_mode='reflect'),
            nn.InstanceNorm2d(num_features))

    def forward(self, x):
        residual = x  입력을 저장하여 skip connection에 사용
        out = self.conv1(x)  첫 번째 합성곱 계층 통과
        out = self.conv2(out)  두 번째 합성곱 계층 통과
        out += residual  입력과 출력 더하기(skip connection)
        return out  결과 반환
```

2 | Generator (Generator 클래스)

```
✪ Generator 클래스 정의 - 입력 이미지를 변환하는 네트워크
class Generator(nn.Module):
    def __init__(self):
        super(Generator, self).__init__()
        첫 번째 합성곱 계층 - 인코더의 시작 부분
        self.conv1 = nn.Sequential(
            nn.Conv2d(1, 64, kernel_size=7, stride=1, padding=3, padding_
            mode='reflect'),
            nn.InstanceNorm2d(64),
            nn.ReLU(inplace=True))
```

```
        두 번째 합성곱 계층 - 다운샘플링 1
        self.conv2 = nn.Sequential(
            nn.Conv2d(64, 128, kernel_size=3, stride=2, padding=1, padding_
            mode='reflect'),
            nn.InstanceNorm2d(128),
            nn.ReLU(inplace=True))

        세 번째 합성곱 계층 - 다운샘플링 2
        self.conv3 = nn.Sequential(
            nn.Conv2d(128, 256, kernel_size=3, stride=2, padding=1, padding_
            mode='reflect'),
            nn.InstanceNorm2d(256),
            nn.ReLU(inplace=True))

        Residual Block 15개 사용 - 중간 특징 표현을 강화
        self.res_blocks = nn.ModuleList([ResBlock(256) for _ in range(15)])

        첫 번째 업샘플링 합성곱 계층 - 디코더의 시작 부분
        self.conv4 = nn.Sequential(
            nn.Conv2d(256, 128, kernel_size=3, stride=1, padding=1, padding_
            mode='reflect'),
            nn.InstanceNorm2d(128),
            nn.ReLU(inplace=True))

        두 번째 업샘플링 합성곱 계층
        self.conv5 = nn.Sequential(
            nn.Conv2d(256, 64, kernel_size=3, stride=1, padding=1, padding_
            mode='reflect'),
            nn.InstanceNorm2d(64),
            nn.ReLU(inplace=True))

        최종 출력 합성곱 계층 - 원본 차원으로 변환
        self.conv6 = nn.Conv2d(128, 1, kernel_size=7, stride=1, padding=3,
        padding_mode='reflect')

    def forward(self, x):
        인코더 부분
        x1 = self.conv1(x)  첫 번째 합성곱 계층 통과
        x2 = self.conv2(x1)  다운샘플링 1 통과
        x = self.conv3(x2)  다운샘플링 2 통과
```

```
Residual Block 통과
for res_block in self.res_blocks:
    x = res_block(x)

디코더 부분
x = F.interpolate(x, scale_factor=2, mode='nearest')  업샘플링 2배
x = self.conv4(x)  첫 번째 업샘플링 합성곱 계층 통과
x = torch.cat([x, x2], dim=1)  다운샘플링 1의 출력과 결합 (skip connection)

x = F.interpolate(x, scale_factor=2, mode='nearest')  업샘플링 2배
x = self.conv5(x)  두 번째 업샘플링 합성곱 계층 통과
x = torch.cat([x, x1], dim=1)  인코더 첫 번째 출력과 결합 (skip connection)
x = torch.tanh(self.conv6(x))  최종 출력, Tanh 활성화 함수 사용

return x  결과 반환
```

3 | Discriminator (Discriminator 클래스)

```
✪ Discriminator 클래스 정의 - 진짜/가짜 이미지를 구분하는 네트워크
class Discriminator(nn.Module):
    def __init__(self):
        super(Discriminator, self).__init__()
        첫 번째 합성곱 계층 - 스펙트럼 정규화와 LeakyReLU 사용
        self.conv1 = nn.Sequential(
            nn.utils.spectral_norm(nn.Conv2d(1, 64, kernel_size=4, stride=2,
            padding=1, padding_mode='reflect')),
            nn.LeakyReLU(0.2, inplace=True)
        )
        두 번째 합성곱 계층
        self.norm1 = nn.Sequential(
            nn.utils.spectral_norm(nn.Conv2d(64, 128, kernel_size=4,
            stride=2, padding=1, padding_mode='reflect')),
            nn.LeakyReLU(0.2, inplace=True)
        )
```


CHAPTER · 5

```
        세 번째 합성곱 계층
        self.norm2 = nn.Sequential(
                nn.utils.spectral_norm(nn.Conv2d(128, 256, kernel_size=4,
                stride=2, padding=1, padding_mode='reflect')),
                nn.LeakyReLU(0.2, inplace=True)
        )
        네 번째 합성곱 계층
        self.norm3 = nn.Sequential(
                nn.utils.spectral_norm(nn.Conv2d(256, 512, kernel_size=4,
                stride=1, padding=1, padding_mode='reflect')),
                nn.LeakyReLU(0.2, inplace=True)
        )
        최종 출력 합성곱 계층 - 1x1 출력으로 진짜/가짜 판별
        self.conv2 = nn.Conv2d(512, 1, kernel_size=4, stride=1, padding=1,
        padding_mode='reflect')

    def forward(self, x):
        x = self.conv1(x)  첫 번째 합성곱 계층 통과
        x = self.norm1(x)  두 번째 합성곱 계층 통과
        x = self.norm2(x)  세 번째 합성곱 계층 통과
        x = self.norm3(x)  네 번째 합성곱 계층 통과
        x = self.conv2(x)  최종 출력 합성곱 계층 통과

        return x  결과 반환
```

앞서 언급된 코드에서 한 가지 중요한 점이 간과되었습니다. 서론에서 근골격계 초음파를 예시로 들었지만, 실제 분석된 데이터셋에는 관절 초음파 데이터가 포함되지 않았다는 점입니다. CT나 MRI에 비해 초음파 분석 AI의 발전이 더딘 주된 이유는 일정한 품질의 데이터 확보가 어렵기 때문입니다. CT와 MRI는 환자가 기계에 누워있는 동안 기계별 규격 차이는 있을 수 있지만 대체로 일정한 품질의 데이터를 생성할 수 있습니다. 반면, 초음파 영상의 품질은 술기자의 실력에 크게 의존하므로 데이터 확보의 난이도가 상당히 높습니다. 또한, CT나 MRI 이미지의 표준화된 저장에 비해 초음파는 상대적으로 시술 시에 활용되고 데이터 저장이 표준화되어 시행되고 있지 않습니다.

그러나 이러한 상황을 기회로 삼을 수도 있습니다. 근골격계 초음파의 표준 데이터셋을

개발하고, 더 나아가 화질을 개선하는 인공지능 기술이나 실시간으로 질병 부위를 판독해주는 인공지능을 개발한다면, 이 분야에서 독보적인 위치를 차지할 수 있을 것입니다. 이는 현재의 한계를 극복하고 새로운 가능성을 열어갈 수 있는 중요한 연구 방향이 될 수 있습니다.

지금까지 여러 가지 의료 영상 데이터들을 활용하여 AI를 개발하는 방법에 대해 공부했습니다. 하지만 우리 모두가 알고 있듯이, 영상 검사만이 의료의 전부는 아닙니다. 이제부터는 영상 이외의 다양한 데이터들을 활용하여 AI를 개발할 수 있는 사례들에 대해 살펴보도록 하겠습니다.

VII MediaPipe BlazePose: 의료 현장의 움직임 분석을 혁신하는 실시간 자세 추정 기술

앞선 단원들에서 확인했듯이 딥러닝 기술은 X-ray, MRI, 초음파, 조직 병리 사진 등 다양한 의료 이미지의 자동 분석과 진단 보조에 혁신적인 변화를 가져왔습니다. 이러한 전통적인 의료 영상 분석의 성과에도 불구하고, 병원에서 활용할 수 있는 영상 데이터의 범위는 훨씬 더 광범위하며, 그중에서도 주목할 만한 분야는 바로 환자의 보행과 일상 동작을 담은 영상 데이터입니다.

신경과, 정형외과, 재활의학과 의료진들은 환자의 보행(gait) 패턴을 분석하여 근감소증, 파킨슨병과 같은 근골격계 질환을 진단하거나, 관절의 가동범위를 정밀하게 측정하여 골관절염이나 스포츠 손상 등의 관절 상태를 평가하고, 뇌졸중이나 외상 후 재활치료 과정에서 환자의 기능 회복 정도를 객관적으로 추적하는 등 다양한 임상적 목적으로 환자의 움직임을 촬영하고 분석해왔습니다. 전공의 선생님들 또한 이러한 영상을 촬영하기 위하여 카메라를 들고 바쁘게 뛰어다닌 경험들이 있었을 것입니다.

대학병원에 매일 내원하는 수많은 환자들로 인해 이러한 움직임 영상 데이터는 기하급수적으로 증가하고 있습니다. 의료진이 이 방대한 양의 영상을 일일이 수작업으로 분석하

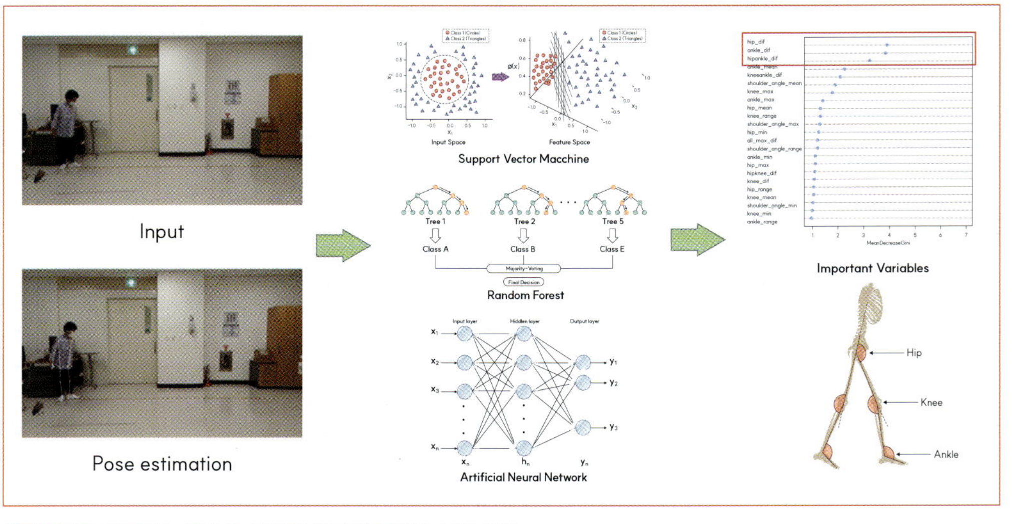

그림 5-14. 인공지능 기술을 이용한 환자의 동작과 보행 분석

여 환자의 상태를 진단하고 치료 계획을 수립하는 것은 엄청난 시간과 인력이 소요되는 작업입니다. 더욱이 분석자의 주관적 판단이 개입될 수 있어 객관적인 평가 기준 또한 고려해야 할 문제입니다.

그렇다면 우리는 이렇게 수없이 늘어나는 동영상들을 빠르고, 편리하게 분석할 수 있을까요? 이 문제에 대한 아이디어를 의료 분야가 아닌 영화 산업계에서 찾아보겠습니다.

요즘 영화들을 보면 판타지나 SF 장르에서 비인간 캐릭터들이 자주 등장합니다. 이런 캐릭터들은 특수 분장으로도 표현할 수 있지만, 시간과 비용을 절약하기 위해 대부분 CG로 제작됩니다. 여기서 사용되는 핵심 기술이 바로 모션 캡처입니다. 배우들은 특수 제작된 슈트를 입고 관절마다 표식을 부착한 뒤 연기를 합니다. 고성능 카메라가 이 표식들의 움직임을 정밀하게 추적하면서 자연스러운 동작을 만들어 낼 수 있습니다(그림 5-14).

이런 기술을 환자의 움직임 분석에 적용하면 어떨까요? 동일한 원리는 아니지만 인공지능 기술을 활용하여 영상 속 환자의 움직임을 자동으로 분석하고 예측하는 다양한 알고리즘들이 개발되기 시작했습니다. 그러나 기존의 모델들은 여러 한계점들을 보여왔습니다. 첫째, 복잡한 신경망 구조로 인해 고사양 하드웨어가 필요하여 모바일에서의 실시간 작동이 어렵습니다. 둘째, COCO 데이터셋 기반의 17개 키포인트 토폴로지(key point topology)는 큰 관절만을 다루어 손과 발의 섬세한 움직임을 추적하지 못합니다. 셋째, 피트니스나 댄스와 같은 응용에서 필요한 빠르고 역동적인 움직임의 정밀한 추적 능력이 부족합니다.

이러한 현실적인 문제들을 해결하기 위해 blazepose가 등장하였는데 구글에서 개발한 blazepose는 CNN (convolutional neural network) 아키텍처를 기반으로 한 움직임 예측 알고리즘으로, 고성능 서버뿐만 아니라 모바일 기기나 태블릿과 같은 소형기기에서도 실시간으로 구동이 가능하다는 큰 장점을 가지고 있습니다. 이 모델은 단일 이미지에서 33개의 신체 키포인트를 추출하여 사람의 자세를 상세히 분석할 수 있으며, 얼굴, 손, 발까지 정밀하게 추적합니다(그림 5-15).

BlazePose의 구조는 두 가지 주요 단계로 구성됩니다. 첫째, 포즈 감지기(detector)는 이미지에서 사람의 위치를 감지하고 관심 영역(ROI)을 설정합니다. 둘째, 포즈 추적기(tracker)는 설정된 ROI 내에서 33개의 신체 키포인트를 예측하고 추적하며, 자세 변화를 지속적으로 모니터링합니다.

이 모델의 주요 장점으로는 모바일 기기에서도 초당 30프레임 이상의 빠른 처리 속도, 33

CHAPTER • 5

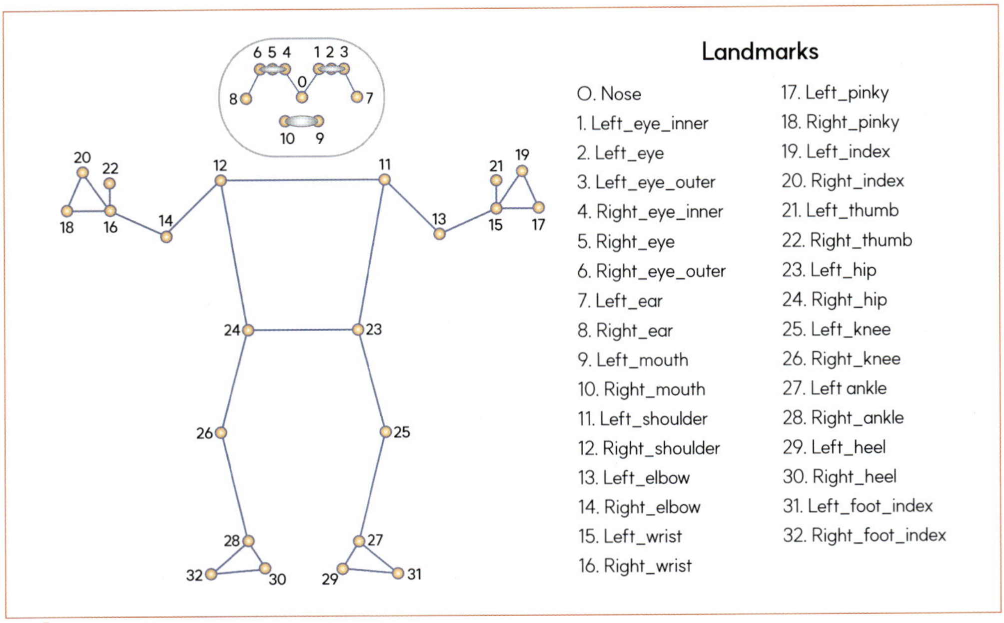

그림 5-15. BlazePose의 33가지 신체 키포인트

개 키포인트를 통한 정밀한 자세 추적 능력, MediaPipe 프레임워크를 통한 다양한 플랫폼 호환성 그리고 웹캠이나 스마트폰 카메라로 쉽게 사용할 수 있는 편리성이 있습니다.

Pseudocode를 활용하여 MediaPipe BlazePose의 작동 과정에 대하여 살펴보고 MediaPipe framework로 실제 데이터를 분석할 수 있는 방법에 대하여 공부해봅시다.

1 | BlazePose의 pseudocode

```
Input: 사람 형태가 포함된 이미지 또는 비디오 프레임
✪ Step 1: BlazePose 모델 로드
Load BlazePose model
- `cv2` 및 `mediapipe` 라이브러리 불러오기
- BlazePose 모델 초기화

✪ Step 2: 입력 이미지/프레임 전처리
Resize the image to match the input size expected by the model
- OpenCV(`cv2.VideoCapture(0)`)를 사용하여 비디오 프레임 캡처
- `cv2.cvtColor(frame, cv2.COLOR_BGR2RGB)`를 사용하여 BGR → RGB 변환
```

```
✪ Step 3: 모델 실행
Pose landmarks = BlazePose model.predict(preprocessed image)
- `pose.process(frame_rgb)` 실행

✪ Step 4: 출력 후 처리
Initialize an empty list to store keypoints
For each landmark in Pose landmarks:
    Extract x, y, and z coordinates
    Append coordinates to the keypoints list

✪ Step 5: 포즈 키포인트 시각화 또는 사용
For each keypoint in keypoints:
    Draw or plot the keypoint on the image/frame
    Optionally, connect keypoints to visualize bones or body parts

Output: 포즈를 위한 x, y, z 좌표가 포함된 키포인트 리스트
```

2 | MediaPipe BlazePose Library

1 라이브러리 및 모델 로드

```
import cv2
import mediapipe as mp

mp_pose = mp.solutions.pose
pose = mp_pose.Pose(static_image_mode=False, model_complexity=2, smooth_
landmarks=True)
```

BlazePose를 사용하기 위해 먼저 OpenCV(cv2)와 MediaPipe(mediapipe) 라이브러리를 불러옵니다. OpenCV는 영상 처리 기능을 제공하며, MediaPipe는 포즈 추정 모델을 실행하는 역할을 합니다.

그다음, mp_pose.Pose() 객체를 생성하여 BlazePose 모델을 초기화합니다. 이 과정에서 다양한 설정을 조정할 수 있으며, 주요 매개변수는 다음과 같습니다.

static_image_mode=False: 이 설정을 False로 두면 비디오 입력에서 연속된 프레임을 추적할 수 있습니다. 즉, 이전 프레임의 정보를 활용하여 보다 안정적인 추정을 수행합니다.

model_complexity=2: 모델의 복잡도를 설정하는 값으로, 숫자가 클수록 연산량이 증가하

지만 보다 정확한 포즈 추정이 가능합니다.

smooth_landmarks=True: 포즈 랜드마크의 좌표를 부드럽게 보정하는 기능을 활성화합니다. 이 설정은 포즈 키포인트가 급격하게 흔들리는 것을 방지하여, 보다 자연스럽고 안정적인 추정 결과를 제공합니다.

해당 세팅을 통해서 BlazePose 모델을 최적화하여 정확하고 부드러운 실시간 포즈 추정이 가능하도록 조정할 수 있습니다.

2 비디오 프레임 읽기 및 전처리

```
cap = cv2.VideoCapture(0)  웹캠 사용 (또는 비디오 파일 경로 입력)

while cap.isOpened():
    ret, frame = cap.read()
    if not ret:
        break

    frame_rgb = cv2.cvtColor(frame, cv2.COLOR_BGR2RGB)  OpenCV는 BGR,
MediaPipe는 RGB 사용
    results = pose.process(frame_rgb)  BlazePose 실행
```

웹캠 또는 비디오에서 프레임을 읽은 후, BlazePose 모델을 실행하기 전에 색상 공간 변환(BGR → RGB)이 필요합니다. 이는 OpenCV(cv2)에서 기본적으로 BGR 형식을 사용하지만, MediaPipe는 RGB 형식을 요구하기 때문입니다. 따라서 cv2.cvtColor() 함수를 사용하여 프레임을 RGB로 변환한 후 모델에 입력해야 합니다.

이렇게 변환된 프레임은 pose.process() 함수를 통해 BlazePose 모델에 전달됩니다. 모델은 입력된 이미지에서 신체 키포인트(landmarks)를 자동으로 예측하며, 얼굴, 손, 발을 포함한 총 33개의 신체 랜드마크를 추출할 수 있습니다. 이를 활용하면 사람의 자세를 정밀하게 분석하고, 실시간으로 움직임을 추적할 수 있습니다.

3 포즈 랜드마크 추출 및 결과 시각화

```
while cap.isOpened(): 이어지는 연결 코드 부분

    if results.pose_landmarks:
        for landmark in results.pose_landmarks.landmark:
            x, y, z = landmark.x, landmark.y, landmark.z  3D 좌표 추출
            keypoints.append((x, y, z))  키포인트 리스트에 저장

        mp.solutions.drawing_utils.draw_landmarks(
            frame, results.pose_landmarks, mp_pose.POSE_CONNECTIONS)

    cv2.imshow('BlazePose Tracking', frame)
    if cv2.waitKey(1) & 0xFF == ord('q'):  'q' 키 입력 시 종료
        break

cap.release()
cv2.destroyAllWindows()
```

BlazePose는 이미지 또는 비디오 프레임에서 **33개의 신체 키포인트(landmarks)**를 추정하여 각 키포인트의 x, y, z 좌표를 제공합니다. 이 값들은 results.pose_landmarks.landmark를 통해 개별적으로 접근할 수 있으며, 이를 활용하여 자세 정보를 저장하거나 분석할 수 있습니다.

추출된 키포인트는 MediaPipe의 draw_landmarks() 함수를 이용하여 시각적으로 표현할 수 있습니다. 또한, POSE_CONNECTIONS를 사용하면 몸의 주요 관절을 연결하여 전체적인 포즈 구조를 선으로 그릴 수 있습니다. 이를 통해 자세 변화나 운동 동작을 보다 직관적으로 분석할 수 있습니다.

최종적으로, cv2.imshow() 함수를 사용하여 포즈 추정 결과를 화면에 실시간으로 출력할 수 있습니다. 사용자는 'q' 키를 입력하여 원하는 순간에 프로그램을 중단할 수 있습니다.

Blazepose는 소형 전자기기에서도 용이하게 활용할 수 있다는 강력한 장점을 보유하고 있으나, 동시에 몇 가지 한계점도 존재합니다. 가장 큰 제한 사항은 복잡한 자세와 다중 인물 인식에서 발생하는데, BlazePose가 단일 인물의 포즈 추정에 최적화되어 있어 여러 사람이 등장하는 상황에서는 개별 포즈를 정확히 분리해 추정하기 어려우며, 복잡한 자세나 관절이 가려진 경우에도 정확도가 저하될 수 있습니다. 또 다른 중요한 한계점은 조명과 배경

조건에 대한 민감성입니다. 어두운 환경이나 조명 대비가 낮은 상황, 복잡한 배경에서는 성능이 현저히 저하될 수 있습니다. 마지막으로, 3D 관절 추정에 있어서도 제한이 있는데, 기본적으로 2D 관절 추정만을 지원하며 3D 정보는 추정된 상대적 깊이 값으로만 제한적으로 제공되어 정확한 3D 자세 분석에는 한계가 존재합니다.

하지만 이러한 한계에도 불구하고 모바일 기기에서 빠르고 편리하게 활용할 수 있다는 점에서 상당히 유용한 모델입니다.

병원에 내원한 환자를 위해 촬영 스튜디오를 마련할 수 없을 뿐만 아니라 분석을 위해 고가의 고성능 GPU를 마련하기도 쉽지 않습니다. 그렇기에 편리하게 들고 다닐 수 있는 모바일기기로 촬영부터 분석까지 한 번에 해결할 수 있다면 효율성 측면에서 상당한 이점을 가질 수 있습니다.

활용성 또한 무궁무진합니다. 병원에서 활용하기 위해 고령의 환자들을 대상으로 한 진단 및 재활 프로그램을 개발할 수 있지만 일반 성인들을 대상으로 휴대폰에서 실행할 수 있는 자세 교정 어플 혹은 셀프 헬스 트레이닝 어플을 개발할 수도 있습니다.

그러니 여러분들도 Blazepose를 활용해서 어플을 개발해보시는 것이 어떨까요? 쉽게 활용할 수 있고 다양하게 활용할 수 있는 만큼 여러분들의 아이디어를 어플로 표현하기에 유용한 도구가 될 것입니다.

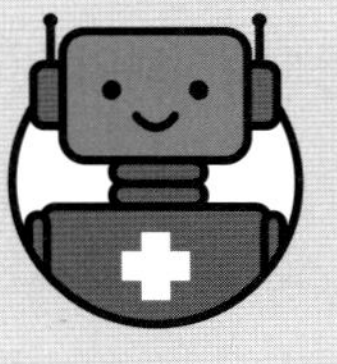

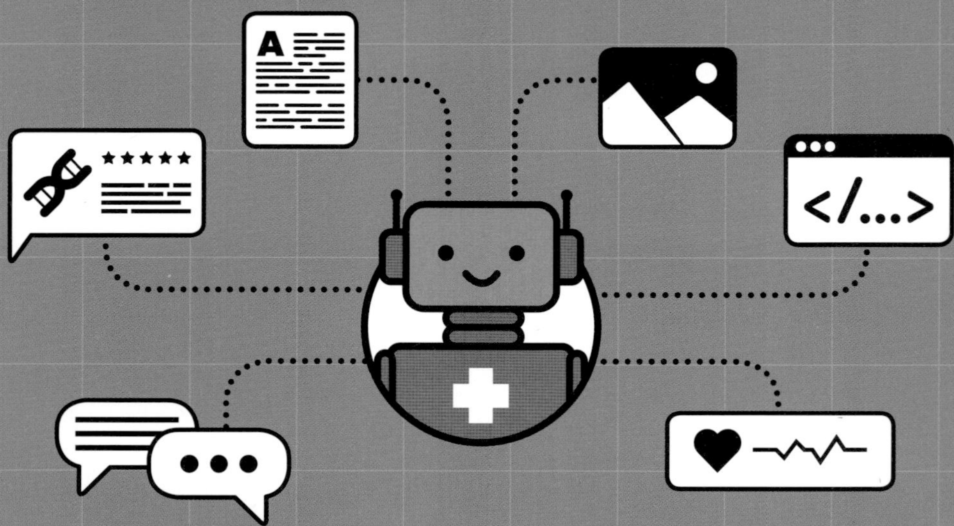

CHAPTER 6

시계열 자료 분석을 위한 딥 러닝

의료 현장에서 X-ray, CT, MRI와 같은 영상 검사는 중요한 비중을 차지하지만, 이는 환자 평가의 전부가 아닙니다. 실제로 병원에서 회진을 준비할 때 의료진은 영상 검사 결과뿐만 아니라 혈압, 맥박, 체온을 포함한 바이탈 사인부터 다양한 혈액검사 수치들까지 모두 파악해야 합니다. 이러한 종합적인 접근은 환자의 전반적인 상태를 정확히 이해하는 데 필수적입니다.

이러한 수치들을 파악할 때 중요한 점은 당일 검사 결과만을 보지 않는다는 것입니다. 의료진은 환자가 입원한 시점부터 현재까지의 검사 결과 추이를 확인하여, 환자의 질병이 호전되고 있는지 악화되고 있는지를 판단합니다. 이러한 관점에서 볼 때, 병원에서 접하는 혈액검사 결과에서 시간에 따른 변화가 매우 중요한 의미를 갖습니다. 이를 통해 치료의 효과를 모니터링하고 필요에 따라 치료 계획을 조정할 수 있습니다.

AI의 세계에서는 이와 같이 시간에 따라 변화하는 데이터를 '시계열 자료'라고 부릅니다. 시계열 데이터는 시간에 따라 순차적으로 기록된 정보를 말하며, 의료 분야에서 그 중요성이 매우 큽니다. 환자의 연속적인 혈압 측정치, 일일 혈당 수치, 심전도(ECG) 데이터, 뇌파(EEG) 기록 등이 대표적인 의료 시계열 데이터에 해당합니다. 이러한 데이터를 분석하면 질병의 진행 과정을 예측하거나 치료 효과를 모니터링하는 데 큰 도움이 됩니다. 예를 들어, 당뇨병 환자의 연속적인 혈당 모니터링 데이터를 분석하여 저혈당이나 고혈당 발생을 예측할 수 있습니다.

의료 시계열 데이터 분석에 있어 딥 러닝 모델 중 대표적으로 활용되는 것이 RNN

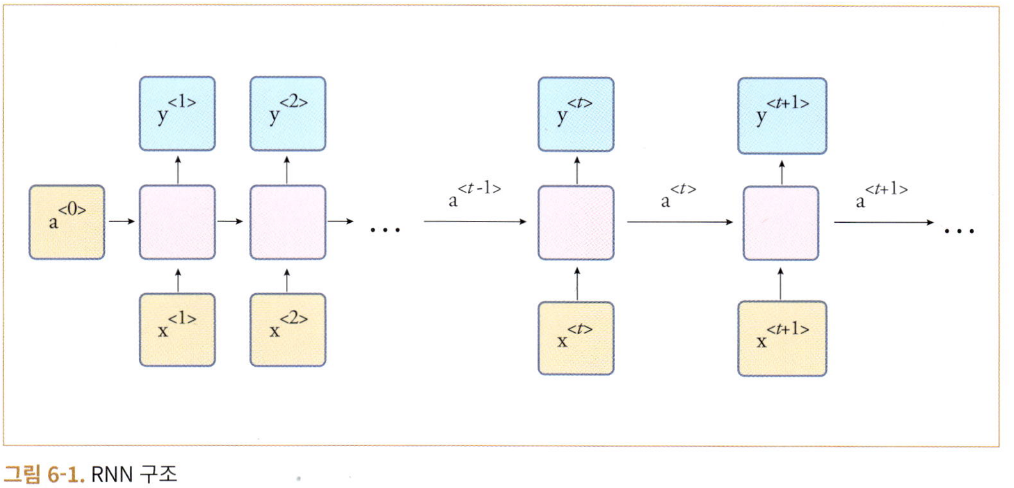

그림 6-1. RNN 구조

(recurrent neural network)입니다. RNN은 순차적인 데이터를 처리하고 시간의 흐름에 따른 패턴을 학습하는 데 특화된 신경망 구조로, 의료 시계열 데이터 분석에 적합합니다.

RNN의 특징은 이전 단계의 출력을 현재 단계의 입력으로 사용하는 순환 구조에 있습니다. 이를 통해 시간에 따른 데이터의 의존성을 효과적으로 포착할 수 있으며, 의료 데이터에서 중요한 변화나 경향을 분석하는 데 유용합니다(그림 6-1).

RNN의 구조는 입력층, 은닉층, 출력층으로 구성되며, 은닉층에서 순환 연결이 이루어집니다. 이 구조는 이전 시점의 정보를 현재 시점의 계산에 반영할 수 있어, 시계열 데이터의 시간 의존성을 학습하는 데 효과적입니다.

다만, RNN은 긴 시퀀스의 데이터를 처리할 때 그래디언트 소실 또는 폭발 문제로 인해 장기적인 의존성을 안정적으로 학습하지 못하는 한계가 있습니다. 이 문제는 특히 데이터 내의 시간적 간격이 긴 패턴을 학습할 때 두드러집니다.

이러한 RNN의 한계를 극복하기 위해 LSTM (long short-term memory)과 GRU (gated recurrent unit)가 개발되었습니다. 이 두 모델은 게이트 메커니즘을 도입하여 장기 의존성 문제를 해결하고자 했습니다.

LSTM의 구조는 forget gate, input gate, output gate로 구성되어 있으며, 이를 통해 정보의 흐름을 제어합니다. GRU는 LSTM을 단순화한 모델로, update gate와 reset gate를 사용하여 비슷한 기능을 수행합니다.

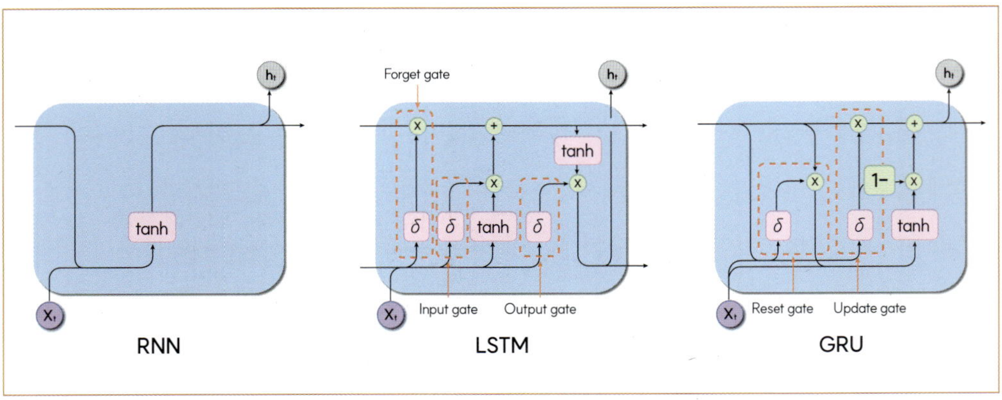

그림 6-2. RNN vs. LSTM vs. GRU

LSTM과 GRU는 시계열 데이터에서 우수한 성능을 보여주는 모델이지만, 데이터셋의 특성에 따라 단독으로는 충분한 성능을 내지 못할 수도 있습니다. 예를 들어, 시계열 데이터와 공간적 패턴(예: 의료 영상의 시계열 데이터)을 동시에 처리해야 하는 경우, LSTM과 GRU는 한계가 있을 수 있습니다. 이러한 상황에서는 CNN (convolutional neural network)과 같은 신경망을 결합하여 하이브리드 모델을 구축하는 방식이 효과적입니다.

이러한 접근 방식은 CNN의 공간적 특징 추출 능력과 RNN 계열 모델의 시간적 의존성 학습 능력을 결합하여, 복잡한 의료 시계열 데이터의 다차원적 특성을 더욱 효과적으로 분석할 수 있도록 해줍니다. 이를 통해 데이터의 시간적, 공간적 패턴을 모두 고려한 더욱 강력한 모델을 구축할 수 있습니다(그림 6-2).

이번 챕터에서는 의료 분야의 중요한 두 가지 사례를 통해 시계열 데이터 분석에 대해 깊이 있게 살펴보겠습니다. 이 두 사례는 각각 다른 특성을 가진 의료 데이터에 대해 적절한 딥 러닝 모델 적용 방법을 보여줍니다.

첫 번째 사례에서는 대표적인 시계열 데이터인 혈당 수치를 예측하는 과정을 다룰 것입니다. 이를 위해 RNN (recurrent neural network) 계열 중에서도 특히 LSTM (long short-term memory) 모델을 활용할 예정입니다. LSTM은 시간에 따라 변화하는 혈당 수치의 패턴을 포착하고 예측하는 데 적합합니다.

두 번째 사례에서는 좀 더 복잡한 형태의 데이터인 심전도(ECG) 데이터를 다룰 것입니다. 심전도 데이터는 시계열 특성과 이미지적 특성을 동시에 가지고 있는 독특한 형태의 의료 데이터입니다. 이러한 복합적인 특성을 효과적으로 분석하기 위해, 우리는 LSTM과 CNN (convolutional neural network)을 결합한 하이브리드 모델을 사용할 것입니다. 이 접근 방식을 통해 심전도의 시간적 패턴과 공간적 특징을 동시에 학습하여 더욱 정확한 판독 결과를 얻는 방법을 살펴볼 것입니다.

이 두 사례 연구를 통해, 다양한 형태의 의료 시계열 데이터에 대한 분석 기법과 각 상황에 적합한 딥 러닝 모델의 선택 및 적용 방법에 대해 실제적인 이해를 얻을 수 있을 것입니다.

1 아침 7시의 악몽 탈출하기: 딥 러닝으로 혈당 관리 혁신

여러분, 당뇨병 관리가 얼마나 골치 아픈지 아시죠? 특히 경구약으로 혈당이 잘 안 잡히는 환자들은 인슐린 치료가 필수입니다. 입원 환자들은 더 까다로워 아침 식전, 매 식전, 자기 전까지 혈당을 체크하고 인슐린 용량을 조절해야 합니다. 특히 내과에서 이런 환자들이 매우 많으며, 내과 전공의들은 당직 근무 중에 이러한 상황으로 곤혹을 겪습니다. 아침 7시쯤 되면 40-50명 환자들 공복 혈당을 체크하고 인슐린 용량을 정해야 하는데, 엄청 바쁘고 복잡할 수밖에 없겠죠.

그래서 우리는 꼭 내과 의사가 아니라도 이러한 문제를 어떻게 자동화할 수 없을까 같이 고민할 수밖에 없습니다. 이러한 현실적인 고민에서 더 나아가 혈당 변화를 분석하고 예측하는 딥러닝 모델을 같이 만들어 보면 어떨까 싶습니다. 혈당 변화를 예측하고, 적정한 인슐린 용량까지 제안해준다면 정말 혁신적인 솔루션이 되지 않을까요?

이런 시스템이 실제로 도입된다면, 내과 의사들의 업무 부담이 크게 줄면서, 더 세심한 환자 관리가 될 것 같습니다. 환자들 건강은 물론이고, 우리가 제공하는 의료 서비스의 질도 높아질 겁니다. 이러한 아이디어를 여러분과 코드로 실제 구현해보고 싶습니다. 시계열 분석으로 혈당 예측하는 딥 러닝 알고리즘을 만들어보는 거죠. 단순히 기술을 구현하는 게 아니라, 실제 병원에서 겪는 문제를 해결하고 환자 케어를 개선하는 의미 있는 프로젝트가 될 수 있을 것 같습니다. 이런 시도 하나하나가 실제 의료 현장의 프로세스를 바꿀 수 있지 않을까요?

우선 딥 러닝 모델 중 시계열 데이터를 분석하기 위하여 먼저 RNN 모델을 고려할 수 있습니다. 하지만 RNN은 장기 의존성(long-term dependency) 문제에 직면합니다. 장기 의존성이란 시계열 데이터에서 현재 시점과 멀리 떨어진 과거의 정보가 현재 예측에 중요한 영향을 미치는 경우를 말합니다. 예를 들어, 혈당 수치에서 며칠 전의 식습관이나 운동 패턴이 현재의 혈당 수치에 영향을 줄 수 있습니다. 그러나 기본 RNN은 시퀀스가 길어질수록 과거의 정보를 점차 잃어버리는 경향이 있어, 이러한 장기적인 패턴을 포착하기 어렵습니다.

본 사례에서는 RNN의 한 종류인 LSTM (long short-term memory)을 활용할 예정입니다.

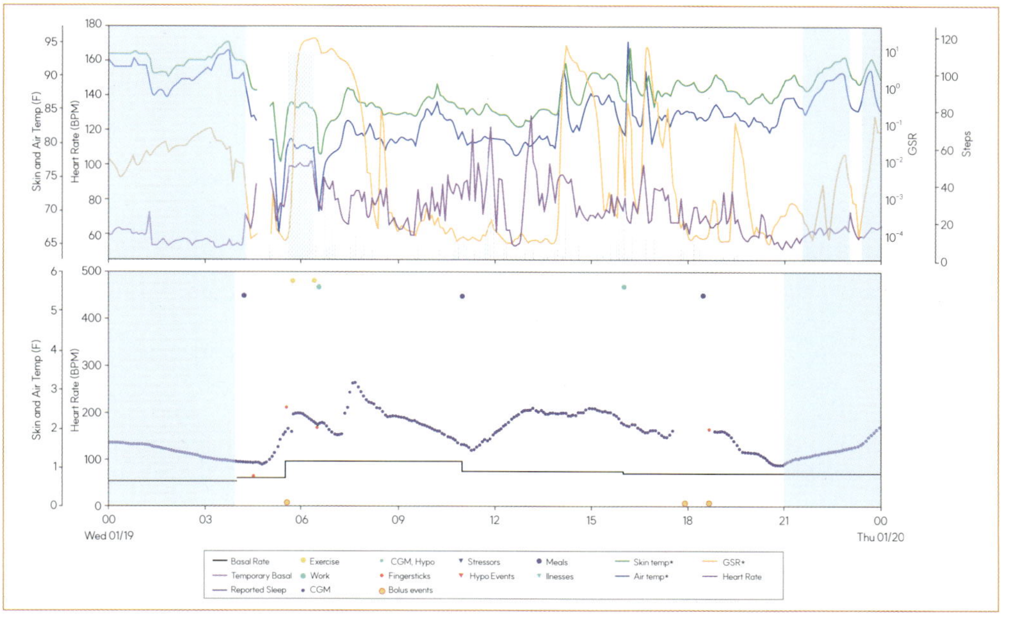

그림 6-3. Ohio T1DM 데이터셋

LSTM은 RNN의 장기 의존성 문제를 해결하기 위해 개발된 모델입니다. LSTM의 주요 장점은 장기 의존성을 효과적으로 처리할 수 있다는 것입니다. 셀 상태를 통해 중요한 정보를 오랫동안 기억할 수 있으며, 각 게이트를 통해 정보의 흐름을 조절합니다. 이로 인해 LSTM은 혈당과 같이 장기적인 패턴과 단기적인 변동이 공존하는 복잡한 시계열 데이터를 분석하는 데 매우 적합합니다. LSTM은 먼 과거의 정보도 필요에 따라 현재의 예측에 반영할 수 있어, 장기적인 트렌드와 단기적인 변동을 모두 고려한 정확한 혈당 예측이 가능합니다.

이러한 LSTM 모델을 활용하여 분석한 데이터셋은 Ohio T1DM Dataset입니다. Ohio T1DM Dataset은 제1형 당뇨병(T1DM) 환자의 연속 혈당 모니터링(continuous glucose monitoring, CGM) 데이터를 포함하는 공개 데이터셋으로, 총 6명의 환자로부터 수집된 정보를 담고 있습니다. 각 환자는 약 8주 동안 데이터를 기록했으며, 혈당 수치는 5분 간격으로 측정되어 하루에 약 288개의 측정값이 포함됩니다. 이 데이터셋은 혈당 수치, 인슐린 투여량, 음식 섭취(탄수화물 양), 운동 및 신체 활동, 수면 패턴과 활동량 등의 기타 관련 정보를 포함합니다. Ohio T1DM Dataset의 주요 목적은 제1형 당뇨병 관리 및 예측 연구를 지원하는 것으로, 혈당 변화 예측, 인슐린 투여량 최적화, 인공지능을 활용한 혈당 관리 시스템 개발 등에 활용됩니다(그림 6-3).

지금부터 LSTM에 대하여 한 단계씩 살펴봅시다.

1 | LSTM 기반 확률적 혈당 예측 모델

```
✪ 활성화 함수 반환 함수 정의
def get_activation_function_by_name(name='exp'):
    입력된 이름에 따라 활성화 함수를 반환합니다.
    if name == 'exp':
        return ExponentialFunction()      지수 함수 반환
    elif name == 'softplus':
        return SoftplusFunction()         Softplus 함수 반환 (부드러운 ReLU 유사)
    elif name == 'relu':
        return ReluFunction()             ReLU 함수 반환
    else:
        RaiseError("지원하지 않는 활성화 함수")
        지원하지 않는 함수가 입력되면 오류 발생
```

```
✪ LSTM 기반 혈당 예측 모델 구성 함수
def load(input_shape, output_shape, cfg):

    1-1. 모델 구성 초기화
    nb_lstm_states = ExtractLSTMUnits(cfg)  LSTM 상태 유닛 수 설정 (cfg 값 사용)
    inputs = DefineInputLayer(shape=input_shape)      입력 레이어 정의, 입력 형태는
'input_shape'와 동일

    1-2. LSTM 레이어 추가
    CuDNN LSTM 레이어 적용, GPU 가속 사용하여 빠르게 계산
    x = AddCuDNNLSTMLayer(inputs, units=nb_lstm_states)

    1-3. Dense 레이어 1
    x = AddDenseLayer(x, units=512)         첫 번째 Dense 레이어, 512개 뉴런
    x = AddActivation(x, 'relu')            ReLU 활성화 함수 적용
    x = AddDropout(x, rate=0.2)             20% 드롭아웃 추가하여 과적합 방지
```

```
1-4. Dense 레이어 2
x = AddDenseLayer(x, units=256)          두 번째 Dense 레이어, 256개 뉴런
x = AddActivation(x, 'relu')             ReLU 활성화 함수 적용
x = AddDropout(x, rate=0.3)              30% 드롭아웃 추가하여 과적합 방지

1-5. 평균값(mu) 및 표준편차(std) 예측 레이어
mu = AddDenseLayer(x, units=1)           평균값 예측을 위한 Dense 레이어
std = AddDenseLayer(x, units=1)          표준편차 예측을 위한 Dense 레이어

cfg 설정에 따라 활성화 함수 적용
activation_fn = get_activation_function_by_name(cfg['activation_
function'])  cfg에 따라 활성화 함수 선택
std = ApplyActivation(std, activation_fn, name="exponential_activation")
선택된 활성화 함수 적용

1-6. 평균(mu)와 표준편차(std)를 하나의 출력으로 결합
output = ConcatenateTensors([std, mu])  평균과 표준편차를 하나의 출력으로 결합

1-7. 입력과 출력을 연결하여 모델 생성
model = DefineModel(inputs=[inputs], outputs=[output])

return model
```

이 코드는 LSTM 기반의 인공 신경망을 사용하여 혈당 수치를 예측하는 모델을 구현합니다. 이 모델은 먼저 활성화 함수로 'exp', 'softplus', 'relu' 중 하나를 선택하여 예측 과정에 활용합니다. 모델 구조는 시간 순서에 따라 데이터를 분석하는 LSTM 레이어를 포함하고 있으며, 이 레이어는 GPU 가속을 통해 효율적으로 작동합니다. 이어서 512개와 256개의 뉴런을 가진 두 개의 Dense 레이어가 포함되는데, 각 레이어에는 ReLU 활성화 함수와 드롭아웃이 적용됩니다. 드롭아웃은 과적합을 방지하고 모델의 예측 신뢰성을 높이기 위해 사용됩니다.

모델의 마지막 출력에서는 평균(mu)과 표준편차(std)를 별도로 예측하며, 표준편차에 선택된 활성화 함수를 적용합니다. 이를 통해 예측 값과 예측의 불확실성을 함께 제공하여 결과에 대한 신뢰도를 높입니다. 이 모델은 시간 흐름에 따른 혈당 수치의 패턴을 학습하고 이

를 바탕으로 미래의 혈당 수치를 예측하는 동시에, 예측값이 얼마나 신뢰할 수 있는지에 대한 정보도 제공하는 효과적인 접근 방식을 채택하고 있습니다.

LSTM은 시계열 데이터 분석에 유용한 모델입니다. 혈당을 포함하여 병원 내에서 시행하는 대다수의 혈액검사 결과들은 시간에 따른 변화를 보이기에 RNN이 만능도구로 보일 수 있습니다. 다만 심전도처럼 시간뿐만 아니라 공간적인 특징도 중요한 데이터들이 있습니다. 과연 RNN이 이러한 데이터들에도 강력하게 활용될지 다음 챕터에서 자세히 알아보도록 하겠습니다.

II AI의 청진기: 딥 러닝이 읽어내는 심장의 리듬

의료 현장에서 EKG(심전도)는 환자 상태를 평가하는 데 있어 가장 빈번하게 사용되는 검사 중 하나입니다. 의대 교육 과정에서 전공의 수련 기간까지, 많은 의료진이 EKG 판독 능력을 연마하는 데 상당한 시간과 노력을 투자합니다. 그러나 EKG 판독은 심장 리듬의 생리학적 기전과 다양한 질환의 패턴을 이해해야 하는 복잡한 과정이기에, 많은 의료진이 어려움을 느끼는 분야이기도 합니다. 특히 내과 전공의들은 타과의 수술 전 EKG 판독 업무를 수행하면서, 판독에 대한 불확신과 시간적 압박을 느끼게 되고 이 부분에서 외과와 내과 간의 의견 충돌이 발생하는 경우도 있습니다.

최근에는 이런 문제를 개선하기 위해 많은 자동화 판독 시스템들이 개발되어 사용되고 있습니다. 하지만 이런 자동 판독 시스템이 어떤 원리로 작동하는지 정확히 알지 못해서, 판독 결과를 받았을 때 고민에 빠지는 경우가 많습니다. '이 판독이 정말 정확할까?', '정상이라고 나온 EKG를 그대로 믿어도 될까?', '어떤 심장 질환까지 이 판독을 신뢰할 수 있을까?' 하는 의문이 들곤 합니다. 이런 고민을 하다 보면 시간에 쫓기는 경우가 생기고, 결국 자동 판독 결과를 그대로 사용하는 경우도 허다합니다.

앞서 활용한 LSTM 모델은 시계열 데이터인 EKG 판독의 정확성과 효율성을 높이는 데 유용할 수 있습니다. 그러나 EKG를 완전히 판독하기에는 LSTM만으로는 한계가 있습니다. LSTM은 시간적 패턴을 잘 포착하지만, EKG 신호의 공간적 특성을 효과적으로 분석하는 데 어려움이 있습니다. 특히 LSTM은 2D 또는 다차원 공간 데이터에서 지역적 패턴이나 특징을 추출하는 능력이 제한적입니다. 이러한 LSTM의 한계를 보완하기 위해 공간 데이터 분석에 강점을 가진 CNN과 결합하여 더욱 강력한 모델을 만들 수 있습니다.

CNN은 이미지나 다차원 데이터에서 지역적 특징을 효과적으로 추출할 수 있어, EKG 신호의 공간적 패턴을 잘 포착할 수 있습니다. LSTM과 CNN을 결합하면 시간적 의존성과 공간적 특징을 동시에 학습할 수 있는 모델이 만들어집니다. 이 결합 모델은 LSTM의 순차적 데이터 처리 능력과 CNN의 효율적인 특징 추출 능력을 활용하여 EKG 데이터의 시공간적 패턴을 더 정확하게 분석할 수 있습니다. 또한, CNN의 병렬 처리 능력을 통해 LSTM

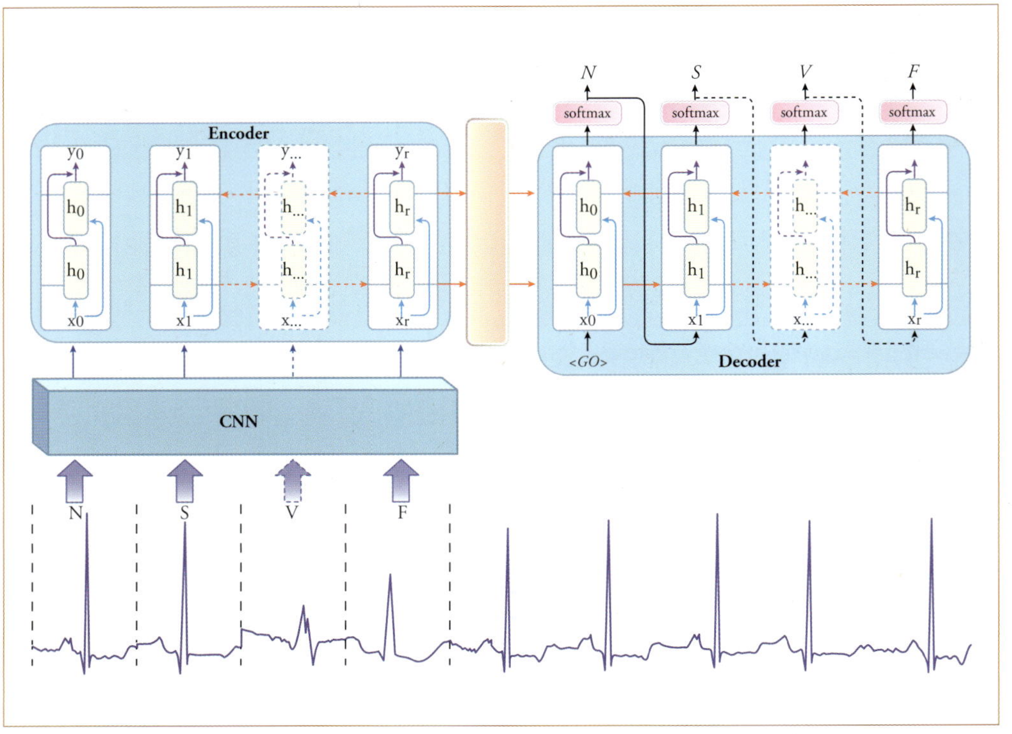

그림 6-4. CNN과 LSTM이 결합된 구조

의 학습 속도를 개선하고, 전반적인 모델의 성능을 향상시킬 수 있습니다. 결과적으로, 이러한 하이브리드 모델은 EKG 판독의 정확성을 높이고, 심장 질환 진단이나 이상 징후 탐지와 같은 복잡한 의료 분석 작업에서 더 우수한 성능을 발휘할 수 있습니다.

다음으로 소개할 모델은 CNN과 LSTM을 결합한 딥 러닝 아키텍처로 주요 구성 요소로는 CNN, RNN 인코더, RNN 디코더가 있습니다(**그림 6-4**).

CNN 부분은 ECG 신호에서 특징을 추출하는 역할을 합니다. 3개의 1차원 CNN 계층으로 구성되며, ReLU 활성화 함수와 최대 풀링 계층을 사용합니다.

RNN 인코더는 LSTM 유닛을 사용하여 ECG 신호의 시퀀스를 인코딩합니다. 여기서 양방향 RNN (BiRNN)을 채택하여 신호의 과거와 미래 정보를 모두 고려합니다. 이는 시간에 의존적인 ECG 신호 처리에 특히 유용합니다. LSTM을 사용하여 장기 의존성 문제를 해결하고, 시퀀스의 문맥을 더 잘 이해할 수 있습니다.

RNN 디코더는 다대다(many-to-many) LSTM으로 구성되어 각 심장 박동의 범주를 예측합니다. 디코더는 인코더의 마지막 상태를 초기 상태로 사용하여 시작하며, 이전 시점의 출력과 현재의 hidden state를 바탕으로 다음 출력을 생성합니다. Softmax를 사용해 각 심장 박동이 어떤 클래스에 속하는지 확률적으로 분류합니다.

이 모델의 핵심은 시퀀스 투 시퀀스 구조를 사용한다는 점입니다. 이 구조는 입력 시퀀스(ECG 신호)를 받아 출력 시퀀스(심장 박동 분류)를 생성합니다. 모델은 end-to-end 방식으로 학습되며, 역전파(back propagation)를 통해 전체 네트워크의 가중치가 조정됩니다.

이 모델의 주요 장점으로는 CNN과 RNN의 결합으로 시간적, 공간적 특징을 모두 고려할 수 있다는 점, 시퀀스 투 시퀀스 구조로 가변 길이의 입력을 처리할 수 있다는 점 그리고 BiRNN의 사용으로 더 풍부한 문맥 정보를 활용할 수 있다는 점이 있습니다. 이러한 특성으로 인해 ECG 신호 분석뿐만 아니라 다른 시계열 의료 데이터 분석에도 응용될 수 있는 잠재력을 가지고 있습니다.

그러나 이러한 딥 러닝 모델을 효과적으로 만들기 위해서는 적정 규모의 EKG 데이터를 모으는 것이 중요합니다. 개인이나 단일 기관에서 대규모 EKG 데이터를 직접 수집하기는 어렵기 때문에, 공용으로 활용되는 데이터셋을 사용하는 것이 좋은 대안이 될 수 있습니다. 이런 맥락에서 MIT-BIH Arrhythmia Database는 매우 유용하게 활용됩니다.

MIT-BIH Arrhythmia Database는 1975년부터 1979년 사이에 MIT와 Beth Israel Hospital이 협력하여 심장 부정맥 연구를 위해 수집된 데이터셋입니다. 이 데이터베이스는 48개의 30분 길이 ECG 기록으로 구성되어 있으며, 각 기록은 2채널(흉부와 왼쪽 다리)로 심전도 신호를 포함하고 있습니다. 다양한 유형의 부정맥을 포함하고 있어 의료 분석에 적합하며, 수작업으로 주석이 달린 정확한 심장 박동 라벨을 제공합니다. 심방세동, 심실성 빈맥, 심실성 기외수축 등의 부정맥을 포함하고 있어, 의학 연구와 기계 학습 알고리즘 개발에 널리 사용되고 있습니다. PhysioNet을 통해 자유롭게 접근 가능한 이 데이터셋은 의료 연구 및 교육 목적으로 광범위하게 활용되고 있습니다(그림 6-5).

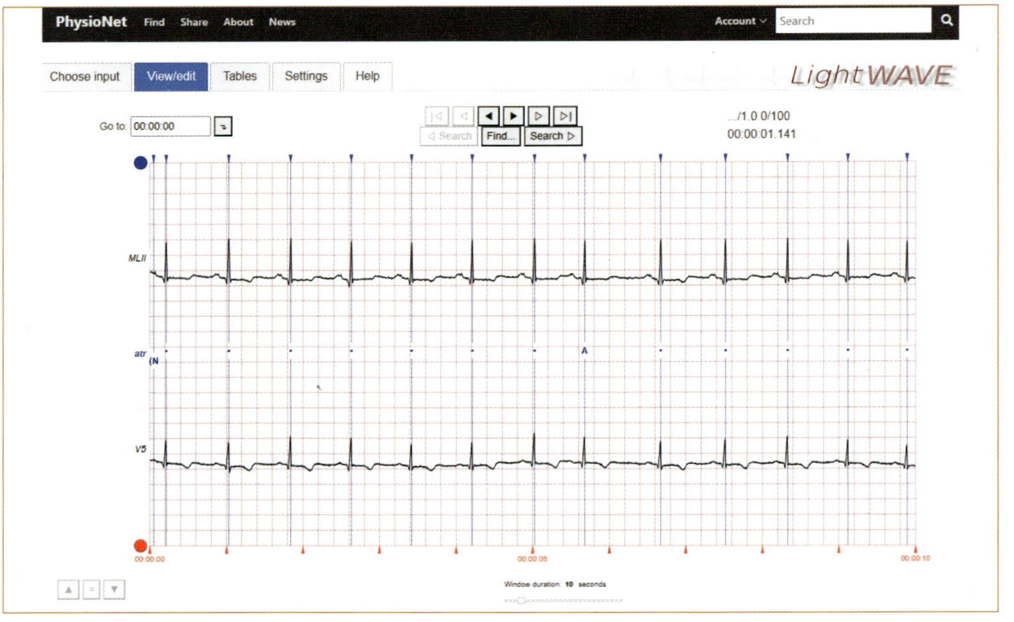

그림 6-5. PhysioNet에서 제공되는 MIT-BIH Arrhythmia Database

Inter- and intra- patient ECG heartbeat classification for arrhythmia detection: a sequence to sequence deep learning approach
arXiv:1812.07421 2018 · Sajad Mousavi, Fatemeh Afghah

1 | CNN (Convolutional Neural Network)

```
conv1 = tf.layers.conv1d(inputs=_inputs, filters=32, kernel_size=2, strides=1,
padding='same', activation=tf.nn.relu)

max_pool_1 = tf.layers.max_pooling1d(inputs=conv1, pool_size=2, strides=2,
padding='same')

conv2 = tf.layers.conv1d(inputs=max_pool_1, filters=64, kernel_size=2,
strides=1, padding='same', activation=tf.nn.relu)

max_pool_2 = tf.layers.max_pooling1d(inputs=conv2, pool_size=2, strides=2,
padding='same')

conv3 = tf.layers.conv1d(inputs=max_pool_2, filters=128, kernel_size=2,
strides=1, padding='same', activation=tf.nn.relu)
```

- filter(필터): 이미지나 신호의 특징을 추출하기 위해 데이터를 가로지르는 작은 수학적 도구입니다. 필터 개수는 레이어의 출력 채널 수를 결정합니다.
- kernel_size(커널 크기): 필터의 크기를 나타내며, 필터가 한 번에 처리할 데이터의 길이입니다.
- stride(스트라이드): 필터가 이동하는 간격입니다. 값이 클수록 출력 크기가 작아집니다.
- padding(패딩): 입력 데이터의 양 끝에 값을 추가해 필터가 입력 전체에 걸쳐 적용되도록 합니다. 'same'은 출력 크기를 입력과 동일하게 유지하는 방식입니다.
- activation(활성화 함수): 필터가 추출한 특징에 비선형성을 부여하는 함수입니다. 여기서는 ReLU가 사용되며, 양수 값은 그대로 두고 음수는 0으로 만들어줍니다.
- max_pool(최대 풀링): 각 필터가 추출한 특징 중 가장 중요한 값(최대값)만 남겨 데이터 크기를 줄이고, 중요한 특징만 남겨줍니다.

코드에서 CNN은 심전도 신호(ECG)의 특징을 추출하는 데 사용되며, 3개의 1D 컨볼루션 레이어와 풀링 계층을 통해 데이터를 점진적으로 압축하고 중요한 특징을 얻습니다. 앞선 챕터서 CNN에 대하여 많이 접하였으니 본격적인 LSTM에 대하여 살펴봅시다.

2 | RNN 인코더 (LSTM 기반 인코더)

```
✪ RNN 인코더 블록 (LSTM 기반)
with DefineVariableScope("encoding") as encoding_scope:

    양방향 LSTM 사용 여부에 따른 인코더 설정
    if not bidirectional:   단방향 LSTM 사용 시
        단방향 LSTM 셀 생성
        lstm_enc = CreateLSTMCell(units=num_units)
        'num_units'에 따라 셀 유닛 수 설정

        입력된 데이터에 대해 동적 RNN 적용하여 LSTM 인코딩
        _, last_state = ApplyDynamicRNN(lstm_enc, inputs=data_input_embed,
        dtype=tf.float32)
        마지막 상태(last_state) 추출하여 디코더에 전달
```

```
else:   양방향 LSTM 사용 시
    양방향 LSTM 셀 정의
    enc_fw_cell = CreateLSTMCell(units=num_units) 전방(forward) LSTM 셀
    enc_bw_cell = CreateLSTMCell(units=num_units) 후방(backward) LSTM 셀

    양방향 동적 RNN 적용
    (enc_fw_out, enc_bw_out), (enc_fw_final, enc_bw_final) =
    ApplyBidirectionalDynamicRNN(
        cell_fw=enc_fw_cell,           전방 LSTM 셀
        cell_bw=enc_bw_cell,           후방 LSTM 셀
        inputs=data_input_embed,       CNN에서 추출된 임베딩 데이터
        dtype=tf.float32
    )

    전방과 후방의 최종 상태를 결합하여 디코더에 전달할 마지막 상태 생성
    enc_fin_c = ConcatenateTensors((enc_fw_final.c, enc_bw_final.c), axis=1)
    셀 상태(c) 결합
    enc_fin_h = ConcatenateTensors((enc_fw_final.h, enc_bw_final.h), axis=1)
    히든 상태(h) 결합
    last_state = DefineLSTMState(c=enc_fin_c, h=enc_fin_h)
    결합된 상태로 LSTMStateTuple 생성
```

이 코드에서는 RNN 인코더를 구성할 때 단방향 LSTM과 양방향 LSTM 중 하나를 선택할 수 있습니다. 단방향 LSTM을 사용할 경우, 시퀀스를 정방향으로만 처리하고 마지막 상태를 추출하여 디코더로 전달합니다. 양방향 LSTM을 선택하면, 시퀀스를 양방향으로 처리하며 두 방향에서 얻은 마지막 상태를 결합하여 디코더에 전달합니다.

양방향 LSTM의 주요 장점은 시퀀스의 과거와 미래 정보를 모두 활용할 수 있다는 점입니다. 이를 통해 더 풍부한 문맥 정보를 고려할 수 있어, 특히 ECG 신호와 같이 시간에 따른 패턴이 중요한 데이터 분석에 유용합니다. 선택된 LSTM 유형에 따라 모델의 성능과 특성이 달라질 수 있으므로, 데이터의 특성과 분석 목적에 맞게 적절한 유형을 선택하는 것이 중요합니다.

3 | RNN 디코더 (LSTM 기반 디코더)

with DefineVariableScope("decoding") as decoding_scope:

```
✪ 3-1. 디코더 셀 구성
양방향 인코더 사용 여부에 따라 디코더 LSTM 셀 설정
if not bidirectional:
    lstm_dec = CreateLSTMCell(units=num_units)
    단방향 LSTM 셀 생성 (인코더 유닛 수와 동일)
else:
    lstm_dec = CreateLSTMCell(units=2 * num_units)
    양방향 인코더 시, 두 배의 유닛 수를 가지는 LSTM 셀 생성

✪ 3-2. 디코더 순전파
디코더에 입력 시퀀스를 전달하여 예측 결과 계산, 초기 상태는 인코더의 마지막 상태 사용
dec_outputs, _ = ApplyDynamicRNN(
    lstm_dec,                    디코더 LSTM 셀
    inputs=data_output_embed,    디코더 입력 시퀀스
    initial_state=last_state     인코더의 마지막 상태를 디코더의 초기 상태로 설정
```

디코더 구성에서는 단방향 LSTM이 사용되며, 그 구조는 인코더의 유형에 따라 달라집니다. 단방향 LSTM 인코더를 사용한 경우, 디코더는 기본적으로 num_units만큼의 유닛을 가지며 인코더의 마지막 상태를 초기 상태로 활용하여 시퀀스를 예측합니다. 반면, 양방향 LSTM 인코더를 선택했다면 디코더의 유닛 수는 두 배인 2 * num_units로 설정됩니다. 이는 양방향 LSTM 인코더에서 전방 및 후방 상태가 결합되어 전달되기 때문입니다. 디코더는 dynamic_rnn 함수를 통해 입력 시퀀스를 처리하고, 이를 바탕으로 출력 시퀀스를 생성합니다. 이러한 구조를 통해 디코더는 인코더로부터 받은 정보를 효과적으로 활용하여 각 시점에서의 예측을 수행할 수 있으며, 인코더의 유형에 따라 더 풍부한 정보를 처리할 수 있게 됩니다.

CNN과 LSTM을 동시에 다루는 것은 복잡할 수 있지만, 이 두 모델을 결합하여 각각을 따로 사용하는 것보다 우수한 성능을 얻을 수 있습니다. CNN은 이미지나 시계열 데이터와 같은 공간적 관계가 중요한 데이터에서 국소적인 특징을 추출하는 데 탁월하며, 특히 ECG 신호에서 중요한 패턴을 효과적으로 추출합니다. 반면 LSTM은 시계열 데이터나 순차 데이

터에서 시간적 의존성을 학습하는 데 뛰어나며, 긴 시퀀스에서 장기 의존성을 유지할 수 있어 데이터 간의 시간적 관계를 파악하는 데 매우 유리합니다. ECG 신호에서는 이전 상태가 현재 상태에 영향을 미치는 데이터를 처리하는 데 효과적입니다. 따라서 CNN과 LSTM을 결합하여 데이터의 시공간적 관계를 모두 파악할 수 있어, ECG 신호 분석과 같은 복잡한 작업에서 더욱 우수한 성능을 발휘할 수 있습니다.

하지만 아무리 훌륭한 모델 구조를 가지고 있더라도, 양질의 데이터가 충분하지 않으면 모델의 성능은 떨어질 수밖에 없습니다. 특히 클래스 불균형 문제와 인공적인 데이터 증강의 한계는 모델 성능에 큰 영향을 미칩니다.

클래스 불균형 문제는 특정 클래스의 데이터가 다른 클래스에 비해 현저히 적을 때 발생하며, 이는 모델이 소수 클래스를 제대로 학습하지 못하게 만듭니다. 인공적인 데이터 증강은 이러한 불균형을 해소하기 위해 사용되지만, 증강된 데이터가 실제 데이터의 특성을 완벽히 반영하지 못할 수 있다는 한계가 있습니다.

위의 모델도 똑같은 문제를 직면하고 있습니다. 비정상 심전도 리듬 데이터가 정상에 비하여 현저히 부족했고 결국 이러한 불균형을 해소하기 위하여 인공적으로 데이터를 증강하였습니다. 하지만, 증강된 데이터가 실제 데이터의 복잡한 특성을 충분히 반영하지 못하면서, 비정상 데이터를 구분하는 성능에 한계가 있었습니다. 결국, AI 모델의 성능은 데이터의 질과 양에 크게 좌우됩니다. 따라서 모델 구조의 개선만큼이나 고품질의 실제 데이터를 충분히 확보하는 것이 AI 모델 개발에 있어 중요한 과제라고 할 수 있습니다.

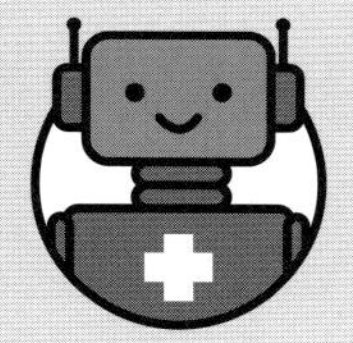

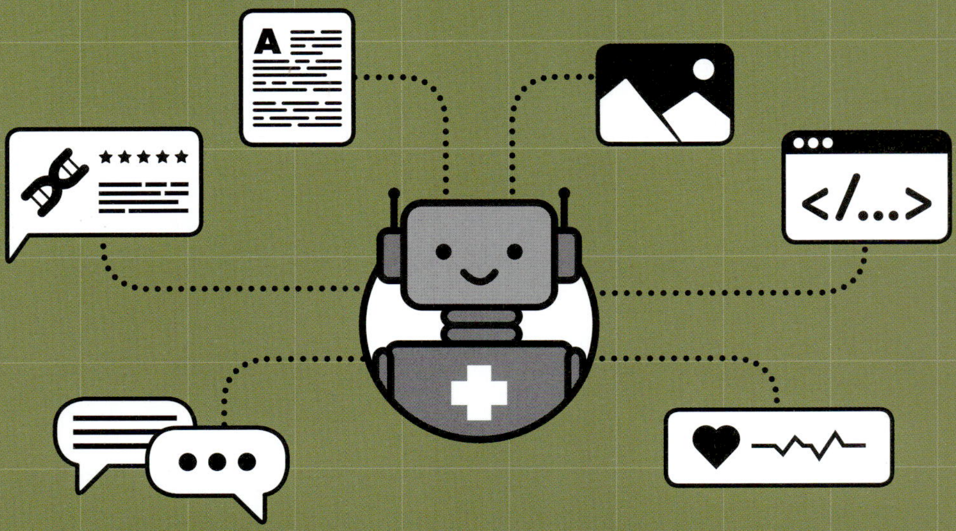

CHAPTER 7

생성형 AI 및 자연어 처리

의료 분야에서 인공지능(AI)의 활용은 혈액검사나 영상 검사와 같은 객관적인 데이터 분석에 국한되지 않습니다. 의무 기록, 즉 텍스트 형태의 데이터 또한 환자 진료와 의학 연구에 있어 매우 중요한 정보원입니다. 이러한 텍스트 데이터를 효과적으로 분석하기 위해 자연어 처리(natural language processing, NLP) 기술과 대규모 언어 모델(large language model, LLM)이 활용되고 있습니다.

NLP는 컴퓨터가 인간의 언어를 이해하고 처리할 수 있게 하는 인공지능의 한 분야로, 의학 분야에서 전자의무기록(EMR) 분석, 의학 문헌 검색, 임상 의사결정 지원 시스템 등 다양한 영역에서 활용되고 있습니다.

NLP의 주요 과정 중 하나인 토큰화는 텍스트를 분석 가능한 작은 단위로 나누는 과정입니다. 예를 들어, "환자는 중증 폐렴으로 인한 ARDS로 진단받았다."라는 문장을 토큰화하면 ["환자는", "중증", "폐렴으로", "인한", "ARDS로", "진단받았다."]와 같이 나눌 수 있습니다. 여기서 "ARDS(급성호흡곤란증후군)"와 같은 의학 약어는 하나의 토큰으로 특별히 처리해야 합니다.

임베딩은 이렇게 나눈 토큰을 수치 벡터로 변환하는 과정입니다. 예를 들어, "폐렴"이라는 단어는 [0.2, -0.5, 0.8, ...]와 같은 수백 차원의 벡터로 표현될 수 있습니다. 이를 통해 의학 용어 간의 의미적 관계를 컴퓨터가 이해할 수 있는 형태로 표현합니다**(그림 7-1)**.

이러한 벡터 표현을 이용하면 유사한 증상이나 질병을 벡터 공간에서 가깝게 위치시킬 수 있습니다. 예를 들어, "폐렴"과 "기침"은 벡터 공간에서 가까이 위치하게 되고, "폐렴"과 "골절"은 상대적으로 멀리 위치하게 됩니다.

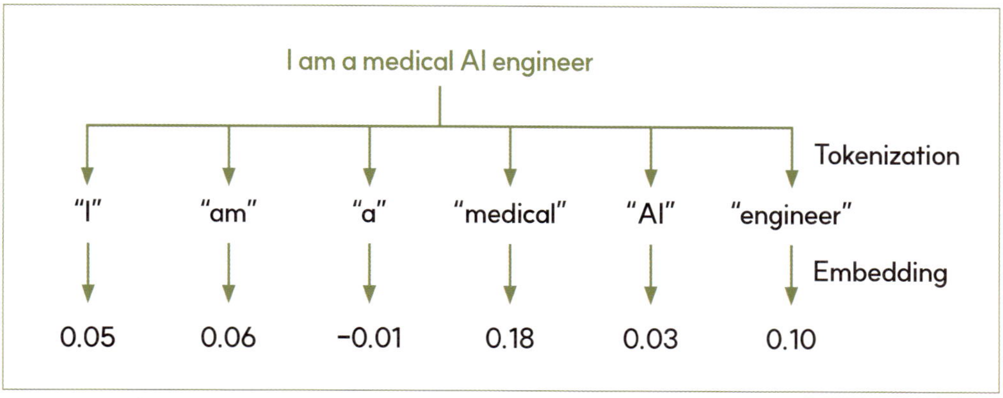

그림 7-1. 단어 토큰화와 임베딩 예시

또한, 복잡한 의학적 개념도 벡터 연산으로 표현할 수 있습니다. 예를 들어, "항생제" - "페니실린" + "바이러스" = "항바이러스제"와 같은 벡터 연산이 가능해집니다. 이는 약물 상호작용이나 질병-증상 관계를 분석하고, 새로운 치료법이나 약물을 추론하는 데 도움이 될 수 있습니다.

더불어, 희귀 질환이나 새로운 증상에 대한 정보도 효과적으로 표현할 수 있습니다. 예를 들어, 새로 발견된 바이러스에 의한 증상을 기존의 유사한 바이러스 증상들의 벡터 조합으로 근사하여 표현할 수 있습니다.

의학 분야에서 NLP의 응용 사례는 다양합니다. 임상 문서 분석을 통해 EMR에서 중요 정보를 추출하고, 진단 코딩을 자동화하며, 약물 부작용을 모니터링하는 데 활용됩니다. 또한, PubMed와 같은 데이터베이스에서 관련 연구를 효율적으로 검색하고 요약하는 데도 NLP 기술이 사용됩니다.

자연어 처리(NLP) 기술의 발전과 함께, 인공지능 분야에서 가장 주목받는 혁신 중 하나인 대규모 언어 모델(LLM)이 등장했습니다. LLM은 수십억에서 수천억 개의 매개변수를 가진 고도로 복잡한 딥 러닝 모델입니다. 이는 마치 인체의 신경망처럼 방대하고 정교한 구조를 가지고 있으며, 대량의 텍스트 데이터를 학습하여 인간 언어의 패턴을 이해하고 생성할 수 있는 능력을 갖추고 있습니다. 의학 분야에 비유하자면, LLM은 수많은 의학 논문과 임상 기록을 학습한 초인적 능력을 가진 의사와 같다고 볼 수 있습니다. GPT-4와 같은 LLM은 텍스트 생성, 번역, 질문 응답, 의학 문헌 요약 등 다양한 언어 관련 작업을 수행할 수 있어, 의료 정보의 처리와 분석에 혁신적인 도구로 활용될 수 있습니다. 이러한 LLM의 등장으로 NLP 기술은 더욱 고도화되어, 의료 분야에서의 언어 이해와 생성 능력이 비약적으로 향상되었습니다.

LLM의 핵심 구조는 주로 Transformer 아키텍처를 기반으로 합니다. 이는 마치 인체의 복잡한 기관 시스템과 유사한 구조를 가지고 있습니다. Transformer는 Self-Attention이라는 핵심 메커니즘을 사용하는데, 이는 의사가 환자의 증상을 종합적으로 분석하는 과정과 유사합니다. 입력된 텍스트(예: 환자의 병력)는 먼저 토큰화되고 임베딩되는데, 이는 의료 정보를 구조화된 형태로 변환하는 과정과 비슷합니다. 그 후 Self-Attention과 Multi-Head Attention 과정을 거치는데, 이는 마치 여러 전문의가 동시에 환자의 상태를 다각도로 분석하는 것과 유사합니다. 이러한 과정을 통해 LLM은 입력된 의학 텍스트를 깊이 있게 이해하고, 관련된

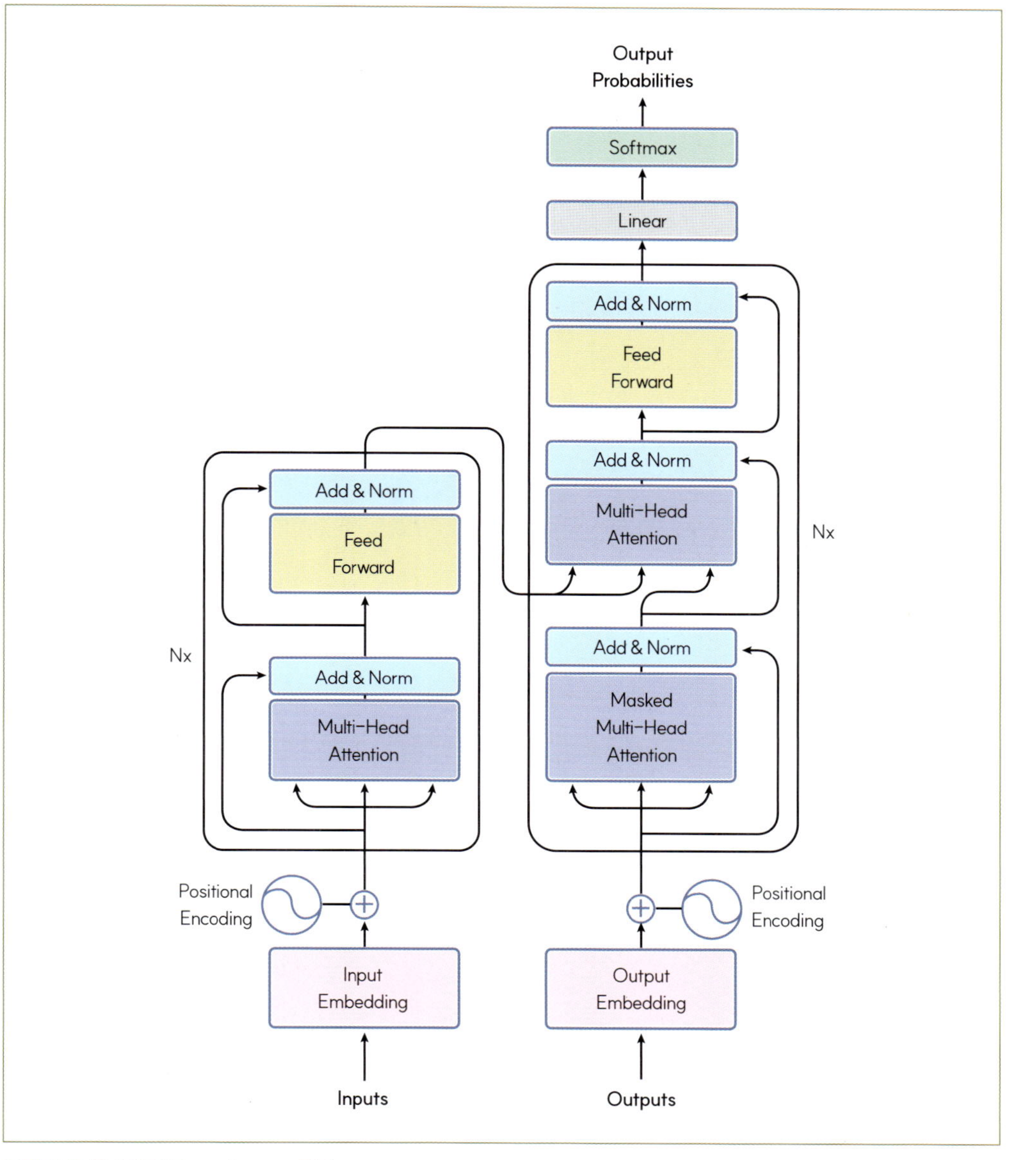

그림 7-2. 단순화된 Transformer 구조

새로운 텍스트를 생성하거나 복잡한 의학적 질문에 대한 응답을 출력할 수 있습니다(**그림 7-2**).

LLM은 의학 분야에서 여러 가지 중요한 장점을 제공합니다. 첫째, 긴 문맥을 깊이 있게 이해할 수 있어 복잡한 의학 논문이나 장문의 임상 기록도 정확하게 분석할 수 있습니다. 이는 마치 경험 많은 의사가 환자의 전체적인 병력을 빠르게 파악하는 능력과 유사합니다. 둘째, LLM은 의학 문헌 요약, 진단 보조, 치료 계획 수립 등 다양한 의료 관련 작업에서 뛰어난 성능을 발휘할 수 있습니다. 이는 한 명의 의사가 여러 전문 분야의 지식을 통합적으로 활용할 수 있는 것과 비슷합니다. 셋째, LLM은 방대한 의학 데이터로 사전 학습된 후, 특정 의학 분야나 작업에 맞게 미세 조정될 수 있어 다양한 의료 환경에 빠르게 적응할 수 있습니다. 마지막으로, LLM은 지속적으로 새로운 의학 지식과 데이터를 학습하여 성능을 확장할 수 있어, 빠르게 발전하는 의학 분야의 최신 트렌드를 따라갈 수 있습니다. 이러한 장점들로 인해 LLM은 의학 교육, 연구, 임상 진료 등 다양한 의료 분야에서 강력한 보조 도구로 활용될 수 있는 잠재력을 가지고 있습니다.

이번 챕터에서는 의무 기록 분석에서 LLM이 활용될 수 있는 방안에 대하여 살펴볼 뿐만 아니라 평소 의학 공부에도 LLM을 활용할 수 있는 방안들에 대하여 알아봅시다.

1 의료 기록의 새로운 패러다임: LLaMA 모델과 AI의 만남

인턴, 전공의 생활뿐 아니라 전문의가 되더라도 가장 번거롭고 시간이 많이 소요되는 업무 중 하나가 의무기록 조회 및 작성과 관련된 업무입니다. 하루에도 병원에는 수백 명의 환자들이 입원하고, 이는 곧 하루에 작성되는 의무기록만 해도 수백 가지가 넘는다는 뜻입니다.

환자들이 당일 퇴원하는 것이 아니다 보니, 1주일만 지나도 의무기록이 수없이 많이 쌓이게 됩니다. 주치의가 환자의 과거력을 파악하기 위해 EMR에 들어가면 수북히 쌓여 있는 의무기록지들을 보며 골치 아프기 마련입니다.

20~30명씩 한 번에 봐야 하는 상황에서 신환이 입원했을 때 의무기록을 전부 다 읽어보고 원하는 정보가 담긴 의무기록지를 찾는 것은 정말 시간이 많이 걸리는 일입니다. 게다가 담당 교수, 담당 주치의, 당직의가 전부 다른 양식으로 의무 기록을 작성하게 되면 이를 파악하여 회진을 돌기가 더욱 어려워집니다.

그래서 AI를 활용하여 의무기록지를 전부 통합해서 정리할 수 있다면 어떨까요? 환자의 모든 의무기록을 AI가 정리해서 시간대에 따라 환자의 상태, 처방, 시술 및 치료 등의 기록을 한눈에 볼 수 있게 한다면 정말 편리하지 않을까요? 또한 종이로 쓰여진 의무기록, 동의서, 외부 의료 기록등이 AI를 통해 전산화되어 정리된다면 더욱 좋을 것 같습니다(그림 7-3).

AI를 활용하면 의사마다 다른 스타일의 기록도 표준 양식으로 정리할 수 있습니다. 더 나아가 회진 시 대화를 녹음해 AI가 바로 의무기록으로 작성해줄 수도 있겠습니다. 이렇게 되면 컴퓨터 작업 없이도 빠르고 편하게 의무기록을 관리할 수 있을 것입니다.

메타에서 개발한 LLaMA (large language model meta AI)는 최근 주목받는 대규모 언어 모델로, 의료 분야에서 큰 잠재력을 보여주고 있습니다. LLaMA는 다양한 규모의 모델을 제공하며, 기존 모델들보다 적은 매개변수로 유사한 성능을 달성하는 높은 효율성이 특징입니다. 오픈소스로 공개되어 연구자들의 접근성이 높고, 다국어를 지원하며, 낮은 추론 비용으로 운영할 수 있습니다.

이러한 LLaMA의 장점에 LoRA (low-rank adaptation) 기술을 결합하면 의료 특화 모델 개발이 더욱 용이해집니다. LoRA는 효율적인 미세 조정 방법으로, 전체 모델의 일부만을 업

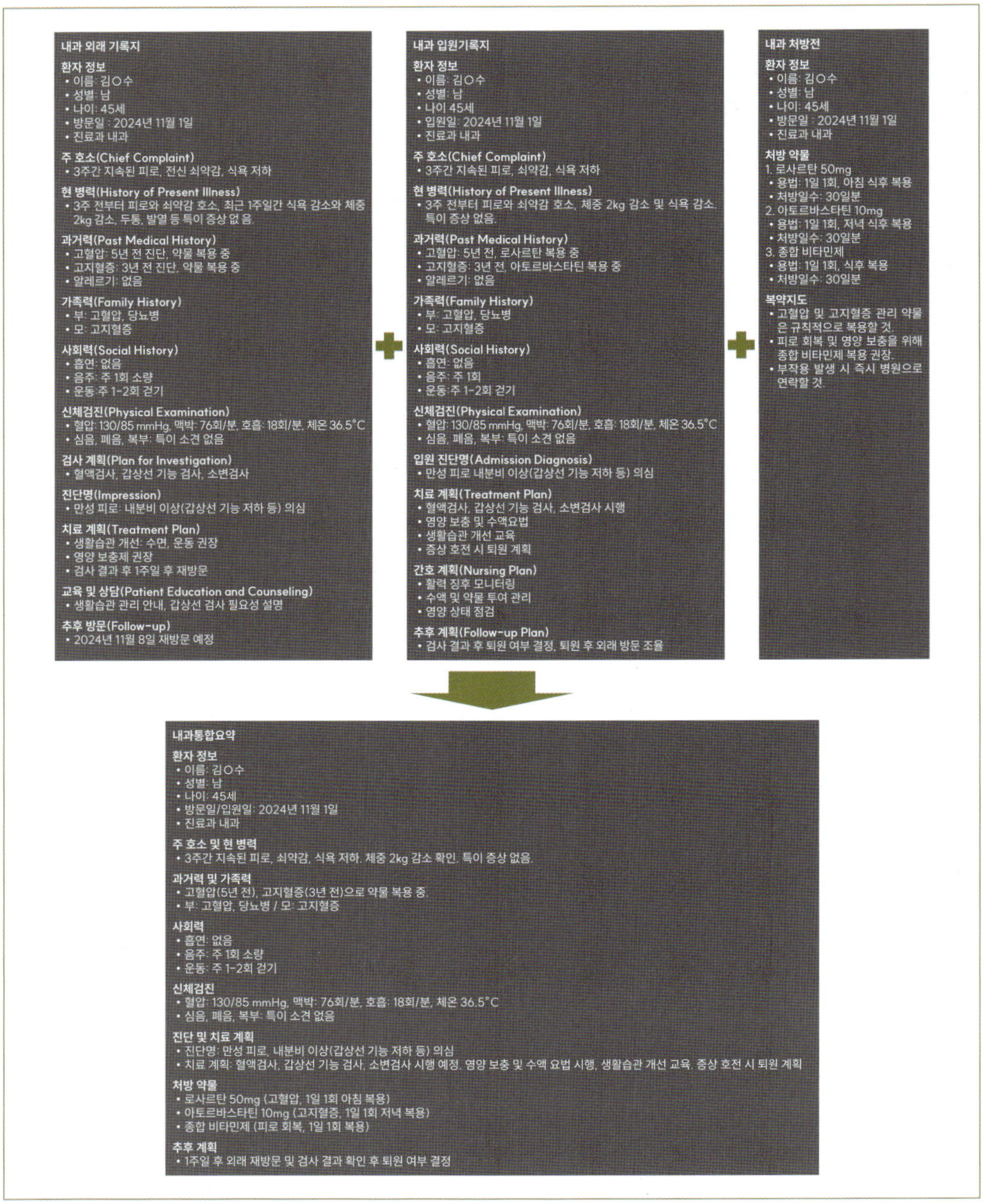

그림 7-3. ChatGPT를 활용한 의무기록 요약 및 통합

데이트하여 빠르고 효과적으로 특정 의료 작업에 최적화할 수 있습니다. 이를 통해 의학 용어 이해, 진단 보조, 의료 문서 요약, 임상 연구 데이터 분석 등 다양한 의료 관련 작업에 특화된 AI 모델을 신속하게 개발할 수 있습니다. 또한, LoRA의 작은 저장 공간 요구와 빠른 적용 특성은 실제 임상 환경에서의 유연한 활용을 가능케 합니다.

다음으로 소개할 코드는 Microsoft에서 개발한 LoRA (low-rank adaptation) 기술을 PyTorch 프레임워크에 구현한 것입니다. 이 구현은 LoRALayer, Embedding, Linear, MergedLinear 그리고 다양한 합성곱 레이어(Conv2d, Conv1d, Conv3d)에 LoRA를 적용한 클래스들을 포함하고 있습니다. 각 클래스는 원본 PyTorch 레이어를 확장하여 LoRA 기능을 추가하며, 학습 및 추론 시 가중치 병합을 관리합니다. 이를 통해 메모리 사용량을 줄이고 학습 속도를 향상시키면서도 모델의 성능을 효과적으로 조정할 수 있습니다.

1 | LoRALayer 클래스

```
class LoRALayer():
    def __init__(self, r: int, lora_alpha: int, lora_dropout: float, merge_
weights: bool):
        self.r = r  ✪ Low-rank 차원
        self.lora_alpha = lora_alpha  ✪ LoRA 스케일링 파라미터
        if lora_dropout > 0.:
            self.lora_dropout = nn.Dropout(p=lora_dropout)
        else:
            self.lora_dropout = lambda x: x  ✪ 드롭아웃이 적용되지 않음
        self.merged = False  ✪ 가중치가 병합되었는지 여부
        self.merge_weights = merge_weights  ✪ 병합 여부를 제어
```

이 클래스는 다른 레이어들에서 LoRA를 구현하기 위한 기본 클래스입니다. LoRA의 핵심 파라미터인 r, lora_alpha, lora_dropout, merge_weights 등을 정의합니다.

2 | Embedding 클래스

```
class Embedding(nn.Embedding, LoRALayer):
    def __init__(self, num_embeddings: int, embedding_dim: int, r: int = 0,
lora_alpha: int = 1, merge_weights: bool = True, **kwargs):
        nn.Embedding.__init__(self, num_embeddings, embedding_dim, **kwargs)
        LoRALayer.__init__(self, r=r, lora_alpha=lora_alpha, lora_dropout=0,
merge_weights=merge_weights)
```

```
        if r > 0:
            self.lora_A = nn.Parameter(self.weight.new_zeros((r, num_
            embeddings)))  ✪ 학습 가능한 A 매트릭스
            self.lora_B = nn.Parameter(self.weight.new_zeros((embedding_dim,
            r)))  ✪ 학습 가능한 B 매트릭스
            self.scaling = self.lora_alpha / self.r  ✪ 스케일링 값
            self.weight.requires_grad = False  ✪ 기존 임베딩 행렬을 고정
```

이 클래스는 PyTorch의 nn.Embedding을 상속하고, LoRA 기능을 추가한 버전입니다. lora_A, lora_B라는 추가적인 학습 가능한 파라미터를 정의하고, 기존의 임베딩 행렬은 고정된 상태에서 추가 학습을 진행합니다.

3 | Linear 클래스

```
class Linear(nn.Linear, LoRALayer):
    def __init__(self, in_features: int, out_features: int, r: int = 0, lora_
alpha: int = 1, lora_dropout: float = 0., fan_in_fan_out: bool = False, merge_
weights: bool = True, **kwargs):
        nn.Linear.__init__(self, in_features, out_features, **kwargs)
        LoRALayer.__init__(self, r=r, lora_alpha=lora_alpha, lora_
        dropout=lora_dropout, merge_weights=merge_weights)
        if r > 0:
            self.lora_A = nn.Parameter(self.weight.new_zeros((r, in_
            features)))  ✪ 학습 가능한 A 매트릭스
            self.lora_B = nn.Parameter(self.weight.new_zeros((out_features,
            r)))  ✪ 학습 가능한 B 매트릭스
            self.scaling = self.lora_alpha / self.r  ✪ 스케일링 값
            self.weight.requires_grad = False  ✪ 기존 가중치 고정
```

nn.Linear 클래스에 LoRA 기능을 추가한 버전입니다. lora_A, lora_B라는 추가적인 학습 가능한 파라미터를 통해 파라미터의 효율성을 높이려는 방식으로 동작합니다. 또한, 이 레이어는 가중치 병합 및 역병합 기능을 지원합니다.

4 | MergedLinear 클래스

```
class MergedLinear(nn.Linear, LoRALayer):
    def __init__(self, in_features: int, out_features: int, r: int = 0, lora_
alpha: int = 1, lora_dropout: float = 0., enable_lora: List[bool] = [False],
fan_in_fan_out: bool = False, merge_weights: bool = True, **kwargs):
        nn.Linear.__init__(self, in_features, out_features, **kwargs)
        LoRALayer.__init__(self, r=r, lora_alpha=lora_alpha, lora_
        dropout=lora_dropout, merge_weights=merge_weights)
        assert out_features % len(enable_lora) == 0, 'enable_lora 길이는 out_
        features와 나누어 떨어져야 합니다'
        self.enable_lora = enable_lora
```

이 클래스는 nn.Linear에 LoRA 기능을 추가한 버전이지만, 여러 enable_lora 설정을 통해 어떤 부분에서 LoRA를 적용할지 선택할 수 있는 기능을 갖추고 있습니다.

5 | ConvLoRA 및 Conv2d/Conv1d/Conv3d 클래스

```
class ConvLoRA(nn.Module, LoRALayer):
    def __init__(self, conv_module, in_channels, out_channels, kernel_size,
    r=0, lora_alpha=1, lora_dropout=0., merge_weights=True, **kwargs):
        super(ConvLoRA, self).__init__()
        self.conv = conv_module(in_channels, out_channels, kernel_size,
        **kwargs)  ✪ 기본 컨볼루션 레이어
        LoRALayer.__init__(self, r=r, lora_alpha=lora_alpha, lora_
        dropout=lora_dropout, merge_weights=merge_weights)
        if r > 0:
            self.lora_A = nn.Parameter(self.conv.weight.new_zeros((r *
            kernel_size, in_channels * kernel_size)))  ✪ 학습 가능한 A 매트릭스
            self.lora_B = nn.Parameter(self.conv.weight.new_zeros((out_
            channels // self.conv.groups * kernel_size, r * kernel_size)))
            ✪ 학습 가능한 B 매트릭스
            self.scaling = self.lora_alpha / self.r  ✪ 스케일링 값
            self.conv.weight.requires_grad = False  ✪ 기존 컨볼루션 가중치를 고정
```

ConvLoRA 클래스는 컨볼루션 레이어에 LoRA를 적용한 버전입니다. 이를 상속하는 Conv2d, Conv1d, Conv3d 클래스는 각각 2D, 1D, 3D 컨볼루션 레이어에 대응합니다.

이렇듯 LoRA는 의무 기록 처리에 있어 여러 장점을 제공합니다. 먼저, 효율적인 모델 미세 조정을 통해 각 병원의 특성에 맞는 의무 기록 처리 모델을 빠르게 구축할 수 있습니다. 또한, 적은 데이터로도 미세 조정이 가능해 새로운 질병이나 치료법에 관한 제한된 의무 기록으로도 모델을 신속하게 적응시킬 수 있습니다. LoRA는 전이 학습에서도 효율적이기 때문에 일반 자연어 처리 모델을 의무 기록 분석에 특화된 모델로 쉽게 전환할 수 있습니다. 파라미터 감소로 인한 경량화는 의료진이 사용하는 모바일 기기에서도 복잡한 의무 기록 분석을 실시간으로 가능케 합니다.

그러나 LoRA에는 몇 가지 한계점도 있습니다. 복잡한 의학 용어와 비정형 데이터를 포함하는 의무 기록의 심층적인 분석에는 어려움이 있을 수 있습니다. 중증 질환 진단이나 복잡한 병력 분석과 같이 높은 정확도가 요구되는 작업에서는 완전한 재학습 모델에 비해 성능이 다소 떨어질 수 있습니다. 의무 기록의 다양성 문제로 인해 특정 유형의 기록에는 잘 작동하지만 다른 형식에서는 성능이 저하될 수 있습니다. 또한, 의무 기록의 민감한 개인정보 처리에 따른 보안과 규제 준수 문제도 고려해야 합니다. 마지막으로, 환자의 장기적인 건강 상태 변화를 추적하는 데 필요한 시간적 맥락 이해에 한계가 있을 수 있습니다.

이러한 장단점을 고려할 때, LoRA는 의무 기록 처리에 큰 잠재력을 가지고 있지만, 그 적용에 있어 신중한 접근과 충분한 검증이 필요합니다. 의무 기록의 복잡성과 중요성을 감안할 때, LoRA의 한계를 보완할 수 있는 추가적인 방법론과 결합이 요구될 수 있습니다.

최근에는 QLoRA (quantization + LoRA) 기법이 등장하면서, 모델 전체를 4비트(4-bit)와 같은 저정밀도로 양자화(quantization)한 뒤 LoRA 방식으로 일부 파라미터를 효율적으로 미세 조정하는 방법도 시도되고 있습니다. QLoRA는 메모리 사용량을 더욱 줄이고, 저사양 환경에서의 모델 학습과 추론 가능성을 높여주지만, 여전히 의료 데이터의 복잡성과 윤리적·규제적 문제는 별도의 고려가 필요합니다.

결국, LoRA와 같은 경량화·미세 조정 기법은 의료 도메인에서 빠른 모델 개발과 배포를 가능케 해주지만, 모델 안전성과 정확성을 확보하기 위해서는 적절한 데이터 확보, 고도화된 평가 전략 그리고 보안·규제 요건 충족 등이 필수적입니다.

II AI로 진화하는 의대 족보: GPT-4 스마트 학습 혁명

지금까지는 병원 환경에서 AI를 활용할 수 있는 방법에 대해 고민해봤습니다. 이제는 의대생들의 대학 생활에서 AI를 활용할 수 있는 방법에 대해 생각해 볼 차례입니다. 사실 많은 학생들이 이미 AI를 활용해 과제를 수행하고 있지만, 의대생들에게는 과제보다 더 중요한 것이 있습니다. 바로 족보입니다.

의대 공부에 있어 족보는 필수라고 할 수 있습니다. 해리슨 내과학 교과서를 한 장씩 읽어가며 공부한다면 후배들과 함께 졸업하는 불상사가 생길 수 있기 때문에, 본과 시절에는 족보를 반드시 참고하며 공부해야 합니다. 학교마다 족보 얻는 방식이 다른데, 어떤 학교는 학년 전체에서 족보를 만들어 공유하기도 하고, 또 어떤 학교에서는 특정 동아리에 가입하거나 인맥을 통해 족보를 구해야 하는 경우도 있습니다.

그래서 MBTI가 내향적인 I이거나 미숙한 T의 경우에는 족보를 제대로 구하지 못하고, 시험공부에 어려움을 겪는 경우가 많이 생깁니다. 시험을 치르기도 전에 골치 아픈 일이 생긴 겁니다. 족보를 받더라도 새로 만들어야 하는 경우도 있어 짧은 시험 기간 동안 공부와 족보 제작을 병행하다 보면 스트레스가 굉장히 심해질 수 있습니다.

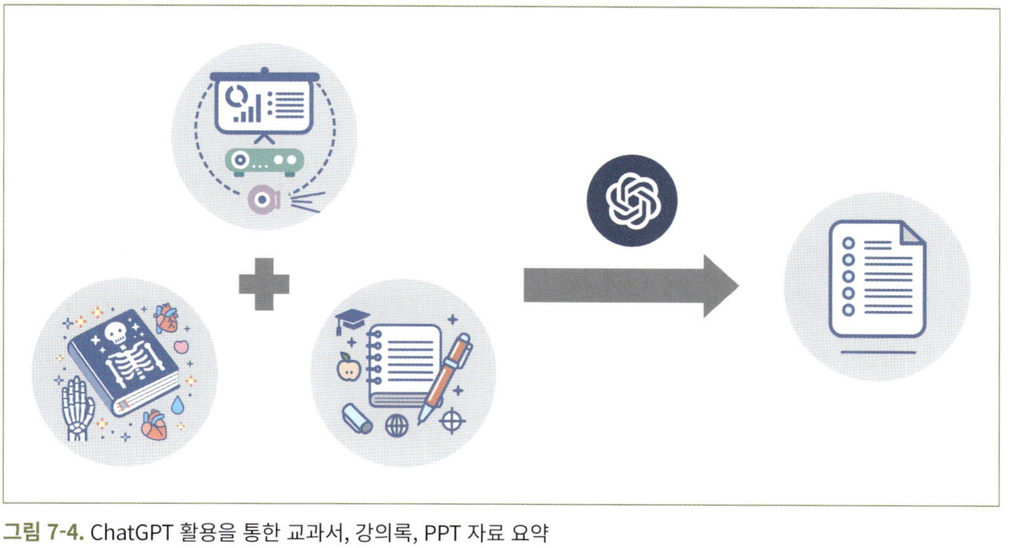

그림 7-4. ChatGPT 활용을 통한 교과서, 강의록, PPT 자료 요약

그래서 AI를 활용해 강의 PPT, 국시 대비 교재 그리고 가능하다면 기존 족보까지 한 번에 정리해서 나만의 족보를 만들 수 있다면 좋지 않을까 생각해보았습니다. 이전에 LLM의 모델 구조에 대해 살펴봤으니, 이제는 그 구조를 활용해 우리가 원하는 작업을 수행하는 코드를 만들어볼 것입니다(**그림 7-4**).

이번 실습에서는 API를 활용하게 될 것입니다. API는 Application Programming Interface의 약자로, 서로 다른 프로그램 간에 데이터를 주고받을 수 있게 해주는 인터페이스입니다. 쉽게 말해, 우리가 만든 프로그램이 다른 서비스나 프로그램의 기능을 사용할 수 있게 해주는 도구라고 생각하면 됩니다.

우리는 이 중에서도 많은 사람들이 알고 있는 OpenAI의 GPT-4o API를 활용해서 코드를 만들어볼 것입니다. 이를 통해 의대생들이 효율적으로 족보를 만들고 공부할 수 있는 방법을 탐구해볼 수 있을 것입니다. AI 기술을 활용해 학업 스트레스를 줄이고 더 효과적으로 공부할 수 있는 방법을 찾아보는 것, 어떨까요? 함께 살펴봅시다!

1 | ChatGPT의 API를 활용한 교과서 족보 만들기

다양한 교재 PDF 파일들을 불러와서 전체적인 텍스트를 요약하여 같이 공부할 수 있는 프로그램을 만들어보겠습니다. 단계별 시퀀스는 다음과 같습니다.

1 라이브러리와 API 키 설정

: 필요한 라이브러리(openai, pandas, PyPDF2)를 불러오고 OpenAI API 키를 설정하여 API를 사용할 준비를 합니다.

2 PDF 파일에서 텍스트 추출 함수 정의

: extract_text_from_pdf 함수를 정의하여 PDF 파일을 열고 각 페이지에서 텍스트를 읽어 하나의 문자열로 반환합니다. 이를 통해 텍스트 요약에 필요한 원본 텍스트를 준비합니다.

3 텍스트 요약 함수 정의(ChatGPT API 활용)

: summarize_text 함수를 정의하여 추출된 텍스트를 ChatGPT API에 전달하여 요약된 텍스트를 받아옵니다. 이 함수는 주어진 텍스트에 대해 API의 요약 기능을 호출하는 역할을

합니다.

4 여러 PDF 파일을 처리하고 요약 결과를 저장하는 함수

: summarize_pdfs_to_csv 함수를 정의하여 여러 PDF 파일을 순회하며 각 파일의 텍스트를 추출하고 요약한 후, 결과를 CSV 파일로 저장합니다. 이 함수로 여러 PDF 파일을 일괄적으로 처리할 수 있습니다.

5 실행

: pdf_files 목록에 요약할 PDF 파일 경로 설정 후 결과를 저장할 output_csv 파일 경로를 지정합니다. 정의된 summarize_pdfs_to_csv 함수를 실행하여 모든 PDF 파일을 요약하고 결과를 CSV 파일로 저장하는 프로그램을 구현해봅시다.

필요한 라이브러리와 API 키 설정

```
'''
import openai
import pandas as pd
import PyPDF2

openai.api_key = 'your-api-key-here'  OpenAI API 키 설정
'''
```

PDF 파일에서 텍스트를 추출하는 함수(extract_text_from_pdf) 정의

```
'''
def extract_text_from_pdf(file_path):
    text = ""  빈 문자열 생성
    with open(file_path, "rb") as file:
        pdf_reader = PyPDF2.PdfReader(file)
        for page in pdf_reader.pages:
            text += page.extract_text()  전체적인 페이지의 텍스트를 반복해서 쌓음
    return text
'''
```

CHAPTER · 7

✪ 텍스트 요약 함수(summarize_text) 정의(ChatGPT API 활용)

```
def summarize_text(text, max_tokens=150):
    prompt = f"Summarize the following medical text:\n\n{text}\n\nSummary:"
    response = openai.chat.completions.create(
        engine="gpt-4o ",   GPT-4o 모델 엔진(변경 가능, open ai 개발자 사이트 참조)
        prompt=prompt,
        max_tokens=max_tokens,
        n=1,
        stop=None,
        temperature=0.5   일관성 있는 요약을 위해 낮은 온도 설정
    )
    return response.choices[0].text.strip()
```

✪ 여러 PDF 파일을 처리하고 요약 결과를 저장하는 함수(summarize_pdfs_to_csv)

```
def summarize_pdfs_to_csv(pdf_files, output_csv):
    summarized_texts = []

    for file_path in pdf_files:
        text = extract_text_from_pdf(file_path)  PDF에서 텍스트 추출
        summarized_text = summarize_text(text)    텍스트 요약
        summarized_texts.append({"file": file_path, "summary": summarized_
        text})

        요약 결과 출력
        print(f"File: {file_path}")
        print(f"Summary: {summarized_text}\n")

    df = pd.DataFrame(summarized_texts)
    df.to_csv(output_csv, index=False) 요약 결과 csv 저장
    print(f"Summarization complete and saved to {output_csv}")
```

```
요약 실행
'''

PDF 파일 경로 목록 설정
pdf_files = ["path/to/your/file1.pdf", "path/to/your/file2.pdf"]
output_csv = "path/to/summarized_medical_textbooks.csv"

PDF 파일 요약 및 CSV 파일 저장
summarize_pdfs_to_csv(pdf_files, output_csv)
'''
```

먼저 CSV 파일에 대해 간단히 설명 드리겠습니다. CSV는 'comma-separated values'의 약자로, 쉼표로 구분된 값들을 의미합니다. 이 파일 형식은 데이터를 표 형태로 저장하는 간단하고 보편적인 방법입니다. 엑셀에서 볼 수 있는 것처럼 행과 열로 구성되어 있지만, 텍스트 파일 형태로 어떤 프로그램에서도 쉽게 열어볼 수 있습니다. 의학 연구나 임상 데이터를 정리할 때 자주 사용되는 형식이기도 합니다.

하지만 여기서 한 가지 의문점이 있습니다. 우리가 공부하는 대부분의 강의록은 PDF 혹은 PPT 파일로 되어 있다는 점인데요. ChatGPT API를 활용하기 위해서는 CSV 파일을 읽어야 하므로, PDF와 PPT 속 텍스트를 추출하여 CSV 파일로 변환해야 합니다. 이 과정을 위해서는 PDF와 PPT 파일에서 텍스트를 추출할 수 있는 함수를 포함한 라이브러리를 import하여 활용해야 하는데요. 위의 코드가 바로 이러한 과정을 구현한 것입니다.

다음으로 CSV 파일에 있는 데이터를 읽어 OpenAI의 API에 전달하고, API가 그 내용을 요약해주는 걸 받아오는 과정을 설명하겠습니다. 이 과정을 통해 대량의 데이터를 빠르게 정리하고 핵심을 파악할 수 있게 됩니다. 족보를 만들 때도 이런 기술을 응용할 수 있겠죠. 강의 노트나 교과서 내용을 CSV 파일로 정리한 뒤 AI로 요약하면, 핵심만 쏙쏙 뽑아낸 나만의 족보를 만들 수 있을 것입니다.

2 | AI 족보를 활용한 효율적인 공부하기

요약된 족보를 실질적인 학습 자료로 활용하고 학습자의 이해도를 높이기 위한 문제 생성 및 질문 응답 시스템을 구축하여 조금 더 효율적인 공부를 진행할 수 있습니다.

1 학습 자료 요약 생성

: PDF 파일에서 추출한 텍스트를 요약하고 저장합니다. 요약된 텍스트를 학습 자료로 활용할 수 있도록 필요한 경우 주제별로 구분하여 정리합니다.

2 학습 자료에 대한 취약점 분석 및 문제 생성

: 학습 자료의 요약된 텍스트를 입력하여 ChatGPT에 취약점을 분석하게 하고, 특정 키워드에 대한 심화 문제 생성을 지시합니다. 특정 개념이나 중요한 내용이 누락된 부분을 파악하거나 퀴즈 및 문제를 만들 수 있도록 설정합니다.

3 질문-응답 시스템을 위한 학습 보조

: 학습자가 요약된 내용을 공부하다가 궁금한 점을 질문할 수 있도록 질문-응답 AI를 구축하여 학습 자료에 대한 요약 텍스트를 기반으로 학습자의 질문에 맞춰 ChatGPT를 통해 대답을 제공합니다.

4 종합적인 학습 코칭 시스템

: 학습자가 요약된 텍스트를 공부하며 AI에게 질문하거나, 문제를 풀며 피드백을 받을 수 있도록 통합 시스템을 개발합니다. 요약된 자료를 학습하고 취약점을 바탕으로 생성된 문제를 풀어 필요한 경우 질문을 통해 보충 설명을 받도록 지원합니다.

PDF 텍스트를 ChatGPT API로 주제별 구분하기

```
‘‘‘
def categorize_and_summarize_text(text):
     prompt = f"Please categorize the following medical text by topics and provide a brief summary for each topic:\n\n{text}\n\nCategorized Summary:"
    response = openai.chat.completions.create
        engine="text-davinci-003",
        prompt=prompt,
        max_tokens=500,
        temperature=0.5
    )
    return response.choices[0].text.strip()
‘‘‘
```

✪ 주제별 요약 결과 저장

```
def summarize_and_save_by_topic(pdf_files, output_csv):
    categorized_summaries = []

    for file_path in pdf_files:
        text = extract_text_from_pdf(file_path)  PDF 텍스트 추출
        categorized_summary = categorize_and_summarize_text(text)
        주제별 요약 생성

        파일별 요약 결과 추가
        categorized_summaries.append({"file": file_path, "categorized_summary":
        categorized_summary})
        print(f"File: {file_path}\nCategorized Summary:\n{categorized_
        summary}\n")

    결과를 CSV로 저장
    df = pd.DataFrame(categorized_summaries)
    df.to_csv(output_csv, index=False)
    print(f"Categorized summaries saved to {output_csv}")
```

✪ 주제별 질문-응답 함수 구성

```
def answer_question_by_topic(topic_summary, question):
    prompt = f"Based on the following summary, answer the question:\n\
nSummary: {topic_summary}\n\nQuestion: {question}\n\nAnswer:"
    response = openai.chat.completions.create
        engine="text-davinci-003",
        prompt=prompt,
        max_tokens=100,
        temperature=0.7
    )
    return response.choices[0].text.strip()
```

ChatGPT는 의대 공부를 하는 데 있어 정말 많은 도움을 줄 수 있습니다. 하지만 아직까지는 ChatGPT도 한계가 있다는 점을 알아야 합니다. 특히 대용량 파일 데이터를 처리하는 데 어려움이 있습니다. 그런데 의대 교과서들은 대부분 내과 해리슨을 포함해서 분량들이 어마어마 합니다. 국시를 대비하는 시중의 교과서들도 아무리 짧아도 과목당 500장 정도 되는 게 보통입니다.

물론 필요한 부분만 따로 뽑아서 GPT를 활용해 요약본을 만들 수는 있습니다. 하지만 한 학기가 시작될 때나 시험 직전에 책 한 권, 강의 파일 전부를 한 번에 넣어서 깔끔하게 하나의 족보로 만드는 게 더 효율적이겠죠? 다행히도 AI는 끊임없이 발전하고 있어 새로운 모델들이 계속 나오고 있습니다. 그래서 대용량 파일 데이터를 한 번에 처리할 수 있게 될 것이라는 희망이 더 커졌습니다.

최근에 구글에서 실험적으로 개발 중인 모델 중에 Notebook LM이라는 게 있는데, 이 모델은 500장 분량의 교재를 한 번에 입력으로 받아서 요약할 수 있다고 합니다. 정말 대단하지 않나요? 여러분이 전공의가 된 이후에도 해리슨같은 각 과목의 교과서들을 참고해야 할 때가 있을 텐데, 이런 빠른 발전 속도라면 몇 년 안에 1000장 분량의 책 2권을 한 번에 읽어서 각 과목별 족보도 만들 수 있지 않을까 하는 행복한 상상도 해볼 수 있겠네요.

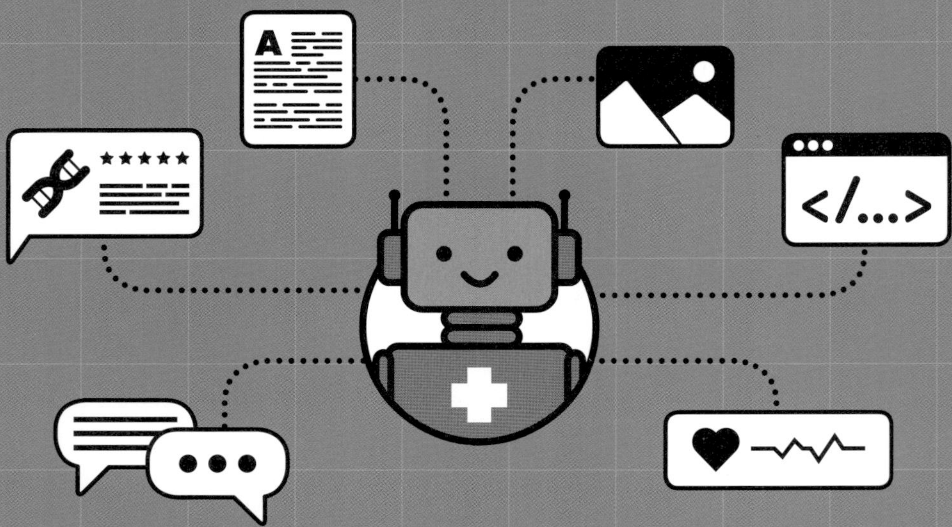
A
</...>

CHAPTER 8

Medical GitHub: 미래 의사를 위한 AI 플레이그라운드

여러분, 지금까지 우리는 정말 많은 내용을 공부했습니다. 영상이미지 분석부터 시계열 데이터 분석, 자연어 처리, 최신 기술인 LLM까지 의료 AI의 광범위한 영역을 공부했죠.

하지만 여러분, 이제 더 중요한 단계가 남았습니다. 바로 우리가 배운 것을 실제로 적용해보는 것입니다. 의료 AI를 개발하기 위해 기본 개념을 이해하고 여러 코드를 실습해보는 것도 물론 중요하지만, 가장 중요한 건 바로 여러분이 직접 만들어보는 것입니다.

우리 모두 이 책을 펼친 이유가 뭘까요? 바로 의료 AI를 직접 개발하고 싶어서였죠. 그래서 이제 마지막 단계로, 여러분만의 의료 AI 프로젝트를 만들어볼 것입니다. 다시 말해, 여러분만의 'medical github'를 구축하는 과정을 살펴볼 것입니다.

여기서 Github의 중요성을 언급하지 않을 수 없습니다. 먼저, Git 기반의 강력한 버전 관리 시스템을 제공하여 프로젝트의 변경 사항을 쉽게 추적하고 관리할 수 있습니다. 또한 Pull Request, Issues, Projects 등의 기능을 통해 팀 협업을 원활하게 지원합니다. GitHub는 세계 최대의 오픈 소스 생태계를 형성하고 있어, 다양한 프로젝트에 기여하거나 활용할 수 있는 기회를 제공합니다. 코드를 안전하게 저장하고 관리할 수 있는 원격 저장소 기능과 함께 GitHub Pages를 통한 웹사이트 호스팅도 가능합니다. GitHub Actions를 이용한 CI/CD 환경 구축으로 개발 프로세스를 자동화할 수 있으며, 다양한 코드 품질 관리 도구를 통해 더 나은 코드를 작성할 수 있습니다. 마지막으로, GitHub는 개발자들이 서로 소통하고 협업할 수 있는 커뮤니티 플랫폼 역할을 하여 새로운 기회와 네트워크를 형성할 수 있게 해줍니다.

이 과정은 여러분이 지금까지 배운 모든 것을 종합하여 실제 프로젝트로 만들어내는 여정이 될 것입니다. Github를 통해 여러분의 아이디어를 현실로 만들어가는 과정에서 여러분은 많은 것을 배우고 의료 AI 개발자로서 성장할 수 있을 것입니다. 2024년 노벨 화학상을 수상한 google deepmind의 Alphafold처럼 GitHub에서 여러분들도 자신만의 독창적인 의료 AI를 개발하길 기대해보겠습니다(**그림 8-1**).

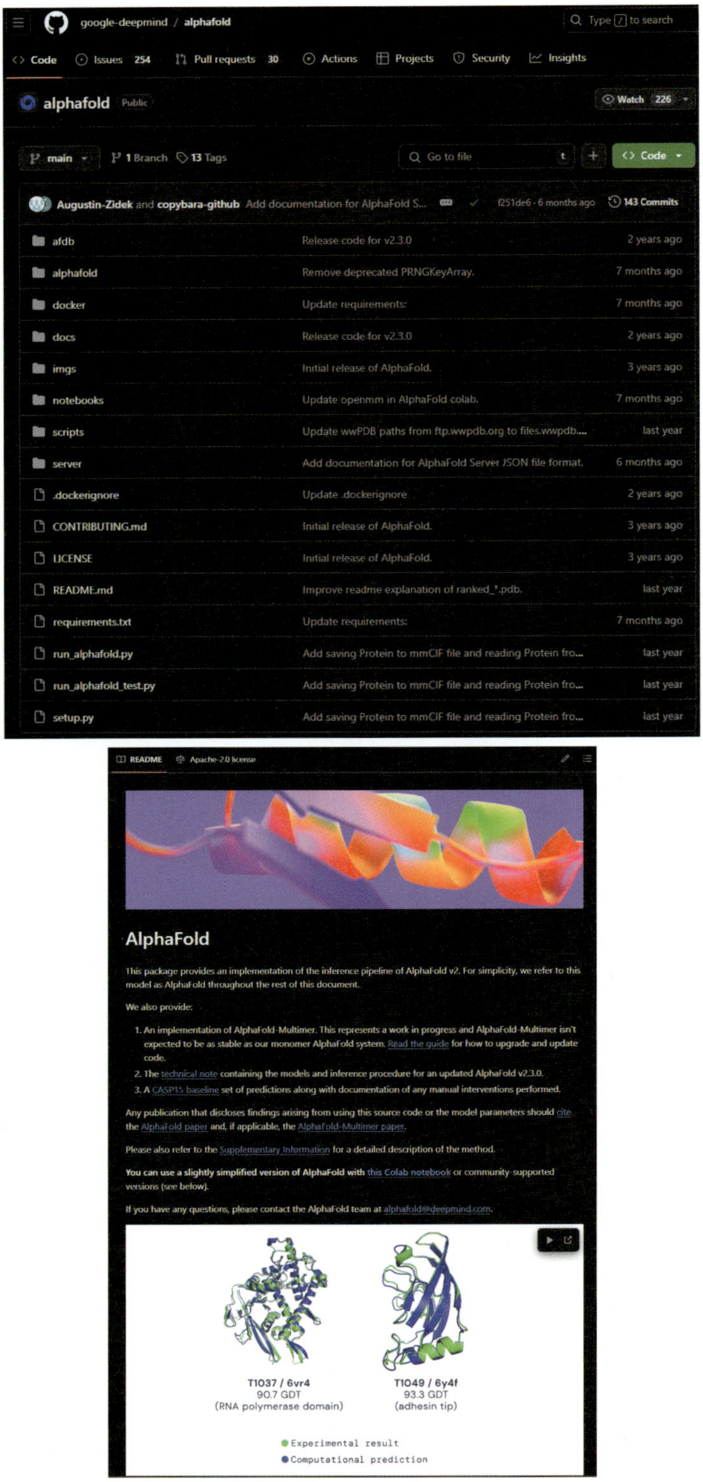

그림 8-1. Google deepmind – Alphafold GitHub 화면

1 | GitHub 저장소 생성

1 GitHub 로그인

GitHub에 접속하여 GitHub 계정에 로그인합니다. 계정이 없다면 회원가입을 먼저 해주세요.

2 새로운 저장소 생성

오른쪽 상단에 '+' 버튼을 클릭한 후, 'New repository'를 선택합니다. 새로운 저장소를 생성할 준비가 되었습니다.

3 저장소 정보 입력

① Repository name에 medicalgithub (임의로 사용되는 이름)를 입력합니다.

② Description에는 프로젝트에 대한 간단한 설명을 입력합니다. 예를 들어, '의료 AI 모델 개발 및 공유를 위한 프로젝트'라고 설명할 수 있습니다.

4 저장소 초기화 설정

① 'Initialize this repository with a README'를 선택하여 README.md 파일을 포함시킵니다. 이 파일은 프로젝트 설명서 역할을 합니다.

② 'Add .gitignore'에서 Python을 선택합니다. 이 파일은 Python 개발 시 생성되는 불필요한 파일들이 Git에 포함되지 않도록 관리합니다.

③ 'Choose a license'에서 MIT License를 선택합니다. 이 라이선스는 오픈소스 프로젝트에 널리 사용되는 라이선스입니다.

5 저장소 생성

모든 설정이 완료되었으면, 'Create repository' 버튼을 클릭합니다. 이제 GitHub에 저장소가 생성되었습니다.

2 | 로컬 환경 설정

GitHub에 생성한 프로젝트를 로컬 컴퓨터에 복제하고, 필요한 환경을 설정합니다.

1 저장소 클론(복제)

먼저 GitHub에서 저장소를 로컬로 복제하여 작업을 시작합니다.

```
git clone https://github.com/your-username/medicalgithub.git
cd medicalgithub
```

위 명령어는 medicalgithub라는 저장소를 로컬로 가져온 후, 해당 디렉토리로 이동합니다.

2 가상 환경 생성 및 활성화

Python의 가상 환경을 사용하여 패키지를 관리하고 설치된 라이브러리가 충돌하지 않도록 합니다.

```
python -m venv venv   ✪ 가상 환경 생성
source venv/bin/activate   ✪ 가상 환경 활성화 (Windows에서는 venv\Scripts\activate 입력)
```

- venv라는 이름의 가상 환경을 생성하고 이를 활성화합니다. Windows에서는 venv\Scripts\activate를 사용하여 활성화해야 합니다.

3 필요한 패키지 설치

이제 딥 러닝 및 데이터 처리를 위해 필요한 Python 라이브러리들을 설치합니다.

```
pip install numpy pandas scikit-learn tensorflow torch
pip freeze > requirements.txt
```

- NumPy, pandas, scikit-learn, tensorflow, torch 같은 라이브러리를 설치하고, pip freeze 명령어로 현재 설치된 패키지 목록을 requirements.txt 파일에 저장합니다. 이 파일을 통해 다른 사람이 동일한 환경을 설정할 수 있습니다.

3 | 프로젝트 구조화

의료 AI 프로젝트를 체계적으로 관리하기 위해 폴더 구조를 설정합니다. 데이터 처리, 모델 훈련, 시각화 등을 체계적으로 관리하는 데 필수적인 과정입니다.

[프로젝트 기본 구조 설명]

- data/: 데이터 관련 파일들을 저장하는 폴더입니다.

  raw/: 원본 데이터

  processed/: 전처리된 데이터

  -- train

  -- test

  external/: 외부 데이터
- models/: 모델 관련 파일을 저장합니다.

  trained/: 학습된 모델

  pretrained/: 사전 훈련된 모델
- src/: 소스 코드를 저장하는 폴더입니다.

  data/: 데이터 처리 관련 코드

  features/: 피처(특징) 생성 관련 코드

  models/: 모델 훈련 및 예측 코드

  visualization/: 시각화 코드
- notebooks/: 주피터 노트북 파일을 저장하는 폴더입니다.

  exploratory/: 탐색적 데이터 분석 노트북

  final/: 최종 분석 결과 노트북
- tests/: 테스트 코드를 저장하는 폴더입니다.
- docs/: 프로젝트 문서화 폴더입니다.
- requirements.txt: 프로젝트에 필요한 라이브러리와 버전을 명시합니다. pip install -r requirements.txt 명령어로 일괄 설치가 가능합니다.

✪ Bash 명령어로 프로젝트 구조 생성

```
데이터 폴더 생성
mkdir -p data/{raw,processed,external}
mkdir -p data/processed/{train,test}

모델 폴더
mkdir -p models/{trained,pretrained}

소스 코드 폴더
mkdir -p src/{data,features,models,visualization}
touch src/data/{make_dataset.py,preprocess.py}
touch src/features/build_features.py
touch src/models/{train_model.py,predict_model.py}
touch src/visualization/visualize.py

노트북 폴더
mkdir -p notebooks/{exploratory,final}

테스트, 문서 폴더
mkdir tests docs

의존성 관리 파일(선택)
touch requirements.txt
```

위 명령어를 통해 필요한 폴더와 파일을 한 번에 생성할 수 있습니다.

4 | README 작성

README.md 파일은 프로젝트의 첫인상을 결정짓는 중요한 문서입니다. 이 문서에 프로젝트의 목적, 설치 방법, 사용 방법, 기여 방법, 라이선스 정보를 포함시킵니다.

※ **README.md 예시**

```
✪ MedicalGitHub
의료 AI 모델 개발 및 공유를 위한 오픈소스 프로젝트
✪ 프로젝트 개요
이 프로젝트는 [의료 분야의 특정 문제]를 해결하기 위한 AI 모델을 개발하고 공유하는 것을 목표로 합니다.
✪ 설치 방법
‘‘‘bash
git clone https://github.com/your-username/medicalgithub.git
cd medicalgithub
pip install -r requirements.txt
✪ 사용 방법
※ 모델 학습, 예측 등 주요 기능의 사용 방법 설명
```

기여 방법

프로젝트에 기여하고 싶으신 분들은 CONTRIBUTING.md 파일을 참고해 주세요.

라이선스

이 프로젝트는 MIT 라이선스 하에 배포됩니다. 자세한 내용은 LICENSE 파일을 참조하세요.

연락처

[귀하의 이메일 또는 기타 연락 정보]

```
- **프로젝트 개요**: 프로젝트의 목표와 해결하고자 하는 문제를 간략히 설명합니다.
- **설치 방법**: 이 프로젝트를 클론하고 의존성 패키지를 설치하는 방법을 설명합니다.
- **사용 방법**: 주요 기능을 어떻게 사용하는지 설명합니다.
- **기여 방법**: 프로젝트에 기여하고 싶은 사람이 참고할 수 있는 파일을 안내합니다.
- **라이선스**: 프로젝트의 라이선스 정보를 명시합니다.
- **연락처**: 프로젝트 관련 문의를 받을 수 있는 연락처를 제공합니다.
---
```

이 과정은 GitHub를 사용하여 **의료 AI 프로젝트**를 체계적으로 관리하고 협업할 수 있는 기본 구조를 설정하는 과정입니다.

5 | 의료 데이터 처리 시 고려사항

의료 AI 프로젝트에서 데이터 처리 시, 민감한 의료 데이터를 다루는 만큼 몇 가지 중요한 사항들을 반드시 준수해야 합니다. 아래에 나열된 5가지 중요한 고려사항은 법적, 윤리

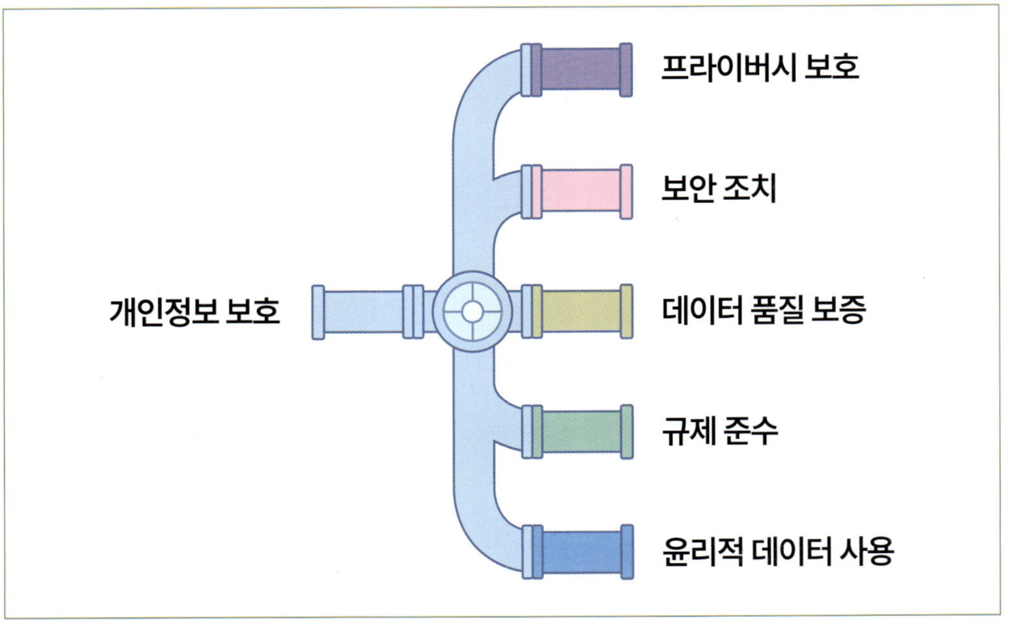

그림 8-2. 의료 데이터 처리 시 고려사항

적 문제를 방지하고, 데이터의 품질을 유지하는 데 매우 중요합니다(그림 8-2).

의료 데이터를 다룰 때는 개인정보 보호가 가장 중요한 요소입니다. 모든 환자의 식별 정보(예: 이름, 주민등록번호)는 반드시 제거하거나 익명화해야 하며, 암호화를 통해 개인정보를 보호하는 것도 중요한 방법입니다.

데이터 보안 측면에서는 안전한 보호 조치가 필수적입니다. 데이터는 암호화와 같은 강력한 보안 조치를 적용해야 하며, 특히 클라우드에 데이터를 저장하거나 전송할 때는 더욱 신경 써야 합니다.

의료 데이터의 품질 관리도 매우 중요합니다. 분석 결과의 신뢰성을 위해 데이터의 정확성과 완전성을 보장해야 하며, 결측치나 오류가 있는지 철저히 검토해야 합니다.

법적 규제 준수는 필수 사항입니다. HIPAA(미국)나 GDPR(유럽)과 같은 법적 규제를 반드시 준수해야 하며, 각 국가나 지역에서 요구하는 규정들을 숙지하고, 이를 바탕으로 데이터 보호와 처리 방식을 결정해야 합니다.

마지막으로, 데이터의 윤리적 사용이 중요합니다. 데이터를 사용하기 전에 반드시 윤리적 사용 승인을 받아야 하며, 윤리위원회의 승인을 받은 후에 데이터 사용을 시작해야 합니다. 특히 의료 데이터의 경우 윤리적 문제를 신중히 고려해야 합니다.

※ 코드 구현 예시

src/data/preprocess.py 파일에서는 위 고려사항을 반영하여 데이터를 처리할 수 있습니다. 예를 들어, 아래 코드는 환자의 개인정보를 암호화하고 데이터의 품질을 검증하는 방법을 보여줍니다.

```
import pandas as pd
from cryptography.fernet import Fernet

def load_and_anonymize_data(file_path, encryption_key):
    데이터 로드
    data = pd.read_csv(file_path)

    개인정보 열 암호화
    fernet = Fernet(encryption_key)
```

```
    for column in ['patient_id', 'name', 'birth_date']:
            data[column] = data[column].apply(lambda x: fernet.encrypt(str(x).
encode()).decode())

    불필요한 열 제거
    data = data.drop(['address', 'phone_number'], axis=1)

    return data

def validate_data_quality(data):
    결측치 확인
    missing_data = data.isnull().sum()
    if missing_data.any():
        print("Warning: Missing data detected")
        print(missing_data[missing_data > 0])

    데이터 타입 확인
    print("\nData Types:")
    print(data.dtypes)

    기본적인 통계 확인
    print("\nBasic Statistics:")
    print(data.describe())

✪ 사용 예
# encryption_key = Fernet.generate_key()
# data = load_and_anonymize_data('path/to/raw_data.csv', encryption_key)
# validate_data_quality(data)
```

6 | GitHub에서 SAM 활용하기

SAM (segment anything model)은 Meta AI가 개발한 혁신적인 이미지 분할 모델로, 사전 훈련 데이터 없이도 다양한 이미지에서 객체나 영역을 자동으로 식별하고 분할할 수 있는 범용적 능력을 갖추고 있습니다.

의료 AI 개발 분야에서 SAM은 특히 중요한 역할을 수행합니다. CT, MRI, X-ray 등 다양한 의료 영상 형식에 적용 가능하며, 간단한 입력만으로도 자동 분할이 가능해 전문가의 데이터 레이블링 작업을 크게 효율화할 수 있습니다. 또한 SAM을 통한 대규모 의료 영상 데이터 분할은 준지도 학습을 통해 다른 AI 모델의 성능 향상에도 기여할 수 있습니다.

SAM은 뇌, 폐, 심장 등 복잡한 구조의 장기나 조직의 병변을 정확하게 탐지하는데 탁월한 성능을 보이며, 사용자가 정의한 포인트나 바운딩 박스를 기준으로 특정 영역을 신속하게 분할할 수 있어 병변 예측이나 크기 측정 등의 검사 프로세스를 효율적으로 지원합니다.

오픈소스로 제공되는 SAM은 GitHub 커뮤니티를 통해 지속적으로 업데이트되고 개선됩니다. 전 세계의 개발자와 연구자들이 새로운 아이디어와 활용 사례를 공유하며 간편한 설치와 배포가 가능해 다양한 프로젝트에 신속하게 적용할 수 있습니다. 또한 GitHub를 통해 코드와 결과를 공유하고 피드백을 주고받을 수 있어 프로젝트의 완성도를 높이는데 도움이 됩니다.

이러한 특징들로 인해 SAM은 의료 AI 분야에서 정확하고 신속한 영상 분석을 가능케 하며, 특히 데이터 준비와 레이블링 과정에서의 시간 절약으로 실무 적용 가능성이 매우 높은 것으로 평가됩니다.

다음으로 SAM을 활용하는 가이드라인에 대해 설명하겠습니다.

1 SAM 클론 및 설치

GitHub에서 SAM의 공식 저장소를 로컬 환경으로 가져와야 합니다.

```
git clone https://github.com/facebookresearch/segment-anything.git
cd segment-anything
```

2 필요한 라이브러리 설치

SAM의 의존성을 설치하기 위해 requirements.txt 파일을 사용합니다. 의료 영상에 특화된 추가 라이브러리가 필요한 경우, 이후 단계에서 추가로 설치할 수 있습니다.

```
pip install -r requirements.txt
```

3 사전 학습 모델 다운로드

SAM은 사전 학습된 모델을 제공하므로 이를 다운로드하여 checkpoints 폴더에 저장합니다. 일반적으로 의료 영상에서는 고성능의 모델이 필요한 경우가 많으므로, ViT-H 모델을 선택할 수 있습니다.

```
mkdir checkpoints
✪ checkpoints 폴더에 모델 파일 저장
```

4 의료 영상 데이터 전처리

의료 데이터는 특정 형식(e.g., DICOM, NIfTI)으로 되어 있으므로, SAM에서 사용할 수 있도록 일반 이미지 포맷(PNG, JPG 등)으로 변환합니다. pydicom 또는 nibabel 등의 라이브러리를 사용하여 영상 데이터를 전처리할 수 있습니다.

```
import nibabel as nib
import cv2
```

```
✪ NIfTI 파일 예시
nifti_image = nib.load("path/to/medical_image.nii")
image_array = nifti_image.get_fdata()
필요한 슬라이스를 선택해 이미지로 변환
cv2.imwrite("medical_image.png", image_array[..., slice_index])
```

5 SAM 모델 로드 및 예측

의료 이미지를 SAM 모델에 입력하여 분할 작업을 수행합니다. 예를 들어, 특정 병변 위치에 포인트를 지정하여 그 주위의 구조를 분할할 수 있습니다.

```
import torch
from segment_anything import sam_model_registry, SamPredictor
import cv2
```

```
✪ 모델 로드
model_type = "vit_h"
sam = sam_model_registry[model_type](checkpoint="checkpoints/sam_vit_h.pth")
predictor = SamPredictor(sam)

✪ 이미지 로드 및 모델에 입력
image = cv2.imread("medical_image.png")
predictor.set_image(image)

✪ 분할하고자 하는 포인트 설정(e.g., 병변 위치)
input_point = [[150, 200]]  ✪ x, y 좌표
input_label = [1]  ✪ 포인트의 레이블(1: object)

masks, scores, logits = predictor.predict(
    point_coords=input_point,
    point_labels=input_label,
    multimask_output=True
)

✪ 결과 출력
print("분할 마스크:", masks)
print("분할 스코어:", scores)
```

6 결과 시각화

분할된 마스크를 시각화하여 결과를 검토합니다. matplotlib을 사용하여 원본 이미지와 오버레이된 분할 결과를 확인할 수 있습니다.

```
import matplotlib.pyplot as plt

plt.imshow(image)
for mask in masks:
    plt.imshow(mask, alpha=0.5)
plt.axis("off")
plt.show()
```

7 의료 영상 데이터 레이블링 및 활용

SAM을 사용해 분할한 결과는 의료 데이터의 레이블링 작업에 활용할 수 있으며, 특히 방대한 양의 의료 데이터에서 빠르게 특정 장기나 병변을 식별하고 마스크로 저장하여 준지도 학습 데이터로 활용할 수 있습니다.

※ 추가 팁

- DICOM 또는 NIfTI 형식: 의료 영상은 특수한 파일 형식이므로 여러 슬라이스에 걸친 3D 데이터의 경우 각 슬라이스마다 SAM을 적용하거나, 3D 데이터를 다룰 수 있는 추가적인 분할 모델과 병행하여 사용합니다.
- 포인트 기반 예측 최적화: SAM은 사용자 지정 포인트를 중심으로 분할하기 때문에 병변 위치나 관심 영역에 포인트를 설정하여 효과적인 분할을 유도할 수 있습니다.
- 모델 재학습: SAM이 제공하는 분할 결과를 기반으로 새로운 데이터를 학습시켜 더 높은 정확도의 의료 영상 AI 모델을 만들 수 있습니다.

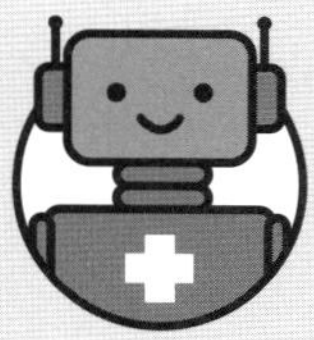

• 찾아보기 •

마치며

의료 AI 발전의 핵심은 양질의 데이터셋 확보입니다. 표준화된 데이터셋이나 잘 구축된 자체 데이터가 있으면 AI 모델 개발에 몇 개월이면 충분할 수 있지만, 그렇지 않다면 데이터 확보에만 2~3년이 걸릴 수 있습니다. 의사 개발자로서 AI 모델에 대한 이론적 지식도 중요하지만, 실제 진료 과정에서 수집한 데이터를 바탕으로 어떤 모델을 개발할지 방향을 결정하는 능력이 매우 중요합니다. 뛰어난 코딩 실력도 필요하지만, 병원에서 일하며 다양한 검사를 접할 때 AI를 더 효율적이고 효과적으로 개발하여 활용할 방법을 고민하는 것이 훌륭한 의사 개발자로서 첫 걸음입니다.

이 책을 통해 의료 AI의 다양한 측면, 즉 영상 이미지 분석, 시계열 데이터 분석, 자연어 처리 등 의료 현장에서 활용 가능한 AI 기술들을 살펴보고 실제 코드 예시로 그 원리를 이해했습니다. 하지만 이는 시작에 불과합니다. 의료 AI는 빠르게 발전하고 있으며, 미래에는 더욱 중요한 역할을 할 것입니다. 의료 AI는 진단의 정확성을 높이고, 의사의 업무 효율성을 개선하며 환자 치료 결과를 향상시킬 수 있는 강력한 도구지만, 동시에 윤리적 문제, 데이터 보안, 알고리즘의 편향성 등 해결해야 할 과제도 많습니다.

따라서 AI를 맹목적으로 수용하는 것보다는 비판적 사고로 접근해야 합니다. AI의 장단점을 이해하고 환자 진료에 적절히 활용할 방법을 항상 고민해야 합니다. 의료 AI 개발에 직접 참여하는 것도 좋은 방법입니다. 임상 경험과 의학 지식은 AI 개발에 중요한 자산이 될 수 있습니다. GitHub 같은 플랫폼을 활용해 자신의 프로젝트를 시작하거나 오픈소스 프로젝트에 기여해 보세요.

마지막으로, AI는 의사를 대체하는 것이 아니라 보조하는 도구라는 점을 기억해야 합니다. 의사의 직관, 경험, 환자와의 소통 능력은 AI가 대체할 수 없는 중요한 요소입니다. AI를 잘 활용하면서도 의사로서의 본질적인 역할을 잃지 않도록 주의해야 합니다. 의료 AI의 미래는 여러분의 손에 달려 있습니다. 이 책을 시작으로 계속해서 학습하고, 도전하고, 혁신을 만들어 가길 바랍니다. 여러분의 노력이 의료의 미래를 더욱 밝게 만들 것입니다.

• 참고 문헌 •

1. Athreya, S., Radhachandran, A., Ivezić, V., Sant, V., Arnold, C. W., & Speier, W. (2023). Ultrasound image enhancement using CycleGAN and perceptual loss. arXiv preprint arXiv:2312.11748.
2. Bazarevsky, V., Zhu, T., Grishchenko, I., Zhang, F., Raveendran, K., & Grundmann, M. (2020). BlazePose: On-device real-time body pose tracking. arXiv preprint arXiv:2006.10204.
3. Cardoso, M. J., et al. (2022). MONAI: An open-source framework for deep learning in healthcare. arXiv preprint arXiv:2211.02701.
4. Hu, E. J., Shen, Y., Wallis, P., Allen-Zhu, Z., Li, Y., Wang, S., Wang, L., & Chen, W. (2021). LoRA: Low-rank adaptation of large language models. arXiv preprint arXiv:2106.09685.
5. Kather, J. N., Halama, N., & Marx, A. (2018). 100,000 histological images of human colorectal cancer and healthy tissue (v0.1) [Data set]. Zenodo. https://doi.org/10.5281/zenodo.1214456
6. Kim, H. S., Kim, H., Kim, S., Cha, Y., Kim, J.-T., Kim, J.-W., Ha, Y.-C., & Yoo, J.-I. (2024). Precise individual muscle segmentation in whole thigh CT scans for sarcopenia assessment using U-net transformer. Scientific Reports, 14. https://doi.org/10.1038/s41598-024-53707-8
7. Martinsson, J., Schliep, A., & Eliasson, B. (2020). Blood glucose prediction with variance estimation using recurrent neural networks. Journal of Healthcare Informatics Research, 4(1), 1–18. https://doi.org/10.1007/s41666-019-00059-y
8. Moody, G. B., & Mark, R. G. (2001). The impact of the MIT-BIH Arrhythmia Database. IEEE Engineering in Medicine and Biology, 20(3), 45–50. https://doi.org/10.1109/51.932724
9. Mousavi, S., & Afghah, F. (2018). Inter- and intra-patient ECG heartbeat classification for arrhythmia detection: A sequence-to-sequence deep learning approach. arXiv preprint arXiv:1812.07421.
10. OpenAI. (2023). GPT-4 technical report. Retrieved from https://openai.com/research/gpt-4
11. Quiros, A. C., Murray-Smith, R., & Yuan, K. (2021). PathologyGAN: Learning deep representations of cancer tissue. Journal of Machine Learning for Biomedical Imaging, 4, 1–48. arXiv preprint arXiv:1907.02644v5.
12. Rajpurkar, P., Irvin, J., Zhu, K., Yang, B., Mehta, H., Duan, T., Ding, D., Bagul, A., Langlotz, C., Shpanskaya, K., Lungren, M. P., & Ng, A. Y. (2017). CheXNet: Radiologist-level pneumonia detection on chest X-rays with deep learning. arXiv preprint arXiv:1711.05225. https://arxiv.org/abs/1711.05225
13. Wang, X., Peng, Y., Lu, L., Lu, Z., Bagheri, M., & Summers, R. M. (2017). ChestX-ray8: Hospital-scale chest X-ray database and benchmarks on weakly-supervised classification and localization of common thorax diseases. IEEE Conference on Computer Vision and Pattern Recognition (CVPR).
14. Wasserthal, J., & Akinci D'Antonoli, T. (2024). Total Segmentator MRI dataset: 298 MRI images with segmentations for 56 anatomical regions (1.0.0) [Data set]. Zenodo. https://doi.org/10.5281/zenodo.11367005
15. Wasserthal, J., Breit, H.-C., Meyer, M. T., Pradella, M., Hinck, D., Sauter, A. W., Heye, T., Boll, D., Cyriac, J., Yang, S., Bach, M., & Segeroth, M. (2023). Total Segmentator: Robust segmentation of 104 anatomic structures in CT images. Radiology: Artificial Intelligence. https://doi.org/10.1148/ryai.230024
16. Yang, J., Shi, R., Wei, D., et al. (2023). MedMNIST v2: A large-scale lightweight benchmark for 2D and 3D biomedical image classification. Scientific Data, 10(41). https://doi.org/10.1038/s41597-022-01721-8